Die Bedeutung der Generalklauseln für die Umgestaltung der Rechtsordnung in der nationalsozialistischen Zeit

Europäische Hochschulschriften

Publications Universitaires Européennes
European University Studies

Reihe II

Rechtswissenschaft

Série II Series II

Droit

Law

Bd./Vol. 828

PETER LANG

Frankfurt am Main · Bern · New York · Paris

Fritjof Börner

Die Bedeutung der Generalklauseln für die Umgestaltung der Rechtsordnung in der nationalsozialistischen Zeit

PETER LANG
Frankfurt am Main · Bern · New York · Paris

CIP-Titelaufnahme der Deutschen Bibliothek

Börner, Fritjof:

Die Bedeutung der Generalklauseln für die Umgestaltung der Rechtsordnung in der nationalsozialistischen Zeit / Fritjof Börner. - Frankfurt am Main ; Bern ; New York ; Paris : Lang, 1989

(Europäische Hochschulschriften : Reihe 2, Rechtswissenschaft ; Bd. 828)
Zugl.: Göttingen, Univ., Diss., 1988
ISBN 3-631-41839-6

NE: Europäische Hochschulschriften / 02

D 7
ISSN 0531-7312
ISBN 3-631-41839-6

Meinen Eltern

Vorbemerkung

Die vorliegende Arbeit wurde durch ein rechtshistorisches Seminar mit dem Titel "Nationalsozialistische Ideologie und Rechtsordnung" angeregt, das im Wintersemester 1983/84 an der Georg-August-Universität Göttingen von Prof. Dr. Wolfgang Sellert durchgeführt wurde.

Ich möchte Herrn Prof. Dr. Sellert an dieser Stelle für die zahlreichen wertvollen Ratschläge und Hinweise danken, mit denen er die Erstellung der Arbeit unterstützte.

INHALT Seite

Seite

Quellen- und Literaturverzeichnis

BAUMBACH, Adolf:	Zivilprozeßordnung, 17. Aufl., München und Berlin 1943
BAUMBACH, *):	Zivilprozeß und freiwillige Gerichtsbarkeit, ZAkDR 5 (1938), S. 583 ff.
BECKER, Enno:	Erläuterungen zur Rechtsprechung StW 35, Sp. 1311 ff.
BERGER, Robert:	Kann für einen Juden eine Zwangshypothek eingetragen werden ?, Dt. Justiz 1939, S. 1524
BOEHMER, Gustav:	Die "guten Sitten" im Zeichen nationalsozialistischer Familienpflicht, ZAkDR 1941, S. 73 ff.
BOEHMER, Gustav:	Die Bedeutung des § 48 Abs. 2 des Testamentsgesetzes für einfache und gemeinschaftliche Testamente, ZAkDR 6 (1939), S. 413 f.
BOEHMER, Gustav:	Fragen zum Testamentsgesetz, DNotZ 1940, S. 97 ff.
BOGS, W.:	Neue Wege in der Rechtsprechung des Reichsversicherungsamtes, DJZ 1935, Sp. 545 ff.
BOOR, Hans Otto de:	Zur Reform des Zivilprozesses, Leipzig 1938 (zitiert: Reform)
BOOR, Hans Otto de:	Die Funktion des Zivilprozesses in der völkischen Rechtsordnung, ZAkDR 5 (1938), S. 834 ff.

*) Vorname nicht angeführt

BULL, *) : Ende des Zivilprozesses ?, ZAkDR 5 (1938), S. 629

BUNG, Hubertus: Kritische Umschau, Jugend und Recht 1934, S. 45 f.

COBLITZ, Wilhelm: Das nationalsozialistische Rechtsschrifttum, DR 1936, S. 242 ff.

CORPUS Constitutionum Marchicadum, II. Theil, Berlin und Halle 1736

DAGEFÖRDE, *) : Ein Urteil, wie wir es auch sprechen würden, Jugend und Recht 1934, S. 28 f.

DAGEFÖRDE, *) : Die Mischehe in der Rechtsprechung, Jugend und Recht 1935, S. 38 f.

DAUT, Christian Heinz: Untersuchungen über den Einfluß nationalsozialistischer Anschauungen auf die Rechtsprechung des Reichsgerichts in Zivilsachen bei der Anwendung einiger nationalsozialistischer Gesetze, Diss. jur. Göttingen 1965

DEINHARDT, Richard: Die leben-, sinn- und werterfassende Um- und Neugestaltung einer nationalsozialistischen Richter- (-Rechtsfindungs-), Gerichts- und Verfahrensordnung im Großdeutschen Reiche, DGWR 1940, S. 193 ff., 228 ff.

DIESTELKAMP, Bernhard: Die Justiz nach 1945 und ihr Umgang mit der eigenen Vergangenheit, (Vortrag vom 6. Februar 1986) in: Rechtshistorisches Journal, Bd. 5 (1986), hrsg. von Dieter Simon, S. 153 ff.

DIKOW, Lüben: Die Neugestaltung des Deutschen Bürgerlichen Rechts (= Wissenschaftliche Studien des Auslandes zum Deutschen Recht), München und Leipzig 1937

DÖLLE, Hans: Das Bürgerliche Recht im nationalsozialistischen Deutschen Staat, in: Schmollers Jahrbuch für Gesetzgebung, Verwaltung und Volkswirtschaft im Deutschen Reiche, 57. Jahrg. (1933), S. 649 ff.

DÜRIG, Günter: Grundrechte und Zivilrechtsprechung, in: Festschrift zum 75. Geburtstag von Hans Nawiasky (hrsg. von Theodor Maunz), München 1956, S. 157 ff.

DÜRIG, Günter: Freizügigkeit (Art 11 Grundgesetz) in: Neumann, Franz/Nipperdey, Hans Karl/ Scheuner Ulrich, Die Grundrechte, Band II, 2. Aufl., Berlin 1968

ECHTERHÖLTER, Rudolf: Das öffentliche Recht im nationalsozialistischen Staat (= Quellen und Darstellungen zur Zeitgeschichte, Band 16/II; Die deutsche Justiz und der Nationalsozialismus), Stuttgart 1970

ELSTER, Alexander: Veränderte Auslegung bei gleichbleibendem Gesetzestext, DJ 1935, S. 144 ff.

EMMERICH, Volker: Das Recht des unlauteren Wettbewerbs, München 1982

ENDEMANN, Friedrich: Bürgerliches Recht, I. Bd., 2. Buch, Recht der Schuldverhältnisse, 8. Aufl., Berlin 1903

ENGELHARDT, *) : Die Stellung des Richters im neuen Zivilprozeß, DR 1935, S. 586 ff.

ENNERCCERUS, Ludwig / KIPP, Theodor / WOLFF, Martin: Lehrbuch des bürgerlichen Rechts, Bd. I/1, Einleitung, Allgemeiner Teil, 9. Bearbeitung, 18. - 21. Aufl., Marburg 1923

ENNERCCERUS, Ludwig / NIPPERDEY, Hans Karl: Lehrbuch des bürgerlichen Rechts, Bd. I/1, 14. Aufl., Tübingen 1955

FEDER, Gottfried: Das Programm der NSDAP und seine weltanschaulichen Grundlagen, München 1936

FISCHER, Paul: Anm. zu Frhr. v. Scheurl (Die Feststellung der blutsmäßigen Abstammung, JW 1936, S. 235 ff.), JW 1936, S. 237 ff.

FRAEB, *) : Die Anfechtung arisch-jüdischer Mischehen. Eine Kritik des Reichsgerichtsurteils IV 94/1934 vom 12. Juli 1934, DRiZ 1934, S. 267 ff.

FRANK, Hans: Rede vor der Arbeitstagung der Reichsfachgruppen Richter und Staatsanwälte und Rechtspfleger am 14.1.1936 in Berlin, z.T. abgedruckt in: DJZ 1936, S. 180

FRANK, Hans: - Bearbeiter, Nationalsozialistisches Handbuch für Recht und Gesetzgebung, München 1935

FREISLER, Roland: Recht, Richter und Gesetz, Dt. Justiz 1933, S. 694

FREISLER, Roland: Aktive Rechtspflege !, Dt. Justiz 1934, S. 625 f.

FRIEDRICH, *) : Anm. zu AG Leipzig,(Dt. Justiz 1936, S. 1579), Dt. Justiz 1936, S. 1580

FRITZSCHE, Herbert-Rolf: Die gesetzgeberischen Maßnahmen zur Förderung und zum Schutze der Wirtschaft, in: Nationalsozialistisches Handbuch für Recht und Gesetzgebung (hrsg. von Hans Frank), S. 572 ff. (zitiert: NS-Handbuch)

FUCHS, Ernst: Verhältnis der Freirechtslehre zum deutschen und ausländischen Rechtsdenken, Die Justiz, Bd. 1 (1925/26), S. 349 ff.

GAUPP, Ludwig / STEIN, Friedrich / JONAS, Martin : Die Zivilprozeßordnung, 1. Bd., 14. Aufl., Tübingen 1928, und 16. Aufl., Tübingen 1938

GÖRING, Hermann: Die Rechtssicherheit als Grundlage der Volksgemeinschaft (= Schriften der Akademie für Deutsches Recht, hrsg. von Hans Frank), Hamburg 1935

GOLDMANN, E. / LILIENTHAL, L. : Das bürgerliche Gesetzbuch systematisch dargestellt, Erster Band: Allgemeiner Theil und Recht der Schuldverhältnisse, 2. Aufl., Berlin 1903

HACHENBURG, Max: Der Ausschluß des Stimmrechts bei der Gesellschaft mit beschränkter Haftung, Leipziger Zeitschrift für Handels-, Konkurs- und Versicherungsrecht 1907, S. 460 ff.

HACHENBURG, Max / BING, Fritz : Juristische Rundschau, DJZ 1932, Sp. 274 ff.

HANDWÖRTERBUCH zur deutschen Rechtsgeschichte, hrsg. von Adalbert Erler und Ekkehard Kaufmann, Bd. III, Berlin 1984

HATTENHAUER, Hans: Das NS-Volksgesetzbuch, in: Festschrift für Rudolf Gmür zum 70. Geburtstag (hrsg. von Arno Buschmann, Franz-Ludwig Knemeyer und Werner Schubert), S. 255 ff.

HEDEMANN, Justus Wilhelm: Die Flucht in die Generalklauseln, Eine Gefahr für Recht und Staat, Tübingen 1933 (zitiert: Die Flucht)

HEDEMANN, Justus Wilhelm: Das Volksgesetzbuch der Deutschen, München 1941 (zitiert: Das Volksgesetzbuch)

HEDEMANN, Justus Wilhelm: Werden und Wachsen im bürgerlichen Recht (= Schriften des Vereins Recht und Wirtschaft, Bd. III, Heft 2), Berlin 1913 (zitiert: Werden und Wachsen)

HENLE, Rudolf: Treu und Glauben im Rechtsverkehr, Berlin 1912

HEYDEBRAND UND DER LASA, Ernst von: Deutsche Rechtserneuerung aus dem Geiste des Nationalsozialismus, Berlin 1933

HILGER, Marie Luise: Das betriebliche Ruhegeld (= Abhandlungen zum Arbeits- und Wirtschaftsrecht, hrsg. von W. Siebert, E. Bötticher, R. Dietz, Bd. 8), Heidelberg 1959

HIRSCH, Martin / MAJER, Diemut / MEINCK, Jürgen: Recht, Verwaltung und Justiz im Nationalsozialismus, Köln 1984

HITLER, Adolf: Mein Kampf, 35. - 36. Aufl., München 1934

HUBERNAGEL, Gerhard: Nationalsozialistische Rechtsauffassung und Generalklauseln, in: Nationalsozialistisches Handbuch für Recht und Gesetzgebung (hrsg. von Hans Frank), S. 971 ff.

HUECK, Alfred / NIPPERDEY, Hans Carl: Lehrbuch des Arbeitsrechts, Bd. I, 3. - 5. Aufl., Mannheim, Berlin, Leipzig 1931

JAHN, *) : Einige Anmerkungen zum StAnpG, Industrie und Steuer 1935, S. 1 ff.

JAUERNIG, Othmar: - Bearbeiter, Bürgerliches Gesetzbuch, 3. Aufl., München 1984

JAUERNIG, Othmar: Zivilprozeßrecht, 20. Aufl., München 1983

JONAS, *) : Anm. zu OLG Hamburg (Beschluß vom 1.10.1935), JW 1936, S. 283

JUNG, *) : Die Auflösung der Ehe zwischen Ariern und Nichtariern, JW 1933, S. 2367 f.

KIRCHHEIMER, Otto: Die Rechtsordnung des Nationalsozialismus, Nachdruck in: Kritische Justiz 1971, S. 356 ff.

KISCH, Wilhelm: Ziel und Wege einer Zivilprozeßreform, DJZ 1935, Sp. 1 ff.

KLAUSING, Friedrich: Grundsätzliches über "wirtschaftliche Betrachtungsweise", "Typenlehre" und "konkretes Ordnungsdenken", ZAkDR 6 (1939), S. 112 ff.

KOELLREUTTER, Otto: Der Neuaufbau der deutschen Verwaltung und des deutschen Verwaltungsrechts, Beamtenjahrbuch 1935, S. 327 ff.

KREGEL, Volker: Die Personalpolitik der Justiz im 3. Reich - dargestellt am Beispiel der Personalbewirtschaftung für den höheren Dienst im Oberlandesgerichtsbezirk Celle, Diss. jur. Göttingen 1986

KRÜGER, *) : Volksgemeinschaft statt subjektiver Rechte, Dt.Vw 1935, S. 37 ff.

KUNZE, *) : Anm. zu RG (Urteil vom 9.3.1934, JW 1934, S. 1351 ff.), JW 1934, S. 1351 f.

LANGE, Heinrich: Liberalismus, Nationalismus und bürgerliches Recht (= Recht und Staat in Geschichte und Gegenwart, Bd. 102), Tübingen 1933 (zitiert: Liberalismus)

LANGE, Heinrich: Generalklauseln und neues Recht, JW 1933, S. 2858 f.

LANGE, Heinrich: Das Gesetz über die Errichtung von Testamenten und Erbverträgen, ZAkDR 1938, S. 577 ff.

LANGE, Heinrich: Die Entwicklung der Wissenschaft vom bürgerlichen Recht (= Recht und Staat in Geschichte und Gegenwart, Heft 128), Tübingen 1941 (zitiert: Die Entwicklung)

LANGE, Heinrich: Vom alten zum neuen Schuldrecht, Hamburg 1934 (zitiert: Schuldrecht)

LARENZ, Karl: Über Gegenstand und Methode des völkischen Rechtsdenkens, Berlin 1938

LESKE, Helmut: § 817 BGB - eine fremde und entbehrliche Vorschrift im künftigen Recht ? DR 1938, S. 240 ff.

LINZ, *) : Eigenes unsittliches Verhalten als Klagegrund ungerechtfertigter Bereicherung, Dt. Rechtspflege 1938, S. 7 ff.

LÖWISCH, *) : Nationalsozialistische Zivilrechtspflege, DGWR 1939, S. 203 ff; S. 226 ff.

LOTMAR, Philipp: Der Arbeitsvertrag nach dem Privatrecht des Deutschen Reiches, Bd. I, Leipzig 1902

LÜHR, *) : Darf der Richter gegen das Gesetz entscheiden ?, DRiZ 1934, S. 33 ff.

MAJER, Diemut: Fremdvölkische im Dritten Reich, Boppard 1981

MAßKE, Walter: Die Anfechtung der Rassenmischehe nach geltendem Recht, JW 1934, S. 2593 ff.

MAßSELLER, *) : Das Gesetz über die Anwendung deutschen Rechts bei der Ehescheidung vom 24. Januar 1935, JW 1935, S. 399 ff.

MEZGER, Hans: Getarnte Rechtsgeschäfte jüdischer Händler, DR 1937, S. 322 f.

MOTIVE zu dem Entwurfe eines bürgerlichen Gesetzbuches für das Deutsche Reich, Band I (Allgemeiner Teil) und Band II (Recht der Schuldverhältnisse), Berlin und Leipzig 1888

MÜLLER, Horst: Die Entwicklung des Bürgerlichen Rechts seit der Machtübernahme (= Freiburger Universitätsreden, Heft 28), Freiburg 1938

NEUMANN, Franz L. / NIPPERDEY, Hans Carl / SCHEUNER, Ullrich : - Bearbeiter, Die Grundrechte, Bd. II, 1. Aufl., Berlin 1954

NIPPERDEY, Hans Carl: Zur Neugestaltung des Rechts der ungerechtfertigten Bereicherung in: Jahrbuch der Akademie für Deutsches Recht 1937, München, Berlin, Leipzig 1937, S. 19 ff.

OERTMANN, Paul: Bürgerliches Gesetzbuch, 3. Aufl., Berlin 1910; 5. Aufl., Berlin 1929

OTT, Siegfried: Steuerrechtliches zur Erneuerung des bürgerlichen Rechts, ZAkDR 5 (1938), S. 499 ff.

OTT, Siegfried: Zu den allgemeinen steuerrechtlichen Vorschriften des Steueranpassungsgesetzes, StW 1935, Sp. 701 ff.

PALANDT, Otto: - Bearbeiter, Bürgerliches Gesetzbuch, 1. Aufl., München und Berlin 1939; 6. Aufl., München und Berlin 1944; 7. Aufl., München und Berlin 1949; 46. Aufl., München 1987

PLANCK'S	Kommentar zum Bürgerlichen Gesetzbuch, hrsg. von E. Strohal, Bd. 2.2., Recht der Schuldverhältnisse (Besonderer Teil), 4. Aufl., Berlin und Leipzig 1928
PROTOKOLLE	der Kommission für die zweite Lesung des Entwurfs des Bürgerlichen Gesetzbuches, Bd. I, Berlin 1897
RAMM, Thilo:	Das nationalsozialistische Familien- und Jugendrecht, Heidelberg 1984
REINHARDT, Fritz:	Beurteilung von Tatbeständen nach nationalsozialistischer Weltanschauung, DStZ 1936, S. 1292 ff.
REINHARDT, Fritz:	Innere Maßnahmen der Reichsfinanzverwaltung - § 1 des Steueranpassungsgesetzes - Der Beamte im nationalsozialistischen Staat, DStZ 1936, S. 1207 ff.
REITZENSTEIN, *) :	Mitteilung der Entscheidung des OLG Naumburg vom 5. Januar 1935, DJZ 1935, Sp. 572 ff.
REITZENSTEIN, *) :	Mitteilung der Entscheidungen des OLG Naumburg vom 9. und 16. Oktober 1935, DJZ 1936, Sp. 67 f.
RGRK	Das Bürgerliche Gesetzbuch mit besonderer Berücksichtigung der Rechtsprechung des Reichsgerichtes (Kommentar von Reichsgerichtsräten), Bd. I, 5. Aufl., Berlin und Leipzig 1923; 9. Aufl., Berlin 1939
RICHTHOFEN, *) Frhr. v.:	Die Bedeutung des Reichsgerichts im Aufbau der deutschen Rechtspflege, DR 1934, S. 483 ff.

RITTER, Martin:	Volksschutz im privaten Rechtsschutz, DGWR 1942, S. 47 ff.
ROQUETTE, Hermann:	Streitverfahren oder ordnendes Verfahren ? Ein Wort für den Zivilprozeß, JW 1938, S. 3096 ff.
ROQUETTE, Hermann:	Anm. zu Vollhardt, "Ist § 644 ZPO heute noch anwendbar ?" (JW 1935, S. 2475 f.), JW 1935, S. 2477 ff.
RÜTHERS, Bernd:	Die unbegrenzte Auslegung, Zum Wandel der Privatrechtsordnung im Nationalsozialismus, Tübingen 1968
RUTTKE, *) :	Anm. zu Roquette, "Abstammung und Abstammungsbeweis" (JW 1935, S. 1385 ff.), JW 1935, S. 1389, Fn. 11
SCHÄFER, Gerhard:	Die Anfechtung von Mischehen, JW 1936, S. 165 ff.
SCHEURL, Albrecht Frhr. v.:	Die Feststellung der blutsmäßigen Abstammung, JW 1936, S. 235 ff.
SCHMITT, Carl:	Kodifikation oder Novelle ? Über die Aufgabe und Methode der heutigen Gesetzgebung, DJZ 1935, Sp. 919 ff.
SCHMITT, Carl:	Nationalsozialistisches Rechtsdenken, DR 1934, S. 225 ff.
SCHMITT, Carl:	Über die drei Arten des rechtswissenschaftlichen Denkens, Hamburg 1934 (zitiert: Über die drei Arten)
SCHMITT, Carl:	Fünf Leitsätze für die Rechtspraxis, JW 1933, S. 201 f.
SCHMITT, Carl:	Neue Leitsätze für die Rechtspraxis, JW 1933, S. 2793 f.
SCHNEIDER, Herbert:	Anfechtung der Ehe wegen Irrtums über die Bedeutung der Rasse, JW 1934, S. 869 f.

SCHNEIDER, Herbert: Zur Neugestaltung des Verfahrensrechts, Dt. Rechtswissenschaft Bd. 1 (1936), S. 157 ff.

SCHNEIDER, Konrad: Treu und Glauben im Recht der Schuldverhältnisse des Bürgerlichen Gesetzbuches, München 1902

SCHUMACHER, *) : Anfechtung jüdisch-arischer Ehen, DJZ 1933, Sp. 1492 ff.

SCHULZE, Erich: Aufgaben der nationalsozialistischen Rechtspolitik, DRiZ 1935, S. 6 ff.

SELLERT, Wolfgang: Nationalsozialistische Ideologie und der Versuch einer Reform des Strafprozeßrechts im Dritten Reich, in: Justiz und Nationalsozialismus (hrsg. von der Niedersächsischen Landeszentrale für politische Bildung 1985), Hannover 1985

SELLERT, Wolfgang: "Schiedsgericht" in: HRG Bd. IV, (im Erscheinen)

SEUFERT, Lothar / WALSMANN, Hans : Kommentar zur Civilprozeßordnung, 12. Aufl., München 1933

SIEBERT, Wolfgang: Auflockerung und Umbruch im bürgerlichen Recht, DR 1935, S. 56 ff.

SIEBERT, Wolfgang: BGB-System und völkische Ordnung, Dt. Rechtswissenschaft Bd. I (1936), S. 204

SIEBERT, Wolfgang: Kürzung vereinbarter Ruhegehälter (Treupflicht und Treu und Glauben im Arbeitsverhältnis), JW 1935, S. 2870 ff.

SOERGEL, Hans Theodor: Bürgerliches Gesetzbuch nebst Einführungsgesetz, 6. Aufl., Stuttgart, Leipzig, Berlin 1937

STAUB, H.: Treu und Glauben mit Rücksicht auf die Verkehrssitte, DJZ 1902, Sp. 24 f.

STAUDINGER, Julius v.: - Bearbeiter, Kommentar zum Bürgerlichen Gesetzbuch mit Einführungsgesetzen und Nebengesetzen, Bd. 1, Allgemeiner Teil, 10. Aufl., München, Berlin und Leipzig 1936, Bd. 2 (Recht der Schuldverhältnisse), 10. Aufl., München, Berlin und Leipzig 1940

STOLLEIS, Michael: Gemeinwohlformeln im nationalsozialistischen Recht (= Abhandlungen zur rechtswissenschaftlichen Grundlagenforschung, Bd. 15), Berlin 1974

STOLLEIS, Michael: "Nationalsozialistisches Recht" in: HRG Bd. III, Sp. 873 ff.

STOLLEIS, Michael: Die Rechtsordnung des NS-Staates, JuS 1982, S. 645 ff.

THOSS, Peter: Das subjektive Recht in der Gliedschaftlichen Bindung, Frankfurt 1968

UFFELMANN, Gerd: Die Rechtsprechung des Reichsfinanzhofs unter nationalsozialistischem Einfluß in den Jahren 1933 - 1945, Diss. jur. Köln 1948

UNBEKANNTER Autor: Juristische Rundschau, DJZ 1935, Sp. 289 ff.

VEIEL, Otto: Steuerpolitik im nationalsozialistischen Deutschland, in: Nationalsozialistisches Handbuch für Recht und Gesetzgebung, (hrsg. von Hans Frank), S. 632 ff.

VOLKMAR, Erich: Die Neugestaltung des Zivilprozeßrechts im Geiste nationalsozialistischer Auffassung, in: Nationalsozialistisches Handbuch für Recht und Gesetzgebung, (hrsg. von Hans Frank), S. 1498 ff.

VOLLHARDT, Kurt: Ist § 644 ZPO heute noch anwendbar ?, JW 1935, S. 2475 f.

WACKE, Gerhardt: Steuerrecht und Rechtsneubau, Berlin 1936

WAGNER, Albrecht: Die Umgestaltung der Gerichtsverfassung und des Verfahrens- und Richterrechts im nationalsozialistischen Staat (= Quellen und Darstellungen zur Zeitgeschichte, Bd. 16/I; Die Deutsche Justiz und der Nationalsozialismus, Teil I), Stuttgart 1968

WALK, Joseph: (Hrsg.), Das Sonderrecht für die Juden im NS-Staat, Heidelberg und Karlsruhe 1981

WEIß, Eberhard (Hrsg.)/ MROZEK, Alfons (Begr.): Steuerrechtsprechung in Karteiform: Höchstrichterliche Steuerrechtsprechung (ehemalige Mrozek-Kartei), Köln 1949

WENDT, *) : Die exceptio doli generalis im heutigen Recht oder Treu und Glauben im Recht der Schuldverhältnisse, AcP 100 (1906), S. 1 ff.

WERNER, Fritz: Zum Verhältnis von gesetzlichen Generalklauseln und Richterrecht, Karlsruhe 1966

WIEACKER, Franz: Zur rechtstheoretischen Präzisierung des § 242 BGB, in: Recht und Staat Bd. 193/ 194, Tübingen 1956

WITZMANN, Otto-Ernst: Kritik der neuen Vorschläge zur Abänderung des § 138 BGB, Diss. jur. Jena 1935

WÖHRMANN, *) : Die Auflösung der Ehe zwischen Juden und Ariern, JW 1933, S. 2041

Verzeichnis der zitierten Gerichtsentscheidungen

Amtsgerichte

Königliches Amtsgericht zu Berlin, Blätter für Rechtspflege im Bezirk des Kammergerichts, Bd. 8 (1897), S. 85

AG Leipzig, DJ 1936, S. 1579

AG Schöneberg, JW 1938, S. 2910

Landgerichte

LG Berlin, JW 1937, S. 3044 f.

LG Gießen, Dt. Rechtspflege (Rechtsprechungsbeilage) 1938, Sp. 72 ff.

LG Koblenz, Dt. Rechtspflege (Rechtsprechungsbeilage) 1938, Sp. 8

LG Rudolstadt, JW 1935, S. 2763

Oberlandesgerichte

OLG Bamberg, Zeitschrift für Rechtspflege in Bayern 1933, S. 79 f.

OG Danzig, JW 1934, S. 1916 f.

OLG Dresden, DJ 1937, S. 513 f.

OLG Hamburg, JW 1935, S. 3488 f.

OLG Hamburg, JW 1936, S. 944 f.

OLG Köln, DJ 1935, S. 1194 f.

OLG München, Dt. Justiz 1938, S. 309

OLG Naumburg, JW 1935, S. 2446

OLG Naumburg, DJZ 1936, Sp. 67 ff.

KG, Dt. Justiz 1933, S. 818

KG, JW 1936, S. 280

KG, HRR 1936, Nr. 207

KG, JW 1938, S. 870

KG, 1937, S. 1977

Reichsgericht

RG Warneyer, Bd. 14 (1921), Nr. 99

RG Warneyer, Bd. 16 (1922 - 1924), Nr. 3; Nr. 36

RG, JW 1925, S. 1109

RG, JW 1929, S. 249

RG, JW 1934, S. 1351 ff.

RG, JW 1934, S. 2615
RG, JW 1934, S. 3275
RG, JW 1935, S. 2877
RG, HRR 1936, Nr. 911
RG, KarteiR 26 zu § 1 StAnpG
RG, JW 1937, S. 2040
RG, JW 1937, S. 3026
RG, JW 1938, S. 245 ff.
RG, HRR 1938, Nr. 1170
RG, JW 1938, S. 2135 ff.
RG, DR 1941, S. 1744 ff.
RGZ 6, 181 ff.
RGZ 48, 114 ff.
RGZ 51, 369 ff.
RGZ 55, 268 ff.
RGZ 58, 214 ff.
RGZ 58, 356 ff.
RGZ 58, 425 ff.
RGZ 62, 137 ff.
RGZ 64, 52 ff.
RGZ 73, 296 ff.
RGZ 77, 419 ff.
RGZ 81, 40 ff.
RGZ 90, 350 ff.
RGZ 91, 170 ff.
RGZ 99, 50 ff.
RGZ 104, 394 ff.
RGZ 106, 304 ff.
RGZ 106, 316 ff.
RGZ 107, 78 ff.
RGZ 107, 364 ff.
RGZ 108, 105 ff.
RGZ 128, 96 ff.
RGZ 141, 152 ff.
RGZ 144, 321 ff.
RGZ 148, 193 ff.
RGZ 150, 1 ff.
RGZ 150, 254 ff.

RGZ 151, 70 ff.
RGZ 160, 293 ff.
RGZ 163, 57 ff.

Reichsarbeitsgericht

RAG, JW 1932, S. 3219
RAG, JW 1933, S. 1677
RAG, JW 1938, S. 2309 ff.
RAG, DR 1939, S. 2041 f.
RAG, DR 1940, S. 1246 ff.
RAG, DR 1940, S. 1326 ff.
RAG, DR 1942, S. 473 ff.

Reichsversicherungsamt

RVA, E.M., Bd. 35 (1934), S. 339 ff.
RVA, A.N. 1934, S. IV, 320 f.

Oberverwaltungsgerichte

Preußisches OVG, DJZ 1936, Sp. 515 ff.
Sächsisches OVG, RVwBl. 1935, S. 117 ff.

Reichsfinanzhof

RFH 33, 290 ff.
RFH 35, 326 ff.
RFH 38, 44
RFH 39, 202
RFH 51, 112
RFH, RStBl. 1929, S. 203
RFH, RStBl. 1934, S. 1225
RFH, RStBl. 1935, S. 1030
RFH, RStBl. 1936, S. 903
RFH, StW 37, Nr. 117
RFH, StW 38, Nr. 226
RFH, RStBl. 1938, S. 370
RFH, RStBl. 1939, S. 781
RFH, Kartei R 11 zu § 1 StAnpG

RFH, Kartei R 20 zu § 92 Abs. 3 AO
RFH, Kartei R 26 zu § 1 StAnpG

Bundesarbeitsgericht

BAG 1, 193
BAG 4, 243, 276
BAG 13, 174

Bundesverfassungsgericht

BVerfGE 7, 206

Abkürzungsverzeichnis

Abth.	Abtheilung
Abs.	Absatz
AcP	Archiv für die civilistische Praxis
a.F.	alte Fassung
AG	Aktiengesellschaft
AkfDR	Akademie für Deutsches Recht
A.N.	Amtliche Nachrichten des Reichsversicherungsamtes
Anm.	Anmerkung
AO	Reichsabgabenordnung
Art.	Artikel
Aufl.	Auflage
BAG	Bundesarbeitsgericht
Bd.	Band
Begr.	Begründer
BGB	Bürgerliches Gesetzbuch
BGH	Bundesgerichtshof
BVerfGE	Bundesverfassungsgericht, Sammlung der amtlichen Entscheidungen
bzw.	beziehungsweise
ders.	derselbe
DGWR	Deutsches Gemein- und Wirtschaftsrecht
DJZ	Deutsche Juristenzeitung
DNotZ	Deutsche Notarzeitschrift
DR	Deutsches Recht
DRiZ	Deutsche Richterzeitschrift
DStZ	Deutsche Steuerzeitschrift
Dt.	Deutsch
Dt.Vw	Deutsche Verwaltung
EStG	Einkommensteuergesetz
E.M.	Entscheidungen und Mitteilungen des Reichsversicherungsamtes
f.	folgende
ff.	fortfolgende
Fn.	Fußnote
Frhr.	Freiherr
gem.	gemäß
GG	Grundgesetz

GmbH	Gesellschaft mit beschränkter Haftung
HGB	Handelsgesetzbuch
HRG	Handwörterbuch zur Deutschen Rechtsgeschichte
HRR	Höchstrichterliche Rechtsprechung
Hrsg.	Herausgeber
hrsg.	herausgegeben
HS	Halbsatz
i.d.R.	in der Regel
i.H.v.	in Höhe von
i.Pr.	in Preußen
i.S.d.	im Sinne des
i.S.v.	im Sinne von
JuS	Juristische Schulung
JW	Juristische Wochenschrift
KG	Kammergericht
KJ	Kritische Justiz
KunstUrhG	Kunsturhebergesetz
LArbG	Landesarbeitsgericht
LitUrhG	Literaturunhebergesetz
LG	Landgericht
Mrd.	Milliarden
m.w.N.	mit weiteren Nachweisen
No.	Numero
Nr.	Nummer
NS	Nationalsozialistisch
NSDAP	Nationalsozialistische Deutsche Arbeiterpartei
o.g.	oben genannt
OHG	offene Handelsgesellschaft
OLG	Oberlandesgericht
OVA	Oberversicherungsamt
OVG	Oberverwaltungsgericht
Pkt.	Punkt
PVG	Preußisches Verwaltungsgesetz
RAG	Reichsarbeitsgericht
RFH	Reichsfinanzhof
RG	Reichsgericht
RGBl.	Reichsgesetzblatt
RG Warn.	Die Rechtsprechung des Reichsgerichts auf dem Gebiet des Zivilrechts, hrsg. von Otto Warneyer

RGZ	Amtliche Sammlung der Entscheidungen des Reichsgerichtes in Zivilsachen
RM	Reichsmark
RStBl.	Reichssteuerblatt
RVA	Reichsversicherungsamt
RVO	Reichsversicherungsordnung
RVwBl.	Reichsverwaltungsblatt
S.	Seite
sog.	sogenannte
Sp.	Spalte
StAnpG	Steueranpassungsgesetz
StW	Steuer und Wirtschaft
TestamentsG	Testamentsgesetz
u.a.	unter anderem
USA	United States of America
usw.	und so weiter
u.U.	unter Umständen
UWG	Gesetz gegen den unlauteren Wettbewerb
v.	von
VerlagsG	Verlagsgesetz
vgl.	vergleiche
VO	Verordnung
Vorbem.	Vorbemerkung
ZAkDR	Zeitschrift der Akademie für deutsches Recht
z.B.	zum Beispiel
ZPO	Zivilprozeßordnung

Einleitung

Das Recht der nationalsozialistischen Zeit steht heute, nach mehr als 40 Jahren, noch immer am Anfang einer umfassenden und gründlichen Aufarbeitung [1].
Die Zurückhaltung bei der Auseinandersetzung mit diesem Abschnitt der deutschen Geschichte mag darin begründet sein, daß die Ereignisse noch unmittelbar in die Gegenwart hineinwirken und daher die Gefahr einer "historischen Verzeichnung" besonders hoch erscheint [2].
Die zeitliche Nähe bietet demgegenüber aber auch besondere Vorteile [3]. So ist beispielsweise die Quellenlage vergleichsweise günstiger, als in vielen anderen Gebieten rechtshistorischer Forschungen. Darüber hinaus verspricht die Analyse des Rechts der nationalsozialistischen Zeit in besonderem Maße Hinweise für die Anwendung des geltenden Rechts zu geben. Denn man arbeitet in der Gegenwart mit einer Vielzahl von Gesetzen, deren Wortlaut seit annähernd 100 Jahren fast unverändert ist. Weite Teile beispielsweise des Bürgerlichen Rechts, des Zivilprozeßrechts und des Steuerrechts sind noch heute mit den Regelungen

---

1) Stolleis (JuS 1982, S. 647) weist zutreffend darauf hin, daß das Mitte der Sechziger Jahre entfachte Interesse der Rechtshistoriker an der nationalsozialistischen Zeit wieder deutlich nachgelassen hat, obwohl wichtige Fragen bisher noch nicht eingehend erörtert worden sind.

2) Sellert, S. 61.

3) Ebensowenig spricht die von Diestelkamp (S.154) aufgestellte These, "daß auch im Dritten Reich die Tätigkeit von Richtern und Staatsanwälten zu einem hohen Anteil solchen Fällen gewidmet war, wie sie auch bei uns anfallen, und die auch ordnungsgemäß erledigt wurden", gegen eine ausführliche Auseinandersetzung mit dem Recht der nationalsozialistischen Zeit. Denn allein die Existenz einer nicht unerheblichen Anzahl von Fällen, in denen die Justiz ihre Aufgaben nicht "ordnungsgemäß" erledigte, verpflichtet zu einer gründlichen Analyse der Hintergründe dieses Verhaltens.

identisch, die vor und während der knapp 13 Jahre währenden Herrschaft der Nationalsozialisten galten. Die Übernahme von wesentlichen Teilen der bestehenden Rechtsordnung bot den Nationalsozialisten die Möglichkeit, nach außen hin eine gewisse Kontinuität mit der vorangegangenen Zeit zu wahren. Außerdem entlastete sie die Weitergeltung des überkommenen Rechts von der schwierigen Aufgabe, innerhalb kurzer Zeit neue Gesetze zu erarbeiten.

Gleichwohl sollten die aus der Weimarer Zeit übernommenen Vorschriften nach dem Willen der Nationalsozialisten den geänderten politischen Verhältnissen Rechnung tragen. Besonders die in zahlreichen Gesetzen vorhandenen Generalklauseln boten sich wegen ihrer Eigenschaft als "ein Stück offengelassener Gesetzgebung" [1] an, die nationalsozialistische Weltanschauung in die überkommene Rechtsordnung einfließen zu lassen.
Die Bedeutung der Generalklauseln für die Umgestaltung der Rechtsordnung in der nationalsozialistischen Zeit ist bisher nur als Randproblem in Abhandlungen erörtert worden, deren Schwerpunkte andere Fragen des nationalsozialistischen Rechts betrafen. Zu erwähnen sind dabei in erster Linie die Habilitationsschriften von Bernd R ü t h e r s ("Die unbegrenzte Auslegung") und Michael S t o l l e i s ("Gemeinwohlformeln im nationalsozialistischen Recht") aus den Jahren 1968 und 1973. Während S t o l l e i s die Berücksichtigung des nationalsozialistischen Gemeinschaftsgedankens bei der Anwendung der BGB-Generalklauseln in Ansätzen schilderte [2], befaßte sich R ü t h e r s mit der

---

1) Hedemann, Die Flucht, S. 58

2) S. 87 ff.; S. 100 ff.

Funktion einiger Generalklauseln "in der Gerichtspraxis des Nationalsozialismus" [1]. Er untersuchte dabei insbesondere die höchstrichterliche Rechtsprechung zu § 1 UWG, zur Anwendung des Grundsatzes von Treu und Glauben im Arbeitsrecht sowie zur fristlosen Auflösung einzelner Dauerschuldverhältnisse aus wichtigem Grund.

Die vorliegende Arbeit geht über diese Bereiche hinaus. So wird neben dem Grundsatz von Treu und Glauben (§§ 157, 242 BGB) die Bedeutung derjenigen Generalklauseln des Bürgerlichen Gesetzbuches untersucht, die das Tatbestandsmerkmal der Sittenwidrigkeit enthalten (§§ 138, 826, 817 S. 2 BGB). Weiterhin wird auf die Haltung des Schrifttums eingegangen, das sich in Urteilsanmerkungen, Kommentierungen und Zeitschriftenaufsätzen mit der Aufgabe der Generalklauseln bei der Umgestaltung der Rechtsordnung auseinandersetzte. Schließlich beschränkt sich die Untersuchung nicht auf das Bürgerliche Recht. Es wird vielmehr auch der Einfluß von Generalklauseln im Sozialversicherungsrecht, im Steuerrecht sowie im Zivilprozeßrecht betrachtet. Wegen der Fülle des Quellenmaterials kann es aber auch in der vorliegenden Arbeit nicht um eine abschließende Bearbeitung des Themas gehen. Der Verfasser mußte sich daher darauf beschränken, anhand von Beispielen die Bedeutung einzelner Generalklauseln für die Umgestaltung der Rechtsordnung in der nationalsozialistischen Zeit aufzuzeigen. Dabei spielte auch die Vorgeschichte der Generalklauseln eine Rolle. Denn sie diente den Nationalsozialisten in besonderem Maße dazu, ihre Forderung nach Beachtung der nationalsozialistischen Weltanschauung rechtstheoretisch zu untermauern und damit den Eindruck einer legalen Beeinflussung der überkommenen Gesetze zu erwecken.

---

1) S. 116 ff.

1. Teil: Die Bedeutung der Generalklauseln des Bürgerlichen Rechts in der Zeit von 1900 bis 1933

Als Generalklauseln [1] werden in der Regel diejenigen Rechtsnormen bezeichnet, welche auf der Tatbestands- oder Rechtsfolgenseite überwiegend normativ-unbestimmte Wertbegriffe enthalten [2] und damit die Anwendung des ihnen zugrunde liegenden Rechtsgedankens auf eine große Zahl von Einzelfällen ermöglichen. Die inhaltliche Ausgestaltung dieser Wertbegriffe überläßt der Gesetzgeber dabei weitgehend dem Richter, der sich bei ihrer Anwendung an - oft veränderlichen - Wertmaßstäben orientieren muß, die im Gesetz selbst nicht geregelt sind [3].

A. Die Bewertung durch den BGB-Gesetzgeber

Bereits bei der Erarbeitung des BGB wurde eine nicht unwesentliche Anzahl von Generalklauseln in die Kodifikation aufgenommen, so z.B. die §§ 138, 826 (Sittenwidrigkeit) und die §§ 242, 157 (Treu und Glauben). Wie sich aus den Motiven zum BGB ergibt, war der Gesetzgeber nicht frei von Bedenken, als er sich zu diesem Schritt entschloß.
Dies zeigt sich vor allem an der Diskussion um § 138 BGB. Diese Vorschrift stelle sich, so heißt es in den Motiven, als ein "bedeutsamer gesetzgeberischer Schritt dar, der vielleicht nicht ohne

---

1) auch "Richtliniennormen" oder "Blankettnormen" genannt (vgl. Rüthers, S. 212).

2) Rüthers, S. 211.

3) Vgl. Rüthers, S. 212 f.

Bedenken" sei:

> "Dem richterlichen Ermessen wird ein Spielraum gewährt, wie ein solcher großen Rechtsgebieten bisher unbekannt ist. Fehlgriffe sind nicht ausgeschlossen.
>
> Bei der Gewissenhaftigkeit des deutschen Richterstandes darf indessen unbedenklich darauf vertraut werden, daß die Vorschrift im Großen und Ganzen nur in dem Sinne angewandt werden wird, in dem sie gegeben ist" 1).

Man war sich bei der Abfassung des Bürgerlichen Gesetzbuches also einerseits der Tatsache bewußt, daß das in § 138 BGB enthaltene Merkmal der Sittenwidrigkeit Gefahren mit sich bringen könnte. Der Gesetzgeber hatte es vermieden, z.B. durch die Angabe von Fallgruppen, zu konkretisieren, was unter Sittenwidrigkeit zu verstehen war, und diese schwierige Aufgabe der Rechtsprechung übertragen. Der den Richtern dadurch eingeräumte weite Ermessensspielraum stand im Gegensatz zu dem große Teile des Bürgerlichen Gesetzbuches durchziehenden Grundsatz einer möglichst engen Bindung des Richters an das Gesetz. Fehlerhafte Anwendungen der Generalklausel konnten daher nicht ausgeschlossen werden.

Andererseits war der Gesetzgeber auch zuversichtlich, daß sich Fehlanwendungen auf Einzelfälle beschränken würden.

Diese Hoffnung stützte sich, wie die Motive zum Ausdruck bringen, auf ein uneingeschränktes Vertrauen in die deutsche Richterschaft, in deren Hand es nach Ansicht des BGB-Gesetzgebers lag, die Gefahren, die die Generalklauseln in sich bargen,

---

1) Motive, Bd. I, S. 211 ff.; es handelt sich hier um eine Anmerkung zu § 138 BGB (sittenwidriges Rechtsgeschäft).

zu minimieren. Man glaubte daher, dieses Risiko eingehen zu können.
Die Bedenken des BGB-Gesetzgebers gegenüber den Generalklauseln zeigen sich auch in den Beratungen über die Aufnahme einer allgemeinen Arglisteinrede in das Gesetzeswerk. Wie in den Protokollen der Kommission für die zweite Lesung des Entwurfes des Bürgerlichen Gesetzbuches zum Ausdruck kommt, wurde gegen die Zulassung der exeptio doli generalis von einem Teil der Kommissionsmitglieder geltend gemacht, daß durch sie "in höchst bedenklicher Weise an Stelle der festen Rechtsnorm das subjektive Gefühl des Richters gesetzt und die Grenze zwischen Recht und Moral verwischt" werde[1]. Damit wurde der bereits gegenüber § 138 BGB erhobene Einwand [2] auf die Einführung einer exeptio doli generalis ausgedehnt.

Die vorgebrachten Bedenken gegen eine allgemeine Einrede der Arglist veranlaßten die Kommission, die Aufnahme eines entsprechenden Vorschlags in den Entwurf des BGB (als § 185a des Entwurfs bezeichnet) abzulehnen.

Trotz der bei den Beratungen geäußerten Bedenken entschloß sich der Gesetzgeber schließlich doch, eine ganze Reihe von Generalklauseln in die Kodifikation aufzunehmen. Gründe hierfür werden in den Motiven nur angedeutet. Immerhin hätte sich der Gesetzgeber für die Einführung von Generalklauseln auf vorangegangene Rechtsentwicklungen, wie z.B. die römische bona-fides-Lehre sowie einen alten

---

1) Protokolle I, S. 239 f.

2) Vgl. oben, S. 5.

kaufmännischen Brauch, berufen können [1].
Die Formel von "Treu und Glauben" fand sich z.B. bereits in einem Edikt Friedrich Wilhelms I. "wider die Banqueroutierer" vom 20. Mai 1736 [2], in dem beklagt wurde, daß durch das Unwesen der Bankrotteure "der gemeine Credit" sowie "Treue und Glauben" auf das höchste litten. Gleichwohl sind es vermutlich keine historischen Gründe gewesen, die den Gesetzgeber zur Aufnahme von Generalklauseln ermutigten, sondern das Vertrauen auf eine vernünftige Anwendung durch die Richterschaft und die Hoffnung, die Gefahren durch eine feste Einbettung in das übrige Normengefüge des BGB gering halten zu können. Darüber hinaus hoffte der Gesetzgeber, die Unvollkommenheit des Gesetzes, die infolge der Verwendung abstrakter Rechtssätze entstanden war, durch die Aufnahme von Generalklauseln lindern zu können.
In den Motiven heißt es dazu, daß es "weder dem Gesetz noch für die Regel dem Geschäftsverkehr möglich" sei, "den Umfang und den Inhalt einer Schuldverbindlichkeit nach allen Richtungen und Nebenpunkten genau zu beschreiben" [3]. Vollständig lasse sich der Inhalt einer Leistungsverpflichtung nur im konkreten Fall erkennen. Schließlich wurde in den Motiven auf § 359 des I. Entwurfes verwiesen, demzufolge sich der Inhalt der schuldnerischen Leistungspflicht bereits nach der "Verkehrssitte" und nach "Treu und Glauben" bestimmen sollte.

---

1) Hedemann, Die Flucht, S. 8.

2) Corpus Constitutionum Marchicarum, II. Theil, II. Abth., No. LV, Sp. 255. Zur Berücksichtigung des Grundsatzes von Treu und Glauben bei der Anwendung des Preußischen Allgemeinen Landrechts vgl. das Urteil des königlichen Amtsgerichts zu Berlin vom 18. März 1897, Blätter für Rechtspflege im Bezirk des Kammergerichts, Bd. 8 (1897), S. 85, 87.

3) Band II, S. 26.

Aus alledem wird ersichtlich, daß nach dem Plan des Gesetzgebers den Generalklauseln die Funktion zukommen sollte, das Bürgerliche Gesetzbuch "dem Wandel der Bedürfnisse und Anschauungen einer bürgerlichen Verkehrsgesellschaft" anzupassen [1]. Auf der anderen Seite zeigen die Bedenken gegen die Generalklauseln, daß die Korrekturfunktion ihre Grenzen in den tragenden Grundgedanken des Gesetzbuches finden sollten [2]. Insoweit hoffte man, daß die Rechtsanwender sich dem Willen des Gesetzgebers unterordnen und die Generalklauseln nur in dem von ihm bestimmten Sinn und Umfang anwenden würden.

B. Die Entwicklung der Generalklauseln bis zur nationalsozialistischen "Machtübernahme"

Schon bald nach Inkrafttreten des Bürgerlichen Gesetzbuches am 1. Januar 1900 setzte eine wissenschaftliche Bearbeitung der Generalklauseln und insbesondere des § 242 BGB ein [3]. Stimmen, die wie Rudolph H e n l e mit seiner Schrift "Treu und Glauben im Rechtsverkehr" aus dem Jahr 1912 [4],

---

1) Thoss, S. 28

2) Thoss, S. 28

3) Vgl. die im Jahr 1902 erschienenen Abhandlungen von Schneider, Treu und Glauben im Recht der Schuldverhältnisse; Staub, DJZ 1902, Sp. 24 f. m.w.N. und Wendt, AcP 100 (1906), S. 1 ff.
Auf die Ergänzungsfunktion des § 242 (vgl. oben S. 7) wies beispielsweise das Lehrbuch von Goldmann-Lilienthal (2. Aufl., S. 292, Fn. 5) hin: § 242 BGB bilde "gewissermaßen eine Ergänzung zu jeder Bestimmung des Gesetzes oder Rechtsgeschäfts, damit, wenn der gewählte Ausdruck mangelhaft sein sollte, den Parteien kein Nachteil erwachse".

4) Henle sah § 157 BGB als Ausgangspunkt einer "unheilvollen Seuche" an, die "am Mark des Rechtslebens vergiftend" zehre (Henle, S. 3). Diese Seuche sei der "Abfall der Rechtsprechung vom Gesetz" und trete in den drei Formen der sogenannten "freien Rechtsfindung", der "Treu und Glaubensjurisprudenz" sowie der Lehre von der "exeptio doli generalis" auf (Henle, S. 3 ff.).

eine Anwendung des Grundsatzes von Treu und Glauben insgesamt ablehnten, blieben dagegen selten.

Innerhalb der Gruppe derer, die § 242 BGB aufgeschlossen gegenüber standen, bot die Konkretisierung der Generalklausel Anlaß zu kontroverser Diskussion. Die Schwierigkeiten, denen man sich gegenübergestellt sah, wurden von Paul Oertmann mit den Worten umschrieben, daß das, was Treu und Glauben bedeute, "leichter zu empfinden, als klar zu formulieren" sei [1]. Dementsprechend unterschiedlich gestalteten sich die in der Literatur vertretenen Ansichten:
Teilweise wurde angenommen, der Grundsatz von Treu und Glauben bestimme sich allgemein nach den "sittlichen Grundlagen unseres Volkes" bzw. "nach der Gesinnung, die von jedem Volksgenossen zu verlangen" sei [2]. Dem stand der Vorschlag gegenüber, im Einzelfall die Interessen der streitenden Parteien gegeneinander abzuwägen [3].

Neben der Konkretisierung des § 242 BGB wurde in der Literatur auch die Frage diskutiert, ob die Gerichte befugt seien, unter Hinweis auf § 242 BGB eine Entscheidung zu fällen, die mit dem Wortlaut anderer Vorschriften kollidierte. Dabei befürwortete die überwiegende Auffassung eine möglichst enge Bindung des Richters an das Gesetz. Im BGB-Kommentar von Paul Oertmann [4] aus dem Jahr 1910 hieß es über das Verhältnis der §§ 157 und 242 BGB zu spezielleren Rechtsnormen: "Auch bei gesetzlichen Vorschriften" könne "eine über den Wortlaut hinausgehende oder eine denselben einschränkende Auslegung gerechtfertigt und geboten

---

1) Oertmann, Anm. 2 a zu § 242 (3. Aufl.).
2) Endemann, S. 591.
3) Schneider, Treu und Glauben im Recht der Schuldverhältnisse des BGB, S. 107, 131.
4) 3. Aufl., Anm. 2 zu § 242.

sein, nicht aber eine Korrektur des erkennbaren Willens des Gesetzes". Der Richter sei "insbesondere nicht berechtigt, den Vertrag oder das Gesetz durch Aufstellung eines sozialen Ideals als Richtmaß oder durch Geltendmachung subjektiver sittlicher Anschauungen zu korrigieren".

Die Bedeutung, die das Schrifttum § 242 BGB und den anderen Generalklauseln bereits in den ersten Jahren nach Inkrafttreten des BGB beimaß, wurde 1913 von Justus Wilhelm H e d e m a n n [1)] mit folgenden Worten treffend umschrieben:

> "Jeder Praktiker weiß, daß das Los der einzelnen Paragraphen unserer Zivilrechtskodifikation ein sehr verschiedenes geworden ist. Es gibt Könige darunter, aber daneben viele, viele unbeachtete Betteleute. Ganze Hunderte von Paragraphen spielen überhaupt kaum eine Rolle. Sie leben im Verborgenen, wie der arme Mann. Sie müssen es dulden, daß einige wenige weit über sie emporragen. Was wollen z.B. hundert Paragraphen aus einer Ecke des Erbrechts gegen die eine königliche Regel, daß alle Verträge unter das Zeichen von Treu und Glauben gestellt sind ?"

Im Gegensatz zur Haltung des Schrifttums fand die Vorschrift des § 242 BGB in der Rechtsprechung erst allmähliche Beachtung und Anwendung.
Das Reichsgericht erwähnte die Generalklausel erstmals im 48. Band der amtlichen Entscheidungssammlung. Ihre Verwendung blieb in den ersten Jahren nach Inkrafttreten des BGB insgesamt allerdings noch selten [2)].

---

1) Vortrag "Werden und Wachsen im bürgerlichen Recht", gehalten 1913 bei einem staats- und rechtswissenschaftlichen Fortbildungskurs in Jena, S. 9.

2) Vgl. insoweit die Nachweise bei Hedemann, Die Flucht, S. 9.

Die für die zurückhaltende Anwendung des § 242 BGB ursächlichen Bedenken des Reichsgerichts kommen u.a. in der Entscheidung RGZ 81, S. 37 zum Ausdruck. Das Reichsgericht hatte hier über die Frage zu entscheiden, ob ein Aktionär in der Generalversammlung der Gesellschaft auch dann stimmberechtigt sei, wenn die Abstimmung den Widerruf seiner Bestellung zum Aufsichtsratsmitglied betreffe.
In der Literatur hatte H a c h e n b u r g [1) für den Bereich der GmbH die Frage wenige Jahre zuvor mit dem Argument verneint, daß ein Gebrauch des Stimmrechts wider Treu und Glauben nicht geduldet werden dürfe. Das Mitbestimmen solle besonders dort ausgeschlossen sein, wo der Gesellschafter seine Stimme mißbrauche, um Rechte der Gesellschaft lahmzulegen, oder sich auf ihre Kosten Vorteile zu verschaffen. Daher sei der Gesellschafter zur Stimmenthaltung verpflichtet.
Das Reichsgericht wandte sich gegen die von H a c h e n b u r g vorgeschlagene Anwendung des Grundsatzes von Treu und Glauben: Ein "so dehnbarer, auf das Ermessen und die Billigkeit abgestellter Satz", wie H a c h e n b u r g ihn verteidige, würde "in die Betätigung des gesellschaftlichen Lebens die größte Unsicherheit hineintragen". Dies sei um so mehr der Fall, "als über Tatsachen, die den Gebrauch des Stimmrechts als Mißbrauch erscheinen" ließen, überaus häufig Streit herrschen werde. Gerade in der Frage der Stimmenthaltung aber seien "klare und scharfe Grenzlinien für die Praxis unentbehrlich" [2).

---

1) Hachenburg, Leipziger Zeitschrift, 1907, S. 460 ff.

2) RGZ 81, S. 40.

Die Verschwommenheit der Norm und die daraus resultierende Unsicherheit waren also noch im Jahr 1912 für das Reichsgericht der Anlaß gewesen, eine Anwendung des § 242 BGB abzulehnen [1)].

Dennoch entwickelte sich § 242 BGB in der Folgezeit zu einer von der Rechtsprechung viel zitierten Vorschrift. Dies erklärt sich einmal mit dem zunehmenden Einfluß derjenigen Stimmen in der Literatur auf die Rechtsprechung, die bereits kurz nach dem Inkrafttreten des BGB der Beweglichkeitsfunktion der Generalklauseln aufgeschlossen gegenüberstanden [2)]. Noch wesentlicher für diese Entwicklung war aber die schlechte wirtschaftliche Situation Deutschlands in den 20-er Jahren mit den Hauptfolgen einer rasenden Inflation und hoher Arbeitslosigkeit.
Die Geldentwertung wirkte sich besonders bei Schuldverhältnissen aus, die über einen längeren Zeitraum zu erfüllen waren (z.B. Unterhalts- und Darlehensansprüche) oder bei denen zwischen dem Austausch von Leistung und Gegenleistung eine größere Zeitspanne lag. Der in ständiger Rechtsprechung angewandte Grundsatz "Mark gleich Mark" [3)] führte dazu, daß der Geldschuldner um so günstiger

---

1) Die Bedenken der Rechtsprechung kommen auch in der Äußerung zweier Richter zur "Treu- und Glaubens-Jurisprudenz" zum Ausdruck: "Begäbe man sich erst auf diese Bahn, so käme man rasch ins Gleiten, und dann gäbe es kein Halten mehr". (zitiert nach Hedemann, Die Flucht, S. 10).

2) Die im Zeitablauf immer häufiger werdende Heranziehung der Generalklauseln wurde rückblickend von Fuchs (Die Justiz 1925, S. 349) mit den Worten beschrieben:

"Gut ist das BGB nur an einer einzigen Stelle, nämlich da, wo es mit seiner abstrakten Kasuistik Halt macht und lediglich einen Wegweiser hinstellt. Er trägt die Aufschrift: 'Eingang zum freien Rechtsmeer der Verkehrsbedürfnisse'. Es ist der § 242. Dieser 'königliche' Paragraph, der auch die §§ 157, 138, 226, 826 schon in sich birgt, erwies sich in der Folge als der archimedische Punkt, von dem aus die alte juristische Welt aus den Angeln gehoben wurde."

3) Eine Goldmark kostete im Nov. 1923 522 Mrd. Papiermark.

gestellt war, je weiter der Fälligkeitstermin gegenüber dem Zeitpunkt des Entstehens der Verbindlichkeit in der Zukunft lag. Versuche der Gläubiger, durch die Aufnahme entsprechender Vertragsklauseln eine Zahlung in Goldmünzen zu erzwingen und damit das Entwertungsrisiko auf den Schuldner zu übertragen, wurden von staatlicher Seite auf dem Verordnungswege unterbunden [1].

Mit einer Entscheidung vom 28. November 1923 [2] gab das Reichsgericht den Grundsatz "Mark gleich Mark" auf [3].

Die Richter stellten fest, daß der Gläubiger einer vor dem Weltkrieg begründeten Darlehenshypothek zur Verweigerung der grundbuchrechtlichen Löschungsbewilligung berechtigt sei, wenn der Schuldner die Darlehensschuld lediglich in Papiermark und im Umfang des Nennwertes erfülle. Außerdem erkannte das

---

1) Verordnung vom 28. September 1914, RGBl. 1914, S. 417.

2) RGZ 107, S. 78.

3) Diese Entwicklung kündigte sich bereits zuvor in mehreren Entscheidungen an. Im Juni 1922 hatte das Reichsgericht über den Umfang einer vertraglich vereinbarten Rückgewährungspflicht von Pachtinventar zum Schätzungspreis nach Ablauf der Pachtdauer zu entscheiden. Trotz der gesetzlichen Gleichstellung von Papiermark und Goldmark vertraten die Richter die Ansicht, daß die Goldmark, die der Schätzung bei der Übertragung auf den Pächter zugrunde gelegt worden war, und die Papiermark, in der nun, nach dem Ersten Weltkrieg, die Rückgewährung zu erfolgen hatte, "wirtschaftlich nicht vergleichbar" seien (RGZ 104, S. 394, 397).
Für Ansprüche aus Unterhalts- und Altenteilsverträgen wurde entschieden, daß durch die Zahlung einer summenmäßig gleichbleibenden Rente infolge der Geldentwertung nicht mehr das geleistet werde, was die Parteien vereinbart hätten (RG Warn. Bd. 14 (1921), Nr. 99; Bd. 16 (1922 - 1924), Nr. 3, Nr. 36; RGZ 107, S. 90). Entscheidend war dabei die Feststellung der Richter, daß es dem Rentenberechtigten wegen der Inflation "auch nicht annähernd mehr möglich" sei, aus der ziffernmäßig festgestellten Rentensumme sich das bestimmte Maß des zum Lebensunterhalt Notwendigen zu verschaffen (RG Warn. Bd. 16 (1922 - 1924), Nr. 36). Waren diese Voraussetzungen erfüllt, so hatte der Berechtigte nach Auffassung des Reichsgerichts einen Anspruch auf Erhöhung der vereinbarten Rente, die der verminderten Kaufkraft entsprach.

Reichsgericht die "Möglichkeit einer Aufwertung von Hypothekenforderungen [...] nach dem geltenden deutschen Recht, insbesondere nach § 242 BGB" an [1].

Entgegen anderer Vorschläge, die Aufwertungsproblematik methodisch mit Hilfe der Vorschriften über die ungerechtfertigte Bereicherung [2] oder nach den Grundsätzen des Wegfalls der Geschäftsgrundlage zu lösen, stützte sich das Reichsgericht damit auf die Generalklausel des § 242 BGB.
In der Urteilsbegründung wurde allerdings einschränkend hervorgehoben, es könne "nicht schlechthin der Grundsatz aufgestellt" werden, "daß allgemein jede Hypothekenforderung ohne weiteres aufgewertet" werden müsse oder "daß bei allen die Aufwertung im gleichen Maße, etwa gar im Wertverhältnis der Papiermark zur Goldmark", stattzufinden habe. Vielmehr sei nach den besonderen Umständen des Einzelfalles zu entscheiden [3].
Trotz dieser Relativierung des Urteils zeigen die sich anschließenden Entscheidungsgründe, daß sich das Reichsgericht der Tragweite und Verallgemeinerungsfähigkeit seines Urteils bewußt war. Die Entscheidung der Richter stand in Widerspruch zu dem klaren Wortlaut des Art. 3 des "Gesetzes über die Abänderung des Bankgesetzes" vom 1. Juni 1909 [4],

---

1) RGZ 107, S. 87.

2) Ennerccerus, Allgemeiner Teil, 9. Bearbeitung, 18. - 21. Aufl., § 116 a.

3) Das Reichsgericht stellte hierbei "neben dem - bei Zugrundelegung der Papiermarkrechnung - gestiegenen Wert des Grundstücks, der hauptsächlich von Bedeutung sein" werde, auch auf andere Umstände ab: Je nach der Sachlage käme es auf die wirtschaftliche Leistungsfähigkeit des Schuldners bzw. auf den Umstand an, ob es sich um landwirtschaftliche, industrielle oder städtische Grundstücke handele. Ebenso würden die Lasten, namentlich öffentlicher Art, die dem Grundbesitz auferlegt seien, bei Mietgrundstücken auch die Verminderung ihres Ertrages durch die zum Schutze der Mieter ergangenen Bestimmungen, Berücksichtigung verdienen (RGZ 107, S. 87).

4) RGBl. 1909, S. 515 f.

nach dem die Noten der Reichsbank gesetzliche Zahlungsmittel waren. Das gleiche galt gemäß § 1 des "Gesetzes betreffend die Reichskassenscheine und die Banknoten" vom 4. August 1914 [1] für Kassenscheine der Reichsbank. Nach Ansicht des Reichsgerichts beruhten diese Bestimmungen aber "auf der zur Zeit ihres Erlasses bei dem gesunden Zustand der deutschen Wirtschaft durchaus begründeten Auffassung", daß die Banknoten und die Kassenscheine an Wert dem Metallgeld gleichstanden. Der Gesetzgeber habe nicht an eine derart hohe Geldentwertung gedacht, wie sie nach dem Weltkrieg eingetreten sei [2].

Die Richter konstatierten aus dieser Situation einen Widerstreit zwischen den Währungsvorschriften einerseits und denjenigen sonstigen Gesetzesbestimmungen andererseits, die verhüten wollten, daß der Schuldner in die Lage versetzt werde, "sich seiner Verbindlichkeiten in einer Weise zu entledigen, die mit den Anforderungen von Treu und Glauben und mit der Verkehrssitte nicht vereinbar" [3] wäre. Namentlich "der das Rechtsleben beherrschenden Vorschrift des § 242 BGB" [4] sei dabei der Vorrang einzuräumen. Das Reichsgericht hatte somit unter ausdrücklicher Heranziehung des § 242 BGB eine Entscheidung getroffen, die im Widerspruch zum klaren Wortlaut der einschlägigen Vorschriften des Währungsrechts stand.

---

1) RGBl. 1914, S. 347.

2) RGZ 107, S. 88; vgl. zu der Frage, ob es sich bei der festgestellten Gesetzeslücke um eine "primäre Anschauungslücke oder um eine sekundäre Überalterungslücke handelte, Rüthers, S. 70 ff.

3) RGZ 107, S. 88.

4) RGZ 107, S. 88.

Im Schrifttum wurde der Auffassung des Reichsgerichts zugestimmt. Trotz der Bedenken, die in früheren Jahren gegen eine Korrektur der bestehenden Gesetze erhoben worden waren [1), wurde eingeräumt, daß die Aufwertungsfrage am besten aufgrund des § 242 BGB zu lösen sei [2).

Das Beispiel des § 242 BGB zeigt somit, daß sich sowohl in der Rechtsprechung als auch in der Literatur die Einstellung gegenüber den Generalklauseln grundlegend gewandelt hatte. Die Bedenken des BGB-Gesetzgebers waren einem Aufatmen über die Tatsache gewichen [3), daß es die Generalklausel des § 242 BGB ermöglicht hatte, auch ein so schwieriges Rechtsproblem wie das der Aufwertungsfrage befriedigend zu lösen [4). Der Umstand, daß man sich damit vom positiven Recht mehr und mehr entfernte, oder sich sogar in Widerspruch zu ihm stellte, wurde in Kauf genommen.

---

1) Vgl. oben, S. 9.

2) Oertmann, 5. Aufl., Anm. 6c zu § 242.

3) Wie schnell die Bedenken der Entstehungszeit des Bürgerlichen Gesetzbuches überwunden wurden, zeigt auch das Beispiel der exceptio doli generalis (vgl. oben, S. 6): Das Reichsgericht erkannte nach anfänglichem Zögern (in RGZ 58, S. 356) die Existenz einer allgemeinen Einrede der Arglist an, die neben den Einreden aus den §§ 157, 242, 826 BGB stand (RGZ 58, S. 429). Der Arglisteinwand wurde schließlich in einer späteren Entscheidung (RGZ 108, S. 110) auch als "im BGB stillschweigend anerkannt" bezeichnet.

4) Hedemann, Die Flucht, S. 12, spricht unter Anspielung auf die immer häufigere Verwendung des § 242 in den Urteilen des Reichsgerichts von einer "wilden Hochkonjunktur des § 242".

Neben § 242 erfuhr auch § 826 BGB eine umfassendere Anwendung, als es der BGB-Gesetzgeber erwartet hatte. Die Vorschrift wurde zunächst nur als eine Abrundung des Systems der actiones ex delicto aufgefaßt und vom Reichstag debattenlos angenommen [1)]. Sie entwickelte sich jedoch schon bald nach Inkrafttreten des BGB zu einem Korrektiv für Regelungen verschiedener Abschnitte des Gesetzbuches. So wurde nach § 826 BGB beispielsweise haftbar gemacht, wer als außenstehender Dritter einen anderen zum Vertragsbruch anstiftete oder ein geschlossenes Verlöbnis zur Auflösung brachte[2)].

Die Korrekturfunktion des § 826 BGB beschränkte sich im Laufe der Entwicklung nicht mehr auf die Regelungen des BGB, sondern erstreckte sich darüber hinaus auf eine Reihe anderer Rechtsgebiete [3)]. Für das Arbeits- und Kartellrecht stellte das Reichsgericht bereits zwei Jahre nach Inkrafttreten des BGB fest, daß § 826 BGB ein Mittel biete, "um Ausschreitungen und Auswüchsen des gewerblichen Wett- oder Lohnkampfes entgegenzutreten, wo sonst hierzu die straf- und zivilrechtlichen Vorschriften über unerlaubte Handlungen nicht ausreichen würden[4)].

---

1) Hedemann, Die Flucht, S. 8.

2) RGZ 62, S. 137; 90, S. 355; 91, S. 178.

3) Hedemann bezeichnet diesen Umstand als "erstes Beispiel für das 'Weiterwandern', das 'Weiterfressen', das gerade ein Spezifikum der Generalklauseln zu sein" scheine (Die Flucht, S. 7). Auch die Kommentarliteratur stand der zuweilen "über jedes Maß und Ziel hinausgehenden" (Oertmann, 5. Aufl., § 826, Anm. 6) Ausdehnung der "an sich wohltätige(n) Vorschrift des § 826" BGB eher kritisch gegenüber, weil dies "ernste Gefahren für die Sicherheit der Rechtsanwendung heraufbeschwören" könne.

4) RGZ 51, S. 384.

Ebenso gewann § 826 BGB Einfluß im Zivilprozeßrecht [1] und im Recht des gewerblichen Rechtsschutzes [2].

Neben der Ausdehnung der BGB-Generalklauseln ging der Gesetzgeber schon bald dazu über, in die Sondergebiete eigene Generalklauseln aufzunehmen. So wurde bereits im Jahre 1909 [3] dem Wettbewerbsgesetz folgende Generalklausel vorangestellt:

> "Wer im geschäftlichen Verkehr zu Zwecken des Wettbewerbes Handlungen vornimmt, die gegen die guten Sitten verstoßen, kann auf Unterlassung und Schadensersatz in Anspruch genommen werden"[4].

Darüber hinaus wurden Generalklauseln beispielsweise in das Urheberrecht [5], das Aktienrecht und das Steuerrecht aufgenommen [6].

---

1) In erster Linie ist hier die Überwindung der Rechtskraftwirkung eines Urteils mittels § 826 BGB zu nennen.

2) Zur Frage der Anwendbarkeit des § 826 BGB in diesem Rechtsgebiet befand das Reichsgericht in RGZ 73, S. 296, daß nach ständiger Rechtsprechung "durch die bestehenden Sondergesetze die Anwendung des § 826 nicht ausgeschlossen" werde.

3) D.h. 13 Jahre nach dem Inkrafttreten des - ohne Generalklauseln verfaßten - Wettbewerbsgesetzes von 1896.

4) Der Wortlaut ist noch heute identisch mit § 1 UWG.

5) Beispielsweise wurde den Vorschriften, wonach der Erwerber eines Urheberrechts an Literatur und Tonwerken (§ 9 LitUrhG), der Verleger eines solchen Werkes (§ 13 VerlagsG) und der Erwerber eines Urheberrechts an Werken der bildenden Kunst (§ 12 KunstUrhG) grundsätzlich keine Änderungen an dem ihnen überlassenen Geistesgut vornehmen durften, jeweils der Zusatz angefügt: "Zulässig sind Änderungen, für die der Berechtigte seine Einwilligung nach Treu und Glauben nicht versagen kann".

6) Vgl. hierzu im einzelnen: Hedemann, Die Flucht, S. 21 ff. m.w.N.

C. Hedemanns Warnungen vor der Gefährlichkeit der Generalklauseln

Im Gegensatz zu den meisten anderen Autoren der Zeit warnte Justus Wilhelm Hedemann im Jahr 1933 [1] in seiner Schrift "Die Flucht in die Generalklauseln - eine Gefahr für Recht und Staat" erneut eindringlich vor einer zunehmenden Anwendung und Ausweitung dieser Vorschriften. Ihre Gefährlichkeit kennzeichnete er mit den "drei Worten Verweichlichung, Unsicherheit und Willkür" [2].

Nach Ansicht Hedemanns führte die Verwendung von Generalklauseln zu einer "Verweichlichung im Denken" [3]. Sie äußere sich beispielsweise in der zunehmenden Neigung des Gesetzgebers, auf konkrete Regelungen zu verzichten und stattdessen Generalklauseln in die Gesetze aufzunehmen. Dem Gesetzgeber fehle "die Zeit, die Kraft, die Lust, den zu behandelnden Stoff restlos" zu durchdenken. Er trete daher "die Flucht in die Generalklausel" an [4]. Für die Zukunft fürchtete Hedemann, daß diese "Verweichlichungserscheinung" [5] auch in den Bereich der richterlichen Tätigkeit eindringen würde:

> "Der, der überlastet, der müde ist, macht sich's bequem - und greift, im langsamen Gleiten öfter und öfter nach dem bequemen Polster der Generalklauseln" [6].

---

1) Die Flucht in die Generalklauseln.

2) Hedemann, Die Flucht, S. 66.

3) Hedemann, Die Flucht, S. 66.

4) Hedemann, Die Flucht, S. 66.

5) Hedemann, Die Flucht, S. 66.

6) Hedemann, Die Flucht, S. 67.

Die "Verweichlichung" durch die immer häufiger werdende Anwendung von Generalklauseln führe, so meinte H e d e m a n n , zu einer Unsicherheit des gesamten Rechtslebens [1], weil eine klare Festlegung dessen, was Begriffe wie "Treu und Glauben" oder "gute Sitten" bedeuteten, letztlich nur für den Einzelfall getroffen werden könne [2] und weil diese Begriffe im Zeitablauf auch durchaus wandelbar seien [3].
Diese Unsicherheit war nach Ansicht H e d e - m a n n s gleichwohl zu verkraften, solange die Generalklauseln noch an einem übergeordneten Maßstab ausgerichtet und von unabhängigen Richtern gehandhabt würden [4]. Bei einer politischen Anwendung der Generalklauseln sah H e d e m a n n allerdings den Weg "von der Unsicherheit zur Willkür" führen [5]. Die Generalklauseln würden in dem Augenblick zu einer "einseitig und unkontrollierbar zu führenden Waffe werden" [6], in dem der Inhaber der Staatsmacht die richterliche Unabhängigkeit beseitigen und damit eine bestimmte Auslegung der Generalklauseln vorschreiben würde.

---

1) Hedemann, Die Flucht, S. 67 f.

2) Drastischer formulierten Hachenburg/Bing ihre Kritik an der zunehmenden Anwendung der Generalklauseln: "Es ist ein völliges Verwischen aller Grenzen. Das Gesetz hört auf, die Norm für die Entscheidungen der Gerichte zu sein. Man braucht nicht weiterzugehen: Subjektives Empfinden anstelle objektiven Maßstabes". (Anm. zu einer Entscheidung des Reichsarbeitsgerichtes, DJZ 1932, Sp. 275 f.).

3) Das Reichsgericht hatte 1928 in diesem Sinne bemerkt: "Freilich darf nicht übersehen werden, [...] daß auch die Auffassungen darüber, was sittenwidrig ist, nicht unwandelbar sind und sein können, vielmehr in und mit dem Fluß des sittlichen, geistigen und wirtschaftlichen Lebens und der Bedürfnisse eines Volkes wechseln und sich ändern können" (JW 1929, S. 249).

4) Die Flucht, S. 51.

5) Die Flucht, S. 70.

6) Die Flucht, S. 51 f.

H e d e m a n n schien die Entwicklung in Deutschland vorauszuahnen, wenn er am Beispiel des sowjetischen Rußlands aufzeigte, daß es leicht zu einer "Katastrophe der Rechtsordnung" [1] kommen könne, wenn der Volkskörper in zwei Hälften zerrissen sei und der herrschende Teil über den materiellen Gehalt der Generalklauseln zu befinden habe: Das sei "gemessen am Volksganzen - das aus der Idee der Rechtsordnung nicht wegzudenken ist - die nackte Willkür" [2]. Zwingend war eine solche Entwicklung nach der Auffassung H e d e m a n n s allerdings nicht; er bot vielmehr folgenden Lösungsvorschlag an:

> "Der jeweilige Träger der Macht wird sich den Unterschied zwischen den wirklich staatsnotwendigen Fragen und dem übrigen Teil der Rechtsordnung vor Augen halten müssen. Wenn er nur in der ersteren Richtung die letzte Auslegung und damit Handhabung (oder Nichthandhabung) der Generalklauseln seiner Willkür unterstellt, so wird das allenfalls zu ertragen, vielleicht sogar in Zeiten der Unruhe zu begrüßen sein" 3).

Bei einem noch weitergehenden Eingriff, insbesondere in das Zivilrecht und in den unpolitischen Teil des Strafrechts, würde aber - so folgerte H e d e m a n n - der "Beweglichkeitsfaktor mit dem Machtfaktor in Eins" verschmelzen und "die Zeichen auf Niedergang weisen" [4].

Die Beantwortung der Frage, in welchem Sinne die Generalklauseln vor dem Hintergrund der aufgezeigten Gefahren sich entwickeln würden, "ob sie Segen stiften oder Fluch bringen", hing nach Ansicht H e d e m a n n s "letzten Endes von der Richterschaft des einzelnen Volkes ab" [5].

---

1) Die Flucht, S. 73.

2) Die Flucht, S. 73.

3) Die Flucht, S. 73.

4) Die Flucht, S. 74.

5) Die Flucht, S. 74.

Die Gewährleistung einer geordneten Prozeßführung und des Grundsatzes der richterlichen Unabhängigkeit sah er dabei erneut als unbedingte Voraussetzung einer positiven Entwicklung an. Darüber hinaus forderte H e d e m a n n , der Richter müsse dem Wesen dieser "unheimlich vordringenden" Generalklauseln scharf ins Gesicht sehen "und sich äußerste Sparsamkeit in ihrem Gebrauch zur Pflicht machen". Nur so könne er sich Halt sichern, "um ein Abgleiten seiner selbst und damit der Rechtspflege seiner Nation zu verhüten" [1]. Mit diesen Worten wollte H e d e m a n n die Verantwortung für eine heilsame Verwendung der Generalklauseln in die Hände der Richter legen. Er unterschied sich insoweit nicht von der Auffassung des BGB-Gesetzgebers, der ebenfalls auf die deutsche Richterschaft vertraut hatte. Die Richter konnten dieser Aufgabe aber nur gerecht werden, wenn sie nicht gleichzeitig von staatlicher Seite zu einer einseitigen Anwendung der Generalklauseln gedrängt wurden. Der Grundsatz der richterlichen Unabhängigkeit war daher nach H e d e m a n n s Analyse unbedingte Voraussetzung für eine positive Entwicklung.

Zusammenfassend kann man sagen, daß sich die Einstellung von Literatur und Rechtsprechung gegenüber den Generalklauseln in der Zeit von dem Inkrafttreten des BGB bis zur nationalsozialistischen Machtergreifung im Jahre 1933 grundlegend gewandelt hatte. Die anfänglichen Bedenken des BGB-Gesetzgebers wurden schon bald von den Vorteilen der Generalklauseln für die Praxis verdrängt. Besonders die schwere Wirtschaftskrise der 20-er Jahre zeigte, daß die starren Regelungen des BGB in vielen Fällen nicht mehr zu billigen Ergebnissen führten.

---

1) Die Flucht, S. 76.

Nur mit Hilfe der "elastischen und anpassungsfähigen Generalklauseln" 1) glaubte man, einen Ausgleich schaffen zu können, ohne den Boden des Gesetzes ganz verlassen zu müssen. Parallel dazu kam es einerseits zu einer Ausdehnung der BGB-Generalklauseln auf andere Rechtsgebiete. Andererseits ging der Gesetzgeber nach und nach dazu über, hier selbständige Generalklauseln einzuführen. Die Generalklauseln waren damit keine ungewöhnlichen, nur sparsam anzuwendende Institutionen mehr, sondern alltägliche und häufig bemühte Vorschriften im deutschen Rechtssystem geworden. Auf die damit verbundenen Gefahren versuchte H e d e m a n n mit seiner tiefgründigen Analyse über die Entwicklung und Zukunft der Generalklauseln hinzuweisen.

Indirekt hatte H e d e m a n n mit ihr aber gleichzeitig aufgezeigt, daß für eine Umgestaltung der Rechtsordung - beispielsweise nach einem radikalen Wechsel der politischen Grundanschauungen - nicht unbedingt aufwendige Gesetzgebungsverfahren erforderlich seien. Vielmehr bestand auch die Möglichkeit, das Ziel durch eine politische Anwendung der bereits bestehenden Generalklauseln zu erreichen. Da die Veröffentlichung der Schrift H e d e m a n n s zeitlich mit der nationalsozialistischen Machtergreifung zusammenfällt 2), liegt

---

1) Hedemann, Die Flucht, S. 61; zu der Möglichkeit, mit Hilfe der Generalklauseln "auch ganz neue Rechtsinstitute ins Leben zu setzen" vgl. Hedemann, Die Flucht, S. 62 ff.

2) Hedemann nimmt in seiner Arbeit teilweise Bezug auf die nationalsozialistische Machtergreifung. Innerhalb der Darstellung von Maßnahmen aufgrund staatsrechtlicher Generalklauseln nimmt er das Ermächtigungsgesetz vom 24. März 1933 von seiner eher kritischen Analyse ausdrücklich aus (Die Flucht, S. 49). Wohl kein Zugeständnis an die Nationalsozialisten, sondern lediglich eine unrichtige Prognose unterläuft Hedemann, wenn er hinsichtlich der Beeinflussung und Verweichlichung der Richter feststellt (Die Flucht, S. 75): "Gewiß sind wir heute noch weit entfernt von solchen Dingen".

die Vermutung nahe, daß die Nationalsozialisten nicht etwa deren Warnungen zum Maßstab ihres Handelns machten, sondern umgekehrt gerade in den Generalklauseln eine Möglichkeit sahen, ihre Vorstellungen in das Rechtsleben einfließen zu lassen. Inwiefern eine solche Umgestaltung des Rechtssystems mit Hilfe der Generalklauseln von den Nationalsozialisten tatsächlich beabsichtigt und schließlich verwirklicht wurde, ist Gegenstand der folgenden Untersuchung.

2. Teil: Die Umgestaltung der Rechtsordnung durch Generalklauseln in der nationalsozialistischen Zeit

A. Planungen für eine Nutzbarmachung der Generalklauseln

Schon kurze Zeit nach der Machtübernahme durch die Nationalsozialisten wurde im Schrifttum [1] eine Berücksichtigung der nationalsozialistischen Weltanschauung bei der Anwendung der Generalklauseln gefordert. Für den Bonner Rechtslehrer Hans D ö l l e stand es bereits 1933 außer Zweifel, daß "Treu und Glauben mit Rücksicht auf die Verkehrssitte, ebenso wie der Begriff der guten Sitten und die anderen Generalklauseln einen anderen Inhalt bekommen" hätten, "als noch vor kurzer Zeit" [2]. Überall, wo diese Maßstäbe anzulegen seien, würden von nun an "soziale Maßstäbe" Grundlage der Entscheidung sein und das Handeln daran gemessen, ob es "mit dem Postulat der Gemeinschaft nach dem öffentlichen Wohl in Einklang" stehe [3]. D ö l l e sah in dem in Punkt 24 des Parteiprogramms der NSDAP enthaltenen Grundsatz "Gemeinnutz geht vor Eigennutz" das "Grundprinzip des nationalsozialistischen Denkens", dem bei der Anwendung der Generalklauseln Rechnung zu tragen sei [4]. Daher seien z.B. Geschäfte gemäß § 138 BGB nichtig, die gegen das Gemeinwohl verstießen [5].

---

1) Dölle, Schmollers Jahrbuch 57 (1933), S. 657; Schmitt, JW 1933 S. 2793 f.; ders., Über die drei Arten, S. 58; Lange, JW 1933, S. 2858; v. Heydebrand und der Lasa, S. 126; Lühr, DRiZ 1934, S. 35; Siebert, DR 1935, S. 56.

2) Schmollers Jahrbuch 57 (1933), S. 657.

3) Schmollers Jahrbuch 57 (1933), S. 657.

4) Vgl. zur Bedeutung des Grundsatzes "Gemeinnutz geht vor Eigennutz" insbesondere Stolleis, Gemeinwohlformeln im nationalsozialistischen Recht, Berlin 1973.

5) Schmollers Jahrbuch 57 (1933), S. 659.

Obwohl D ö l l e der Ansicht war, daß sich das "neue Rechtsdenken" über die Generalklauseln "auch ohne die geringste Änderung des Gesetzeswortlauts"[1]) durchsetzen könne, schlug er eine Änderung einzelner Generalklauseln durch den Gesetzgeber vor. Um "jede Ungewißheit" bei der Anwendung des § 138 BGB auszuschließen, so meinte D ö l l e , sei es beispielsweise zweckmäßig, dem ersten Absatz der Vorschrift folgende Fassung zu geben [2]):

> "Ein Rechtsgeschäft, das gegen die guten Sitten verstößt, ist nichtig. Nichtig ist insbesondere ein Rechtsgeschäft, welches das Gemeinwohl offenbar schädigt".

Auch § 826 BGB sollte nach Ansicht D ö l l e s umgestaltet werden, damit das nationalsozialistische Grundprinzip "Gemeinnutz geht vor Eigennutz" deutlich und "für die praktische Rechtsanwendung brauchbar" zum Ausdruck komme. Die Vorschrift sollte künftig lauten [3]):

> "Die Ausübung eines Rechts ist verboten, wenn sie das Gemeinwohl schädigt."

Neben D ö l l e forderte 1933 auch der stellvertretende Merseburger Regierungspräsident Ernst v. H e y d e b r a n d u n d d e r L a s a , den Wortlaut einzelner Generalklauseln zu ändern [4]). Ein Eingreifen des Gesetzgebers sei erforderlich, um den Richter zu verpflichten, bei der Anwendung der Generalklauseln "deutsche Gefühlswerte" [5]) zu beachten. Sein Vorschlag lautete u.a., zwischen

---

1) Schmollers Jahrbuch 57 (1933), S. 657.

2) Schmollers Jahrbuch 57 (1933), S. 659.

3) Schmollers Jahrbuch 57 (1933), S. 659.

4) v. Heydebrand und der Lasa, S. 126.

5) v. Heydebrand und der Lasa, S. 126.

die beiden Absätze des § 138 BGB folgenden neuen Absatz einzufügen:

> "Gegen die guten Sitten verstößt es, wenn durch den Abschluß oder den Inhalt eines Rechtsgeschäftes die deutsche Ehrauffassung, das deutsche Anstandsgefühl oder das Gemeinwohl des deutschen Volkes verletzt wird" 1).

Außerdem sollte überall dort, wo das Gesetz die Worte "Treu und Glauben" verwendet, hinzugefügt werden: "Im Sinne deutscher Ehr- und Anstandsauffassung" [2].

Der überwiegende Teil der Literatur hielt demgegenüber eine Änderung des Wortlauts der Generalklauseln nicht für erforderlich [3]. Man glaubte, die nationalsozialistische Weltanschauung würde bereits im Rahmen der geltenden Vorschriften ausreichende Beachtung finden können. Dafür war allerdings notwendig, daß die Rechtsprechung bei der Anwendung der Generalklauseln die nationalsozialistischen Rechtsanschauungen berücksichtigte. Es standen mehrere Wege offen, dieses Ziel zu erreichen:

---

1) Ein weiterer Änderungsvorschlag stammte von Witzmann (S.40): "Rechtsgeschäfte, die gegen Belange des deutschen Volkes verstoßen, sind nichtig."

2) v. Heydebrand und der Lasa, S. 127.

§ 226 BGB sollte um die Worte erweitert werden: "... oder wenn der durch die Ausübung des Rechtes entstehende Schaden zu dem Vorteil des anderen in einem unbilligen Mißverhältnis steht" (v. Heydebrand und der Lasa, S. 126).

3) Schmitt, JW 1933, S. 2793 f.; ders., Über die drei Arten, S. 58; Lange, JW 1933, S. 2858; Lühr, DRiZ 1934, S. 35; Siebert, DR 1935, S. 56.

Die Richterschaft konnte beispielsweise durch "Empfehlungen" [1] und Hinweise sowie durch eine entsprechende Personalpolitik [2] veranlaßt werden, die nationalsozialistische Weltanschauung zu beachten. Bereits D ö l l e hatte die Ansicht vertreten, daß "jede Rechtsreform viel weniger eine Reform der Normen, als eine Reform der Männer" sei, die diese Normen anzuwenden hätten. Der nationalsozialistische Staat benötige zur Erreichung seiner Ziele Richter, die "Träger seiner Gesinnung" seien, sonst würden "alle Anordnungen, Gesetze und Normänderungen auf dem Papier bleiben" [3] und sich nicht in der Praxis verwirklichen. Eine andere Möglichkeit bestand darin, im Schrifttum gegenüber der Richterschaft darzulegen, daß die nationalsozilistische Weltanschauung bereits nach den bekannten und üblichen Methoden der Rechtsfindung zu berücksichtigen sei. Dadurch hätte man dem Vorwurf eines Eingriffs in die richterliche Unabhängigkeit vorbeugen können.

Bernd R ü t h e r s hat 1968 die Auffassung vertreten, es sei folgerichtig gewesen, daß die neuen politischen Wertvorstellungen des zur Macht gelangten Nationalsozialismus über die vielfältig vorhandenen Generalklauseln und unbestimmten Rechtsbegriffe in die überkommenen, vorrevolutionären Gesetze einströmten" [4]. Die "methodische Folgerichtigkeit und rechtstheoretische Legitimität" dieses Vorgangs habe damals außer Zweifel gestanden.

---

1) Hirsch/Majer/Meinck, S. 540; diese Möglichkeit wurde beispielsweise durch die Abfassung sog. "Richterbriefe" genutzt.

2) Vgl. hierzu Kregel, Die Personalpolitik der Justiz im 3. Reich.

3) Schmollers Jahrbuch 57 (1933), S. 660.

4) S. 216

Eine Betrachtung der nationalsozialistischen Argumentation in dieser Frage zeigt jedoch, daß die Folgerichtigkeit selbst zur damaligen Zeit zweifelhaft erscheinen mußte. Dies soll anhand von Carl Schmitts "Leitsätzen für die Rechtspraxis" gezeigt werden.

In seiner Eigenschaft als "Leiter der Reichsfachgruppe Hochschullehrer des Bundes Nationalsozialistischer Deutscher Juristen e.V." richtete der Berliner Rechtslehrer Carl Schmitt im Dezember 1933 fünf mit Erläuterungen versehene Leitsätze an die deutschen Juristen, insbesondere an die Richterschaft. Die in der "Juristischen Wochenschrift"[1] und dem "Deutschen Recht" [2] veröffentlichten Leitsätze [3] waren im Stil einer verbindlichen Anweisung an die Gerichte gehalten [4]. Ihre Erläuterungen dienten sowohl zur Ergänzung, als auch zur methodischen Absicherung der Leitsätze. Die Leitsätze Nr. 3 und Nr. 4 befaßten sich ausdrücklich mit den Generalklauseln und dem Einfluß der nationalsozialistischen Weltanschauung auf ihre Anwendung [5]:

---

1) JW 1933, S. 2793 f.

2) DR 1933, S. 201 f.

3) Während die im übrigen wortgleichen Leitsätze in der "Juristischen Wochenschrift" als "Neue Leitsätze für die Rechtspraxis" bezeichnet wurden, umschrieb man sie in der Zeitschrift des Bundes nationalsozialistischer Deutscher Juristen ("Deutsches Recht") als "Fünf Leitsätze für die Rechtspraxis".

4) Hirsch/Majer/Meinck, S. 180.

5) Die übrigen Leitsätze lauteten:
"1. Die Unabhängigkeit der Richter beruht auf ihrer Bindung an das Recht und das Gesetz des Staates, dessen Recht der Richter zu sprechen hat. Ohne diese Bindung ist die richterliche Unabhängigkeit Willkür, und zwar politische Willkür.
2. Die Entscheidung darüber, ob eine Angelegenheit unpolitisch ist, enthält immer eine politische Entscheidung
5. Der nationalsozialistische Staat ist ein gerechter Staat." - Bezüglich der nachgestellten Erläuterungen vgl. JW 1933, S. 2793 f.

"3. Durch die sogenannten Generalklauseln, die sich heute auf allen Gebieten des Rechtslebens durchsetzen, wird die Gebundenheit des Richters nicht berührt [1].

Bekannte und alltägliche Beispiele dieser auf allen Gebieten des Rechtslebens (im Bürgerlichen Recht, Strafrecht, Verwaltungsrecht, Arbeitsrecht, Wirtschaftsrecht usw.) vordringenden sogenannten Generalklauseln sind: Treu und Glauben, gute Sitten [...] (vgl. Hedemann, Die Flucht in die Generalklauseln, Jena 1933). Niemand wird behaupten, der Richter habe in solchen Fällen sein subjektives Ermessen als die maßgebende Norm für die Anwendung dieser scheinbar allgemeinen und unbestimmten Begriffe hinzustellen. Es bedarf vielmehr eines objektiven Maßstabes, und es handelt sich darum, wie dieser Maßstab angesichts der zahlreichen widersprechenden Auffassungen und Anschauungen festzustellen ist."

Carl Schmitt bemühte sich mit diesem Leitsatz, Einwände zu entkräften, die insbesondere von Hedemann gegenüber einer häufigen Anwendung der Generalklauseln erhoben worden waren. Hedemann hatte in Anlehnung an Hachenburg / Bing [2] befürchtet, daß in immer stärkerem Maße das subjektive Empfinden des Richters an die Stelle des objektiven Maßstabes einer konkreten gesetzlichen Regelung treten würde [3]. Schmitt meinte dagegen, der Richter sei auch bei der Anwendung von Generalklauseln an einen "objektiven Maßstab" gebunden. Demnach würde die von Hedemann beschriebene Gefahr selbst bei einer häufigen Anwendung der Generalklauseln nicht bestehen. Die Frage, worin der objektive Maßstab liegen könne, beantwortete Schmitt mit seinem

---

1) Durch die Unterstreichung hob Schmitt den eigentlichen Leitsatz optisch von den Erläuterungen ab.

2) DJZ 1932, Sp. 276; vgl. oben, S. 20 (Fn. 2).

3) Hedemann, Die Flucht, S. 68; vgl. oben S. 19 f.

vierten Leitsatz [1]:

> "4. Für die Anwendung und Handhabung der Generalklauseln durch den Richter, Anwalt, Rechtspfleger oder Rechtslehrer, sind die Grundsätze des Nationalsozialismus unmittelbar und ausschließlich maßgebend.
>
> In allen Kommentaren, Lehrbüchern und Entscheidungsgründen [es folgen Beispiele] wird bei diesen Generalklauseln schließlich immer auf die 'herrschenden Wertanschauungen und -auffassungen' verwiesen. Die herrschenden Wertanschauungen und -auffassungen eines Volkes prägen sich stets in den Anschauungen und Auffassungen einer bestimmten führenden und maßgebenden Gruppe oder Bewegung aus. Herrschend, führend und maßgebend sind nicht die Anschauungen im allgemeinen, sondern die Anschauungen bestimmt gearteter Menschen. Im deutschen Staat der Gegenwart ist die nationalsozialistische Bewegung führend. Von ihrem Grundgedanken her muß daher bestimmt werden, was gute Sitten, Treu und Glauben, zumutbare Anforderungen, öffentliche Sicherheit und Ordnung sind. Jeder einzelne Anwendungsfall dieser Begriffe hat sich daher an der Hand nationalsozialistischer Grundsätze auszuweisen und ist unter nationalsozialistischen Gesichtspunkten zu prüfen. Gegenüber den herrschenden nationalsozialistischen Anschauungen des deutschen Volkes andere, ihnen fremde oder gar feindliche Anschauungen geltend zu machen, wäre subjektive Willkür und ein gegen den nationalsozialistischen Staat gerichtetes politisches Unternehmen. Es würde die Voraussetzung und Grundlage der richterlichen Unabhängigkeit, die Rechts- und Gesetzesgebundenheit des Richters, gefährden und zerstören."

Mit diesem Leitsatz erhob S c h m i t t ausschließlich die Grundsätze des Nationalsozialismus zu jenem objektiven Maßstab, der nach seine Ansicht bei der Anwendung der Generalklauseln zu beachten war. In den sich anschließenden Erläuterungen versuchte er, die Folgerichtigkeit seiner Behauptung aufzuzeigen. Sie stand am Ende einer

---

1) JW 1933, S. 2794.

Gedankenfolge, während der S c h m i t t die Begriffe "herrschend", "führend" und "maßgebend" miteinander vermengte. Er verwischte damit die methodischen Unterschiede, die zwischen der bisher üblichen und der von S c h m i t t geforderten Auslegung der Generalklauseln bestanden.

S c h m i t t ging zunächst zutreffend davon aus, daß bis zur nationalsozialistischen Machtergreifung für die Anwendung einzelner Generalklauseln überwiegend auf die "herrschenden Wertanschauungen und Wertauffassungen" verwiesen wurde. Aber schon die folgende Behauptung, daß sich die herrschenden Wertanschauungen und -auffassungen stets in einer bestimmten führenden und maßgebenden Gruppe ausprägen würden, stand im Widerspruch zu der bisher üblichen Auslegungsmethode. Das Reichsgericht hatte zwar mehrfach entschieden, daß beispielsweise der Begriff der Sittenwidrigkeit dem "herrschenden Volksbewußtsein" zu entnehmen sei [1], wobei das "Anstandsgefühl aller billig und gerecht Denkenden" [2] beachtet werden müsse. Damit war aber keine abgegrenzte und besonders prädestinierte Gruppe der Bevölkerung gemeint. Im Gegenteil, es sollte das "billigende oder mißbilligende Urteil eines Normalbeurteilers" maßgebend sein, der fähig und Willens war, "die Lage des Handelnden und seines Gegners aus dem Gesichtspunkt eines geordneten Zusammenlebens gerecht gegeneinander abzuwägen" [3]. Der Beurteiler sollte an das Verhalten der Beteiligten nicht die Anforderungen vornehmer Denkart und verfeinerten Anstandsgefühls stellen [4], also

---

1) RGZ 77, S. 421.

2) RGZ 48, S. 124.

3) Planck, 4. Aufl. 1938, § 826, Anm. II 3 a.

4) RGZ 55, S. 372; 58, S. 217.

keinen übertriebenen, sondern nur "einen durchschnittlichen Maßstab" zugrunde legen [1]. Der Begriff der "herrschenden" Rechtsanschauungen wurde somit vor 1933 in einem quantitativen Sinne verstanden. Es sollte nicht die Minderheit über die Mehrheit entscheiden können.

Für S c h m i t t war "herrschend" demgegenüber gleichbedeutend mit "leitend". Er verstand den Begriff also in einem mehr qualitativen Sinn. Nicht die Anschauungen im allgemeinen, sondern die der Nationalsozialisten sollten maßgebend sein. Diese konnten aber aufgrund des Führerprinzips u.U. von dem Willen einer einzigen Person abhängig sein [2]. Carl S c h m i t t nutzte die Mehrdeutigkeit des Begriffes "herrschend" somit aus, um den methodischen Bruch in seiner Argumentation zu verdecken.

Im weiteren Verlauf der Erläuterungen des vierten Leitsatzes entfernte sich S c h m i t t noch weiter von der vor 1933 anerkannten Grundsätzen der inhaltlichen Ausgestaltung der Generalklauseln: Die nationalsozialistischen Anschauungen wurden von ihm zum allein zulässigen Maßstab erhoben, abweichende Ansichten als "subjektive Willkür" und ein gegen den Nationalsozialismus gerichtetes politisches Unternehmen bezeichnet. Hiermit bezog sich S c h m i t t erneut auf die Ausführungen H e d e m a n n s . Dieser hatte vor einer häufigen

---

1) RGZ 58, S. 217; 83, S. 239.

2) Nach einem Leitsatz des "Reichsjuristenführers" und Justizministers Frank vom 14. Januar 1936 (DJZ 36, S. 180) waren neben dem Parteiprogramm der NSDAP insbesondere die "Äußerungen des Führers" als Grundlage für die Auslegung aller Rechtsquellen heranzuziehen.

Anwendung der Generalklauseln gewarnt, weil dadurch leicht subjektives Empfinden der Richter an die Stelle objektiver Maßstäbe treten würde. Durch den von Schmitt geforderten strikten Ausschluß anderer Anschauungen wurde aber eine noch größere Befürchtung Hedemanns Realität: Er hatte nämlich für den Fall, daß ein Volkskörper in zwei Hälften zerrissen sei und nur der herrschende Teil über den materiellen Gehalt der Generalklauseln zu befinden habe, festgestellt: "Das ist, gemessen am Volksganzen, die nackte Willkür" [1]. Die Willkür lag also nicht, wie Schmitt suggerierte, darin, daß einzelne Richter Anschauungen geltend machen konnten, die vom Nationalsozialismus abwichen. Sie muß vielmehr darin gesehen werden, daß der Nationalsozialismus zum alleinigen Maßstab für die Auslegung der Generalklauseln erhoben wurde.

Die Erläuterungen Schmitts widersprechen noch in einem weiteren Punkt den bis dato gültigen Grundsätzen der Inhaltsbestimmung der Generalklauseln:
Es trifft zwar zu, daß vor der Machtübernahme in Rechtsprechung und Literatur auf die inhaltliche Wandelbarkeit der Generalklauseln hingewiesen worden war [2]. Die Nationalsozialisten schlossen aber von nun an einen erneuten Wandel der Anschauungen aus. Anderen Ansichten wurde damit von vornherein die Möglichkeit genommen, sich von einer untergeordneten zur herrschenden Ansicht zu entwickeln. Es widersprach somit dem Grundsatz der inhaltlichen Wandelbarkeit der Generalklauseln, wenn Schmitt eine erneute Änderung der Anschauungen nicht mehr zulassen wollte.

---

1) Die Flucht, S. 73; vgl. oben, S. 21.

2) RGZ 77, S. 421.

Mit dem letzten Satz der Erläuterungen erhob S c h m i t t die ausschließliche Beachtung der nationalsozialistischen Weltanschauung sogar zu einer wesentlichen Voraussetzung und Grundlage der richterlichen Unabhängigkeit [1]. Allerdings verstand S c h m i t t darunter lediglich die Freiheit, das Recht und die Gesetze des nationalsozialistischen Staates anzuwenden. Durch diese Einschränkung wurde dem Richter die bisher unbestrittene Freiheit genommen, in jedem Einzelfall selbst zu ergründen, welches die herrschenden Wertanschauungen waren. Von richterlicher Unabhängigkeit in dem Sinn, wie sie vor 1933 verstanden worden war, konnte also keine Rede mehr sein. Es bestätigten sich vielmehr erneut die Befürchtungen H e d e m a n n s , der vor einem Eingriff in die richterliche Unabhängigkeit eindringlich gewarnt hatte [2].

Carl S c h m i t t s "Leitsätze für die Rechtspraxis" zeigen somit, daß die rechtstheoretische Argumentation der Nationalsozialisten ihre Forderung, bei der Anwendung der Generalklauseln ausschließlich die nationalsozialistische Weltanschauung zu berücksichtigen, nicht rechtfertigen konnte. Die erheblichen Widersprüche zur Inhaltsbestimmung der Generalklauseln in der Weimarer Zeit mußten selbst zum damaligen Zeitpunkt Anlaß geben, an der methodischen Folgerichtigkeit dieser Forderung zu zweifeln.

---

1) Vgl. zur richterlichen Unabhängigkeit in dem von Schmitt verstandenen Sinne auch die Leitsätze Nr. 1 und Nr. 2; oben S. 30 f.

2) Die Flucht, S. 51 f., S. 73; vgl. oben S. 22.

Während Carl S c h m i t t in seinen Leitsätzen lediglich die Beachtung der nationalsozialistischen Weltanschauung bei der Anwendung der Generalklauseln gefordert hatte, beschrieb der Leipziger Privatdozent Heinrich L a n g e , welche konkrete Aufgabe diesen Vorschriften nach seiner Ansicht innerhalb der nationalsozialistischen Rechtsordnung zukommen sollte: Obwohl L a n g e dem liberalistischen Rechtssystem und damit den Generalklauseln ablehnend gegenüberstand 1), räumte er ein, daß die Rechtsordnung den "Übergang vom bäuerlichen und kleinbürgerlichen Staatswesen zum Industriestaat" 2) nur mit Hilfe der Generalklauseln ohne größere Umgestaltung habe überstehen können. Die gleiche Aufgabe sollten die Generalklauseln nun auch für den Übergang zum neuen nationalsozialistischen Staat erfüllen. L a n g e umschrieb ihre Funktion daher mit den Worten:

> "Solange noch nicht die in der alten Anschauungswelt wurzelnden starren Normen dem Rechtsdenken des nationalsozialistischen Staates angepaßt sind, solange sind die Generalklauseln die Einbruchstellen, durch die das neue Rechtsdenken das alte Rechtsleben überflutet" 3).

Den Generalklauseln kam also die Aufgabe zu, den Grundsätzen des Nationalsozialismus den Einzug in das überkommene Rechtssystem zu ermöglichen. Darin war aber nach Ansicht L a n g e s lediglich eine Übergangslösung zu sehen. Die Generalklauseln sollten nur so lange als Einbruchstellen der nationalsozialistischen Weltanschauung dienen, bis die

---

1) JW 1933, S. 2858.

2) JW 1933, S. 2858.

3) JW 1933, S. 2859.

Nationalsozialisten die bestehenden Gesetze geändert hätten. Eine dauerhafte Umgestaltung der überkommenen Rechtsordnung durch Generalklauseln kam für L a n g e nicht in Betracht [1]. Er glaubte, das neue Recht würde durch die Generalklauseln in den alten Kodex eindringen, die bestehenden Gesetze sprengen und ihn dadurch endgültig zerstören [2].

Auch der Göttinger Amts- und Landrichter L ü h r [3] hielt im Jahre 1934 ein Tätigwerden des Gesetzgebers auf längere Sicht für unumgänglich. Die Rechtsprechung, so meinte er, sei nicht in der Lage, an Stelle des Gesetzgebers die entstandene Diskrepanz zwischen dem "Volkswillen" und dem "bisherigen Gesetzesrecht" zu überwinden. Der Durchschnittsrichter stehe noch "am Anfang der seelischen Durchdringung des nationalsozialistischen Geistes- und Empfindungsgutes".Er könne daher nicht sicher beurteilen, worin die nationalsozialistische Rechtsanschauung im Einzelfall bestehen würde. Die

---

1) Lange war gleichzeitig der Auffassung, daß auch der nationalsozialistische Gesetzgeber bei der Schaffung eines neuen Rechts auf Generalklauseln nicht werde verzichten können (JW 1933, S. 2858). Diese Prognose erfüllte sich allerdings in dem 1942 veröffentlichten Entwurf eines "Volksgesetzbuches" nur zum Teil: Die an seiner Spitze stehenden "Grundregeln" lehnten sich zwar teilweise in ihrer Formulierung an Generalklauseln älterer Gesetze an (z.B. Grundregel Nr. 16: "Die Ausübung aller Rechte muß sich nach Treu und Glauben und nach den anerkannten Grundsätzen des völkischen Gemeinschaftslebens richten."). Außerdem sollten sie ebenso wie die Generalklauseln "Richtlinien" für die Rechtsprechung aufstellen. Im Unterschied zu den Generalklauseln sollten die Grundregeln des Volksgesetzbuches aber keine "technischen Regeln", sondern "unmittelbares Volksgut" sein und nur eine "Brücke vom Volk zum Rechtswahrertum" schlagen. Darüber hinaus waren die Grundregeln im Gegensatz zu den Generalklauseln nicht isoliert, sondern nur in ihrer Gesamtheit zu betrachten (Hedemann, Das Volksgesetzbuch, S. 29). Vgl. zu der schließlich ergebnislosen Arbeit an der Schaffung eines nationalsozialistischen Volksgesetzbuches auch Hattenhauer, in: Festschrift für Gmür, S. 255 ff.

2) Schuldrecht, S. 42.

3) DRiZ 1934, S. 35.

Folge würde eine aufgespaltene und in sich nicht geschlossene Rechtsprechung sein. Daher müsse die Angleichung des nationalsozialistischen Gedankengutes an das Gesetzesrecht durch eine einheitliche Instanz, den deutschen Gesetzgeber, vorgenommen werden. Dennoch sah L ü h r eine Möglichkeit, wie die Richter bereits im Rahmen des geltenden Rechts an dem "großen Ziel der neuen Rechtsschaffung" mitwirken könnten. Sie sollten den Spielraum der bestehenden Gesetze nutzen, um den "Geist der neuen Zeit" in ihre Entscheidungen einfließen zu lassen.

Der Gedanke, die Generalklauseln für eine Übergangszeit als Einbruchstellen der nationalsozialistischen Rechtsanschauung zu nutzen, wurde 1935 von dem Kieler Rechtslehrer Wolfgang S i e b e r t präzisiert [1]. Er war ebenso wie L ü h r der Auffassung, daß die "Neuordnung des Rechtsverkehrs unter den Volksgenossen" insgesamt nur durch den Gesetzgeber erreicht werden könne. Ein Eingreifen des Gesetzgebers würde aber - so meinte S i e - b e r t - nach nationalsozialistischer Rechtsauffassung voraussetzen, "daß das zu ändernde Gesetz bereits inhaltlich überwunden" sei. Der Gesetzgeber gebe "nur das Schlußstück, die Bestätigung und Formung des Endziels" [2]. Zuvor seien daher "Rechtsprechung und Wissenschaft in besonderem Maße dazu berufen, den Boden aufzulockern und die Entwicklung voranzutreiben" [3].

Die gleiche Auffassung wurde von Erich S c h u l z e vertreten [4]. Allerdings glaubte er, daß sich auf

---

1) DR 1935, S. 56.

2) DR 1935, S. 56.

3) Siebert, Dt. Rechtswissenschaft 1936, S. 204.

4) DRiZ 1935, S. 7.

einem so umfassenden Gebiet wie dem Bürgerlichen Recht die Anpassung an die nationalsozialistische Weltanschauung nicht in einer kurzen Übergangszeit, sondern "erst in vielen Jahren oder Jahrzehnten" vollziehen könne [1]. Nach Ansicht S c h u l z e s war es somit ungewiß, zu welchem Zeitpunkt der nationalsozialistische Gesetzgeber im Bereich des Bürgerlichen Rechts umfassende Neuregelungen vornehmen würde, die das BGB ersetzen könnten. Damit war auch die Übergangsfrist nicht mehr überschaubar, während der die Generalklauseln als Einbruchstellen der nationalsozialistischen Weltanschauung in das Bürgerliche Gesetzbuch dienen sollten.

Der Gedanke, die Generalklauseln nicht nur für eine kurze Übergangszeit zu nutzen, sondern sie auf längere Sicht für den Nationalsozialismus dienstbar zu machen, war bereits 1934 von Carl S c h m i t t in seiner Studie "Über die drei Arten des rechtswissenschaftlichen Denkens" entwickelt worden. Er äußerte darin die Überzeugung, "daß sich in den Generalklauseln eine neue juristische Denkweise" durchsetzen könne [2]. Sie wurde von S c h m i t t als "konkretes Ordnungs- und Gestaltungsdenken" bezeichnet. Das konkrete Ordnungsdenken stand im Gegensatz zu dem Entscheidungs- und Gesetzesdenken der vergangenen Zeit,das nach Ansicht S c h m i t t s seinen Höhepunkt im juristischen Positivismus des beginnenden Zwanzigsten Jahrhunderts erreicht hatte. Die Kernthese des konkreten Ordnungsdenkens bestand in der Annahme, daß die Wirklichkeit nicht erst durch Rechtsnormen geordnet werde,sondern in ihr bereits

---

1) DRiZ 1935, S. 7.

2) Carl Schmitt, Über die drei Arten, S. 58 f.

eine Ordnung enthalten sei. Den Rechtsnormen kam lediglich die Aufgabe zu, die bestehenden Ordnungen sichtbar zu machen [1]. Das positive Recht war daher durch die konkreten Ordnungen relativiert. Die Frage, welches die konkreten Ordnungen seien, auf denen das neue Rechtsdenken sich aufbaute, wurde von S c h m i t t nur ungenau beantwortet. Er erwähnte beispielsweise den "inneren Ordnungszusammenhang der staatlichen, sozialen und völkischen Lebens- und Gemeinschaftsordnung" sowie die "konkreten Lebensordnungen" von "Ehe, Familie, Stand und Staat" [2]. Allerdings ließ S c h m i t t an anderer Stelle [3] keinen Zweifel daran, daß das konkrete Ordnungsdenken mit dem nationalsozialistischen Rechtsdenken gleichzusetzen war.

Damit die Generalklauseln der bestehenden Gesetze dem konkreten Ordnungsdenken dienlich würden, forderte S c h m i t t , sie nicht mehr wie bisher als "bloßes Korrektiv des Positivismus" zu handhaben. Sie müßten vielmehr von nun an als das "spezifische Mittel" des konkreten Ordnungsdenkens eingesetzt werden [4]. Für S c h m i t t stand somit fest, daß die Generalklauseln nicht nur vorübergehend, sondern auf Dauer für die Umgestaltung der überkommenen Rechtsordnung erforderlich sein würden [5].

---

1) Larenz, S. 28.

2) Über die drei Arten, S. 63, 69; Karl Larenz (S. 29) erkannte konkrete Ordnungen für einzelne Bereiche des Gemeinschaftslebens. Dazu zählten die Volksgemeinschaft sowie "die ihr eingegliederten engeren Gemeinschaften", z.B. die Familie, die Gliederungen der Bewegung, der Arbeitsdienst und die Berufsstände.

3) DR 1934, S. 228 f.

4) Über die drei Arten, S. 59.

5) Da Schmitt mit der Lehre vom konkreten Ordnungsdenken die überkommenen Gesetze dauerhaft an die nationalsozialistische Weltanschauung anpassen wollte, hielt er die Schaffung eines "Volksgesetzbuches" nicht für erforderlich (DJZ 1935, Sp. 919 ff.). Vgl. auch Hattenhauer, in: Festschrift für Gmür, S. 264 f.

Diese Auffassung wurde von Lüben D i k o w geteilt. Die Generalklauseln seien, so erklärte er 1938, nach wie vor "für die Durchsetzung des Nationalsozialismus auf dem Gebiete des Rechts unentbehrlich" [1]. Man benötige sie, um "einen neuen Inhalt in die Grundbegriffe des BGB" einfließen zu lassen. Darüber hinaus bestehe die Möglichkeit, durch sie "das Gebiet des gesamten Bürgerlichen Rechts zu beherrschen" [2]. Das Bürgerliche Gesetzbuch sei daher auch nicht, wie L a n g e vorausgesagt hatte, von dem eingedrungenen neuen Recht zerstört worden. Das BGB habe sich im Gegenteil "der neuen nationalsozialistischen Weltanschauung gebeugt und durch den Inhaltswechsel seiner Generalklauseln auch sein Leben erhalten" [3].

Ebenso wurden den Generalklauseln von offizieller Seite eine dauerhafte Bedeutung für die Umgestaltung der Rechtsordnung beigemessen. Im "Nationalsozialistischen Handbuch für Recht und Staat" unterschied Gerhard H u b e r n a g e l vier Funktionen der Generalklauseln [4]: Die sog. "Lückenfunktion" gab der Rechtsprechung die Möglichkeit, Lücken des geschriebenen Rechts auszufüllen. Die "Kulturfunktion" ermöglichte es, die bestehende Rechtsordnung ohne einen Eingriff des Gesetzgebers an die "weltanschaulichen, wirtschaftlichen, staatspolitischen und technischen Entwicklungen" anzupassen [5]. Durch die "Gerechtigkeitsfunktion" war die Rechtsprechung in der Lage, der Gerechtigkeit

---

1) Dikow, S. 49.

2) Dikow, S. 49.

3) Dikow, S. 49, Fn. 8.

4) NS-Handbuch, S. 971.

5) Rüthers (S. 215) bezeichnet sie als "Anpassungsfunktion".

im Einzelfall selbst dann Geltung zu verschaffen, wenn eine Norm des positiven Rechts entgegenstand. Mit der "Rechtsschöpfungsfunktion" der Generalklauseln beschrieb H u b e r n a g e l schließlich die Möglichkeit der Rechtsprechung, neues Recht auch dort zu schaffen, wo eine gesetzliche Regelung bisher nicht vorgenommen worden war.

Da den bestehenden Generalklauseln somit eine Vielzahl von Aufgaben zukam, sahen sich die Nationalsozialisten nicht veranlaßt, ihre Anwendung auf eine Übergangszeit zu begrenzen. H u b e r n a g e l befürwortete im Gegenteil die Schaffung weiterer Generalklauseln in den überkommenen Gesetzen. Beispielsweise sei eine Generalklausel erforderlich, um die Grundanschauung des Nationalsozialistischen Staates für das gesamte Bürgerliche Recht zu verankern. Dem BGB sei daher eine Generalklausel voranzustellen, die die "Fundamentalsätze der nationalsozialistischen Staatsform enthalten" und den Richtern "Richtlinien für die Rechtsfindung" vorschreiben müsse [1]. Sie solle insbesondere den Gedanken der Volksgemeinschaft, wie er in den Punkten 4, 5 und 9 des Parteiprogramms der NSDAP formuliert worden war, sowie den Grundsatz "Gemeinnutz geht vor Eigennutz" aus Punkt 24 des Parteiprogramms normieren. H u b e r n a g e l schlug daher eine Präambel mit folgendem Wortlaut vor [2]:

> "Der Richter soll Gesetz und Vereinbarung so auslegen, daß sie dem völkischen Staatsbau und dem Gemeinnutz dienen. Kann ihnen keine Vorschrift entnommen werden, welche die Rechtsfrage regelt, so hat er so zu entscheiden, wie er als Gesetzgeber im völkischen und gemeinnützigen Geist bestimmen würde."

---

1) Hubernagel, NS-Handbuch, S. 972.

2) Hubernagel, NS-Handbuch, S. 972.

B. Die Verwirklichung des Planes exemplarisch dargestellt anhand verschiedener Generalklauseln

Im folgenden soll untersucht werden, in welchem Umfang die Generalklauseln von der Rechtsprechung in der Praxis als Einbruchstellen der nationalsozialistischen Weltanschauung in die überkommene Rechtsordnung genutzt wurden und wie sich die Literatur demgegenüber verhalten hat. Das Augenmerk gilt dabei exemplarisch einzelnen Generalklauseln des privaten und des öffentlichen Rechts.

I. Treu und Glauben

1. Die Anwendung des § 242 in der Rechtsprechung

a) Arbeitsrechtliche Auswirkungen

Der Einfluß nationalsozialistischer Wertvorstellungen auf die richterliche Anwendung des § 242 BGB im Arbeitsrecht ist von Bernd R ü t h e r s bereits ausschnittweise untersucht worden [1]. Deswegen soll auf den Bereich des Arbeitsrechts weniger ausführlich eingegangen werden. Die Darstellung wird sich auf zwei wesentliche Anwendungsbereiche des § 242 BGB, nämlich die Kürzung vertraglich festgesetzter Ruhegehälter sowie die außerordentliche Kündigung von Arbeitsverträgen aus rassepolitischen Gründen, beschränken.

---

1) Rüthers, S. 224 ff.

aa) Die Kürzung von Ruhegehältern gemäß § 242 BGB

Ein Arbeitnehmer erhält nach den dienstvertraglichen Regelungen des Bürgerlichen Rechts grundsätzlich nur für den Zeitraum ein Entgelt, in dem er seine Arbeitskraft dem Arbeitgeber tatsächlich zur Verfügung stellt. Nach seinem altersbedingten Ausscheiden aus dem Arbeitsverhältnis ist er auf Zahlungen angewiesen, für die er keine aktuelle Gegenleistung mehr erbringen kann [1]. Um die soziale Not der betroffenen Arbeitnehmer zu mindern, wurde Ende des 19. Jahrhunderts mit dem Aufbau einer staatlichen Altersversorgung begonnen [2]. Es zeigte sich jedoch schon bald, daß die staatlichen Rentenzahlungen insbesondere bei Arbeitnehmern mit höherem Einkommen oftmals nicht ausreichten, um die gewohnte Lebensführung auch im Alter fortsetzen zu können. Daher entwickelte sich parallel dazu ein System der betrieblichen Altersfürsorge, das die staatliche Versorgung ergänzte. Dementsprechend häufig wurde in Arbeitsverträgen vereinbart, daß der Arbeitgeber neben dem laufenden Arbeitsentgelt auch noch nach dem altersbedingten Ausscheiden des Arbeitnehmers aus dem Betrieb Zahlungen an ihn zu leisten habe [3]. Wirtschaftlich gesehen wurde dabei der Arbeitslohn schon während der Beschäftigungszeit um den Betrag gekürzt, der dem Arbeitnehmer im Alter voraussichtlich als Ruhegehalt zu zahlen war.

---

1) Vgl. Hilger, S. 12.

2) Vgl. das Invaliditäts- und Altersversicherungsgesetz vom 26. Juni 1889. Es wurde 1911 in die RVO (RGBl. I, S. 509) mit einbezogen.

3) Bereits kurze Zeit nach Inkrafttreten des BGB wurde im Schrifttum die Frage der Rechtsnatur entsprechender Vereinbarungen diskutiert. Die Einstufung der Versorgungszusage als Leibrentenversprechen (Lotmar, S. 152) oder als Schenkung führte zur Bindung an die entsprechenden Form- und Widerrufsvorschriften des BGB (vgl. Hilger, S. 15 m.w.N.) Die h.M. trat demgegenüber schon bald für eine formlos wirksame Vereinbarung der Betriebsrenten ein (vgl. die Nachweise bei Hueck/Nipperdey, S. 131, Fn. 7; S. 213, Fn. 29).

Da sich durch die Zahlungen der Ruhegehälter die Gesamtausgaben der betroffenen Unternehmen i.d.R. erheblich erhöhten, konnten sie in wirtschaftlichen Krisenzeiten für das Unternehmen existenzbedrohend werden. Die Arbeitgeber verlangten daher häufig eine Minderung der vereinbarten Ruhegehaltszahlungen. Der Gesetzgeber hatte schon vor der nationalsozialistischen Machtübernahme dieser Forderung entsprochen und eine gesetzliche Grundlage für die Kürzung vertraglich vereinbarter Dienstbezüge und Ruhegehälter geschaffen. Nach der Notverordnung vom 6. Oktober 1931 [1] war es dem Unternehmer bei Dienst- und Versorgungsbezügen, die vor dem 7. Okt. 1931 vereinbart worden waren und 15.000 Reichsmark überstiegen, gestattet, die Vergütung einmalig auf einen angemessenen Betrag herabzusetzen. Diese Befugnis galt mit der Einschränkung, daß die Vergütung "mit Rücksicht auf seine Geschäfts- oder Vermögenslage oder die veränderte allgemeine Wirtschaftslage als übermäßig hoch anzusehen" war und "deren Weiterzahlung ihm deshalb nach Treu und Glauben nicht zugemutet werden" könne [2].

Die Rechtsprechung sah die Notverordnung zunächst als eine abschließende Sonderregelung an [3]. Eine darüber hinausgehende Kürzung der Ruhegehälter aufgrund allgemeiner Vorschriften, wie z.B. § 242 BGB, war damit ausgeschlossen. Nachdem das Reichsgericht 1934 die Anwendung des Grundsatzes von Treu und Glauben unter Hinweis auf die Notverordnung erneut abgelehnt hatte [4], gab es diesen Standpunkt in

---

1) RGBl. I, S. 537 ff., 557 f.

2) RGBl. 1931 I, S. 557 (Kapitel III, § 1).

3) Vgl. RAG JW 1932, S. 3219; RGZ 141, S. 152.

4) RG JW 1934, S. 3275.

seinem Urteil vom 9. April 1935 [1] schließlich auf [2]. Dort hatte es über die Frage zu entscheiden, ob ein Unternehmen berechtigt sei, das Ruhegehalt eines ehemaligen Vorstandsmitgliedes nach Treu und Glauben unter dem Gesichtspunkt der arbeitsrechtlichen "Treupflicht" zu kürzen, obwohl es bereits 1932 aufgrund der Notverordnung herabgesetzt worden war.

Nach Ansicht des Reichsgerichts war eine erneute, nunmehr auf § 242 BGB gestützte Herabsetzung des Ruhegehaltes zulässig. Die Notverordnung stehe der Heranziehung des § 242 BGB nicht entgegen, weil sie nach der Ruhegehaltskürzung von 1932 nicht noch einmal auf das streitige Dienstverhältnis angewandt werden könne. Die Notverordnung habe nur der damaligen besonderen Notlage der deutschen Wirtschaft abhelfen sollen. Es sei daher nicht anzunehmen, daß sie eine bereits nach dem allgemeinen Recht bestehende Kürzungsmöglichkeit habe beschränken wollen [3].

Neben der Frage der Anwendbarkeit des § 242 BGB im Verhältnis zu der Notverordnung vom 7. Oktober 1931 prüfte das Reichsgericht im weiteren, ob durch die Anwendung des § 242 BGB mit dem Satz "pacta sunt servanda" gebrochen und damit die Rechtssicherheit gefährdet werde. Das Gericht kam zu dem Ergebnis, daß der Grundsatz "Verträge sind einzuhalten" durch § 242 BGB eine "Einschränkung" erfahre [4]. Er könne daher nicht durch eine auf § 242 BGB gestützte Kürzung des Ruhegehalts verletzt worden sein. Damit sei auch eine Gefährdung

---

1) JW 1935, S. 2877.

2) Das Reichsarbeitsgericht hatte bereits 1933 eine Kürzung von Ruhegehältern nach § 242 BGB erwogen (RAG JW 1933, S. 1677).

3) RG JW 1935, S. 2878.

4) JW 1935, S. 2879.

der Rechtssicherheit auszuschließen.
Das Reichsgericht gelangte schließlich zu dem Ergebnis, daß die Herabsetzung des Ruhegehalts gemäß § 242 BGB unter dem Gesichtspunkt der betrieblichen "Treupflicht" zulässig gewesen sei. Den Gedanken der "Treupflicht" hatten die Nationalsozialisten bereits 1934 in § 1 und § 2 des Gesetzes zur Ordnung der nationalen Arbeit [1] verankert. Danach bestand zwischen dem Arbeitgeber als "Führer des Betriebs" und seiner Gefolgschaft (den Arbeitnehmern) ein Treueverhältnis, das die arbeitsrechtlichen Verpflichtungen der Parteien konkretisierte und erweiterte. Sie sollten gemeinsam "zum gemeinen Nutzen von Volk und Staat" (§ 1) arbeiten. Das Reichsgericht übernahm den in diesen Vorschriften enthaltenen Rechtsgedanken. Nach Auffassung der Richter verlangte die in der Treupflicht verkörperte "Verbundenheit von Unternehmer und Gefolgschaft", daß ein Dienstverpflichteter "heute mehr als früher" auf das "Gedeihen des Unternehmens" [2] Rücksicht nehmen müsse. Dies gelte besonders für ein ehemaliges Vorstandsmitglied des Unternehmens. Obwohl sich das Reichsgericht damit bei der Anwendung des § 242 BGB nationalsozialistische Rechtsanschauungen zu eigen gemacht hatte, wurde mit den Urteilen aus der Zeit der Aufwertungsrechtsprechung noch nicht vollständig gebrochen. Nach Ansicht der Richter konnte nämlich eine Ermäßigung des Ruhegehaltes auch unter dem Gesichtspunkt der betrieblichen Treupflicht nur dann verlangt werden, wenn das Unternehmen durch die entsprechenden Zahlungen in seiner wirtschaftlichen Existenz bedroht wurde [3].

---

1) RGBl. I, S. 45 (vom 20. Januar 1934).

2) JW 1935, S. 2880.

3) JW 1935, S. 2880.

In einer Urteilsbesprechung stimmte Wolfgang S i e b e r t[1)] der Reichsgerichtsentscheidung zwar grundsätzlich zu. Er bemühte sich jedoch, die Zugrundelegung des § 242 BGB auf weitere Argumente zu stützen. Nach Ansicht S i e b e r t s ergab sich z.B. die Anwendbarkeit des § 242 BGB nicht nur - wie das Reichsgericht angenommen hatte - aus dem Regelungszweck der Notverordnung, sondern in erster Linie aus der seit 1933 geänderten Bedeutung der Generalklauseln. Sie hätten ihre frühere, "über den individualistischen Rechten stehende Kompromiß- und Ausgleichsfunktion" überwunden und seien heute "Verkörperungen und Ausdrucksformen der völkischen Grundgesetze der Gemeinschaft". Sie beherrschten "gerade das jetzt geltende BGB in einem viel stärkeren Maße als bisher". Daher könne die Anwendung des Grundsatzes von Treu und Glauben, "der hier die deutsche nationalsozialistische Rechtsauffassung über Volksgemeinschaft, Treue und Opfer" verkörpere, "niemals durch eine Notverordnung aus dem Jahre 1931" ausgeschlossen werden.

Auch die Auffassung des Reichsgerichts, wonach der Satz "pacta sunt servanda" der Anwendung des § 242 BGB nicht entgegenstehe, wurde von S i e b e r t geteilt. Allerdings schien ihm die vom Reichsgericht gebrauchte Formulierung, der Satz "pacta sunt servanda" gelte nur mit der "Einschränkung"[2)] durch Treu und Glauben, "nicht glücklich"[3)] gewählt zu sein. S i e b e r t glaubte, das Reichsgericht habe damit die "Vertragstreue" und "Treu und Glauben" in einen Gegensatz gestellt und indirekt

---

1) JW 1935, S. 2870.

2) RG JW 1935, S. 2879.

3) Siebert, JW 1935, S. 2871.

zugegeben, daß die Anwendung der Generalklauseln die Rechtssicherheit gefährden könne. Da die Generalklauseln nach der nationalsozialistischen Rechtsanschauung aber die "völkische Lebensordnung der Gemeinschaft" verkörperten, hielt S i e b e r t eine Gefährdung der Rechtssicherheit für ausgeschlossen. Die Generalklauseln seien unter diesen Voraussetzungen im Gegenteil "die sichersten und kraftvollsten Rechtssätze unseres BGB, die wir überhaupt kennen" [1]. Treu und Glauben würden den Grundsatz der Vertragstreue "als ein Gebot der Gemeinschaftspflicht" fordern, ihm "seine individualistische Härte" nehmen und ihn "auf eine bessere und sicherere Grundlage stellen, als wenn er einzig und allein auf den Parteiwillen zurückgeführt" würde [2].

Die Beachtung der betrieblichen "Treupflicht" durch das Reichsgericht wurde von S i e b e r t schließlich ausdrücklich gelobt. In ihr liege "ein wirklich konkretes Rechtsdenken, eine unmittelbare Verwirklichung des Gemeinschaftsdenkens" sowie "ein grundsätzlich wichtiger Beitrag für die einwandfreie Anwendung der Generalklauseln in der Praxis"[3]. Insgesamt gehöre die Entscheidung damit "in die Reihe derjenigen Urteile, die nach Methode und Ergebnis für die Verwirklichung nationalsozialistischen Rechtsdenkens im geltenden Recht von richtunggebender Bedeutung" seien [4].

---

1) JW 1935, S. 2871.

2) JW 1935, S. 2872.

3) JW 1935, S. 2872.

4) Siebert, JW 1935, S. 2870.

Die von S i e b e r t hervorgehobene Bedeutung der Reichsgerichtsentscheidung vom 9. April 1935 bestätigte sich in den folgenden Jahren. Allerdings gingen die Gerichte bei der Anwendung des § 242 BGB noch einen Schritt weiter und gaben das aus der Zeit der Aufwertungsrechtsprechung übernommene Erfordernis der Existenzgefährdung auf, als sie über Ruhegehaltsansprüche ehemaliger jüdischer Angestellter zu entscheiden hatten [1)]. In mehreren Urteilen des Jahres 1940 maß beispielsweise das Reichsarbeitsgericht nicht mehr der Veränderung der wirtschaftlichen Verhältnisse, sondern der nationalsozialistischen Rassenlehre entscheidende Bedeutung für eine Anwendung des § 242 BGB bei [2)]. Das, was für "recht und billig" zu erachten sei, bestimme sich "durch das nationalsozialistisch ausgerichtete Rechtsempfinden des deutschen Volkes", in welchem "der Rassegedanke den Vorgang vor dem rein Wirtschaftlichen" besitze [3)]. Die Entwicklung des rassepolitischen Gedankens" könne, so urteilte das Reichsarbeitsgericht, die Herabsetzung von Ruhegehaltsansprüchen rechtfertigen und u.U. sogar zum vollständigen Verlust der Ansprüche führen [4)]. Allerdings hob das Reichsarbeitsgericht auf der anderen Seite hervor, daß die Zugehörigkeit des Arbeitnehmers zum Judentum für sich allein nicht ausreiche, um dessen Ruhegehalt herabzusetzen [5)]. Die Rassezugehörigkeit bilde zunächst lediglich eine von mehreren Voraussetzungen, die zur Herabsetzung

---

1) Vgl. Rüthers, S. 226.

2) RAG JW 1940, S. 1246; JW 1940, S. 1326.

3) JW 1940, S. 1327.

4) JW 1940, S. 1327.

5) JW 1940, S. 1247.

führen könne, sofern das Ruhegehalt unangemessen hoch erscheine. Ob letzteres tatsächlich der Fall sei, könne nur unter Berücksichtigung aller sonstiger Umstände des Einzelfalls entschieden werden. Zu beachten sei daher beispielsweise auch die Art und Dauer der Dienstleistung, das Lebensalter, die Bedürftigkeit und die Höhe der für das Unternehmen in Betracht kommenden Belastung [1]. Letztlich komme es auf eine "gerechte Würdigung der Angemessenheit" der Ruhegehaltsbezüge an.
Das Angemessenheitserfordernis bot dem Reichsarbeitsgericht die Möglichkeit, in den Entscheidungsgründen dem Rassegedanken Rechnung zu tragen und gleichzeitig den jüdischen Arbeitnehmern in Einzelfällen wenigstens einen Teil ihrer Ruhegehaltsansprüche zu erhalten [2].

bb) Außerordentliche Kündigung aus rassepolitischen Gründen gemäß § 242 BGB

§ 242 BGB gestattete es der Rechtsprechung nicht nur, einzelne Bestimmungen des Arbeitsvertrages, wie z.B. eine Ruhegehaltsvereinbarung, an die nationalsozialistische Weltanschauung anzupassen, sondern die Generalklausel bot darüber hinaus auch die Möglichkeit, das Arbeitsverhältnis durch eine außerordentliche Kündigung aus wichtigem Grund vollständig aufzulösen [3]. Wie bei der Vertragsanpassung

---

1) JW 1940, S. 1247.

2) Vgl. die Nachweise bei Rüthers, S. 233, Fn. 36, und S. 235, Fn. 43 sowie RAG JW 1940, S. 1246 und JW 1940, S. 1326.

3) Vgl. hierzu ausführlich Rüthers, S. 237 ff.

hatte die Rechtsprechung vor der nationalsozialistischen Machtübernahme eine Auflösung des Arbeitsvertrages nach dem Grundsatz von Treu und Glauben u.a. für Fälle anerkannt, in denen dem Unternehmen die Weiterbeschäftigung des Arbeitnehmers wirtschaftlich unzumutbar geworden war [1]. In der nationalsozialistischen Zeit gab die Rechtsprechung jedoch auch für diesen Bereich das Erfordernis der wirtschaftlichen Zumutbarkeit auf und maß stattdessen der nationalsozialistischen Weltanschauung entscheidende Bedeutung bei. Dies soll beispielhaft anhand einer Entscheidung des Reichsarbeitsgerichts vom 5. Juli 1939 gezeigt werden [2], welche die auf § 242 BGB gestützte außerordentliche Kündigung von Lehrverträgen aus rassepolitischen Gründen betraf. Die jüdischen Kläger waren von dem früheren, ebenfalls jüdischen Inhaber des beklagten Unternehmens als Lehrlinge eingestellt worden. Am 24. November 1937 wurde der Betrieb an einen deutschstämmigen Inhaber verkauft. Im Kaufvertrag wurde vereinbart, daß er in alle ihm bekannten Lehrverträge eintrete. Der Käufer, der bei dem Vertragsabschluß wußte, daß die Kläger Juden waren, kündigte im Dezember 1937 die Lehrverträge mit der Begründung, daß er die Kläger als Nichtarier nicht weiter beschäftigen könne. Die Kläger beantragten daraufhin, gerichtlich festzustellen, daß ihre Lehrverträge durch den Ausspruch der Kündigung nicht berührt worden seien. Der neue Inhaber des Unternehmens vertrat demgegenüber die Ansicht, zur Auflösung der Lehrverträge berechtigt zu sein. Da das Unternehmen an Heereslieferungen beteiligt sei, dürfe er keine jüdischen "Gefolgschaftsmitglieder"

---

1) Vgl. die Nachweise in RG DR 1939, S. 2041.

2) DR 1939, S. 2041 f.

in seinem Unternehmen dulden. Dem Betrieb seien auch schon vor dem Verkauf an den neuen Inhaber bei der Vergabe von Heeresaufträgen wegen der Beschäftigung von jüdischen Gefolgschaftsmitgliedern Schwierigkeiten gemacht worden. Dies habe ihm der frühere Inhaber des Unternehmens aber beim Verkauf verschwiegen.

Die Vorinstanzen hatten dem Klageantrag entsprochen. Eine außerordentliche Kündigung der Lehrverträge gemäß § 242 BGB sei abzulehnen, da sich die dem Vertragsabschluß zugrunde liegenden Verhältnisse nicht so grundlegend gewandelt hätten, daß ein Festhalten an den Vereinbarungen unzumutbar geworden sei. Das beklagte Unternehmen sei nicht auf öffentliche Geschäftsaufträge angewiesen, sondern könne nach seiner eigenen Erklärung auch von privaten Aufträgen gut bestehen. Es sei daher nicht anzunehmen, daß das Unternehmen durch die Tätigkeit der jüdischen Lehrlinge bis zum Ablauf ihrer Lehrverträge wirtschaftlich ernstlich gefährdet werden könne.

Das Reichsarbeitsgericht hob die Entscheidung auf und verwies die Sache an das Berufungsgericht zurück. Zur Begründung führten die Richter aus, das Berufungsgericht habe die Bedeutung des Rassegedankens für das Wirtschaftsleben nicht genügend beachtet. Nach Ansicht des Reichsarbeitsgerichts kam es für eine außerordentliche Kündigung gemäß § 242 BGB nicht mehr wie in früherer Zeit darauf an, ob dem Dienstherrn durch die Weiterbeschäftigung eines Juden ein unzumutbarer wirtschaftlicher Schaden entstehen würde. Ein stärkeres Gewicht sei nunmehr "den rassepolitischen Anschauungen des Nationalsozialismus" beizumessen. Der Rassegedanke verlange, daß jüdische Unternehmen und solche, in denen noch Juden beschäftigt würden, "aus dem deutschen Wirtschaftskörper auszuscheiden" seien. Die uneingeschränkte Zugrundelegung der nationalsozialistischen

Rassenlehre durch die Rechtsprechung machte die Generalklausel somit im Arbeitsrecht zu jener "unkontrolliert führbaren Waffe", vor der Hedemann wenige Jahre zuvor noch nachhaltig gewarnt hatte [1].

b) Leistungsverweigerungsrecht gemäß § 242 BGB gegenüber Juden

Neben dem Arbeitsrecht kam es auch in anderen Teilgebieten des Bürgerlichen Rechts zur Anwendung des § 242 BGB in seiner vom Nationalsozialismus geprägten Ausgestaltung. Das OLG Naumburg hatte 1935 über die Frage zu entscheiden, ob ein Leistungsverweigerungsrecht gemäß § 242 BGB auch dann bestand, wenn durch die Leistung des Schuldners einem Juden der Erwerb eines Grundstücks ermöglicht werden sollte [2]. Dem Urteil des OLG lag folgender Sachverhalt zugrunde.

Die Beklagte, eine unter staatlicher Aufsicht stehende Lebensversicherungsgesellschaft, hatte sich am 22. Oktober 1932 gegenüber dem Kläger, einem tschechischen Juden, verpflichtet, diesem ein Kapital i.H.v. insgesamt 150.000 RM in Teilbeträgen bis zu 60.000 RM als Hypothekendarlehen "für seine Grundstücke" zur Verfügung zu stellen.Die Beklagte hatte sich allerdings die Auswahl der Grundstücke vorbehalten, weil sie ihren Beleihungsgrundsätzen entsprechen müßte. Am 7. April 1933 bewilligte die Beklagte ein entsprechendes Darlehen i.H.v. 35.000 RM für ein Grundstück, das im Miteigentum der Ehefrau des Klägers stand. Ebenso belieh sie am 13. Mai 1933 ein eigenes Grundstück des Klägers i.H.v. 55.000 RM. Bereits am 29. April hatte die Beklagte

---

1) Hedemann, Die Flucht, S. 51; vgl. auch oben, S. 20.

2) Urteil vom 8. Januar 1935, JW 1935, S. 2446 f.

den Kläger gebeten, ihr in Zukunft nur solche Grundstücke zur Beleihung vorzuschlagen, deren Eigentümer nichtjüdische Reichsdeutsche waren. Dennoch beantragte der Kläger im Laufe des Jahres 1933 die Beleihung eines Grundstückes, das von einem galizischen Juden aus Lemberg zuvor ersteigert worden war. Der Kläger hatte sich ihm gegenüber verpflichtet, das erforderliche Kapital zur Verfügung zu stellen. Die beklagte Lebensversicherungsgesellschaft lehnte die Beleihung ab, weil der Eigentümer Ausländer und jüdischer Abstammung sei. Mit der Klage machte der Kläger den Ersatz des Schadens geltend, der ihm aus der Ablehnung der Beleihung durch die Beklagte entstanden sei.
Das OLG Naumburg wies die Klage ab. Nach seiner Ansicht erstreckte sich die Verpflichtung der Beklagten zwar nicht nur auf die Beleihung von Grundstücken, die im Eigentum des Klägers standen, sondern auch auf solche, an deren Beleihung der Kläger lediglich ein wirtschaftliches Interesse hatte. Die Beklagte habe aber dennoch die Beleihung ablehnen dürfen, weil ihr ein Leistungsverweigerungsrecht gemäß § 242 BGB zugestanden habe. Nach Ansicht der Richter hätte eine Beleihung der nationalsozialistischen Rechtsauffassung widersprochen. Sie begründeten ihre Ansicht wie folgt: Der heimische Grund und Boden unterliege als wesentlicher Teil des Volksvermögens nicht mehr der uneingeschränkten Verfügungsmacht des Eigentümers. Er dürfe daher auch nicht "den privaten Belangen eigensüchtiger Spekulanten" [1)] preisgegeben werden. Die Tatsache, daß die Parteien den Beleihungsvertrag noch vor der nationalsozialistischen Machtübernahme abgeschlossen hatten, hielt das OLG für unbeachtlich. § 242 BGB biete auch noch nach Abschluß des

---

1) JW 1935, S. 2446.

Vertrages "die Handhabe", der "geläuterten Rechtsanschauung und damit dem geänderten Volksempfinden" Rechnung zu tragen [1].
Im weiteren prüfte das OLG, ob die Berufung auf das Leistungsverweigerungsrecht als arglistiges und damit unzulässiges Verhalten der Beklagten anzusehen sei. Veranlassung dazu gebe die Tatsache, daß die Beklagte auch noch "nachdem der Nationalsozialismus in Deutschland zur Herrschaft gekommen war", Grundstücke ausländischer Juden beliehen hatte. Es handelte sich um die Grundstücke des Klägers und seiner Ehefrau. Das OLG verneinte ein arglistiges Verhalten der Beklagten mit der Begründung, daß sich die neue Rechtsanschauung in Deutschland erst allmählich durchgesetzt habe. Die Beklagte sei daher berechtigt gewesen, die Beleihung erst dann zu verweigern, "als die neue Rechtsauffassung Gemeingut des Volkes geworden" war [2].

Schließlich bemühte sich das OLG Naumburg, sein Urteil auf höchstrichterliche Entscheidungen aus der Zeit vor 1933 zu stützen. Das Reichsgericht hatte dort ein Leistungsverweigerungsrecht des Schuldners für die Fälle anerkannt, in denen er bemerkt hatte, daß der Gläubiger die zu bewirkende Leistung in einer verbots- oder sittenwidrigen Weise gebrauchen wollte [3]. Das OLG räumte zwar ein, daß diese Voraussetzung in dem von ihm zu entscheidenden Rechtsstreit nicht erfüllt sei. Dem Schuldner müsse aber, so urteilten die Richter, "nach heutiger Rechtsauffassung" auch dann ein Leistungsverweigerungsrecht zuerkannt werden, wenn die Leistung dazu dienen solle, "Teile des Volksvermögens ohne genügenden

---

1) JW 1935, S. 2446.

2) JW 1935, S. 2447.

3) Vgl. RGZ 99, S. 50 ff.; 106, S. 304 ff., S. 316 ff.

Grund in die Hände eines nichtarischen Ausländers zu bringen und damit der deutschen Volksgemeinschaft zu entziehen" [1].

Das Urteil des OLG Naumburg zeigt erneut, daß die nationalsozialistische Rassenlehre schon wenige Jahre nach der "Machtübernahme" für die Anwendung des § 242 BGB ausschlaggebende Bedeutung erlangt hatte. Entsprechend zufrieden zeigte man sich daher in einer Besprechung des Urteils, in der es hieß:

> "Der Entscheidung ist schlechthin zuzustimmen. Sie zeigt, wie auf dem Wege über die Generalklausel des § 242 BGB nach geltendem Recht auch klare Vertragsbestimmungen außer Anwendung gesetzt werden können, wenn sie in ihren Auswirkungen der geläuterten Rechtsanschauung nicht mehr entsprechen" 2).

Obwohl die Rechtsprechung sich dem Drängen der Nationalsozialisten beugte und die Juden durch eine einseitige Auslegung des § 242 BGB wirtschaftlich benachteiligte, wurde darüber hinaus eine Vielzahl von Gesetzen und Verordnungen erlassen, die eine juristische Sonderbehandlung "rassefremder Personen" ermöglichen sollte [3]. In § 7 Abs. 1 der "Verordnung über den Einsatz des jüdischen Vermögens"

---

1) JW 1935, S. 2447.
2) Reitzenstein, DJZ 1935, Sp. 574.

3) Vgl. beispielsweise das "Gesetz zur Wiederherstellung des Berufsbeamtentums vom 7. April 1935 (RGBl. I, S. 175); das Gesetz zur Änderung der Gewerbeordnung für das Deutsche Reich vom 6. Juli 1938 (RGBl. I, S. 823) sowie die Verordnung zur Ausschaltung der Juden aus dem deutschen Wirtschaftsleben vom 12. November 1938 (RGBl. I, S. 1580). Einen umfangreichen Überblick über die rechtlichen Maßnahmen der Nationalsozialisten zur wirtschaftlichen Benachteiligung der Juden geben z.B. Hirsch/Majer/Meinck, S. 252 ff. und S. 361 ff., sowie Walk, Das Sonderrecht für die Juden im NS-Staat.

vom 3. Dezember 1938 [1] wurde den Juden beispielsweise der rechtsgeschäftliche Erwerb von Grundstükken, grundstücksgleichen Rechten und Rechten an Grundstücken verboten. Aufgrund dieser Regelung waren entsprechende Rechtsgeschäfte gemäß § 134 BGB nichtig. Die Gerichte mußten daher nicht mehr mit einem Leistungsverweigerungsrecht gemäß § 242 BGB argumentieren, wie es das OLG Naumburg in der drei Jahre zuvor ergangenen Entscheidung noch getan hatte. Das in der Verordnung ausgesprochene Verbot brachte den Nationalsozialisten darüber hinaus einen weiteren Vorteil. Bisher kam es bei den in der Verordnung genannten Rechtsgeschäften stets darauf an, ob der Schuldner überhaupt ein Leistungsverweigerungsrecht gemäß § 242 BGB geltend machte. Durch das Verbot war nunmehr auch das Grundbuchamt von Amts wegen verpflichtet, bei der Eintragung einer entsprechenden Rechtsänderung seine Mitwirkung zu versagen. Damit kam ganz allgemein der rechtsgeschäftliche Erwerb von Grundstücken durch Juden nicht mehr in Betracht.

Trotz des an sich klaren Wortlauts der Verordnung vom 3. Dezember 1938 blieben noch Fragen offen. So wurde beispielsweise im Schrifttum die Frage diskutiert, ob den Juden wenigstens im Umkehrschluß ein Erwerb der genannten Rechte kraft Gesetzes gestattet sei. Der Gleiwitzer Amtsgerichtsrat Robert B e r g e r wollte die Frage nur für den Fall bejahen, daß der Rechtserwerb nicht dem Zweck der Verordnung vom 3. Dezember 1938 zuwider laufe [2]. Dieser Zweck liege darin, den "Einfluß des Judentums auf deutschem Grund und Boden" zurückzudrängen und allmählich auszuschalten. B e r g e r argwöhnte,

---

1) RGBl. I, S. 1709.

2) Dt. Justiz 1939, S. 1524.

es könne gegen den Zweck der Verordnung verstoßen werden, weil es "der 'erfinderische' jüdische Geist zu einer erstaunlichen Virtuosität zu bringen" vermöge, wenn es gelte, "auf Umwegen oder durch Hintertüren durch die Maschen des Gesetzes hindurchzuschlüpfen [1]. Zur Lösung des Problems schlug B e r g e r daher vor, in jedem Einzelfall zu prüfen, ob eine Umgehung des Verordnungszwecks beabsichtigt worden war. Hierdurch könne zwar eine "gewisse Unsicherheit in den Grundbuchverkehr hineingetragen" werden. Diese "Unzuträglichkeiten" müßten aber in Kauf genommen werden, wolle man "einerseits die vom Gesetzgeber berücksichtigten Belange des jüdischen Gläubigers beachten und andererseits dem Gesetzeszweck ausreichend Rechnung tragen" [2].

c) Die Anwendung des § 242 BGB auf Schuldverhältnisse zwischen nichtjüdischen Personen

Die Auslegung des § 242 BGB nach der nationalsozialistischen Weltanschauung führte nicht nur zu einer Diskriminierung der jüdischen Bevölkerung. Betroffen waren vielmehr auch "Arier" und nichtjüdische Einrichtungen.
Das Reichsgericht hatte beispielsweise 1937 [3] über die Frage zu entscheiden, ob eine politische Gemeinde auch noch nach der nationalsozialistischen Machtübernahme an einen Vertrag gebunden sei, durch den sie sich zur Zahlung von Zuschüssen an das Pfarramt der Kirchengemeinde verpflichtet hatte.

---

1) Dt. Justiz 1939, S. 1524.

2) Berger, Dt. Justiz 1939, S. 1524.

3) JW 1937, S. 3026.

Nach Ansicht der beklagten Gemeinde lag in dem Verlangen der Vertragserfüllung ein sittenwidriges Verhalten der Kirche, das die Beklagte gemäß § 242 BGB berechtige, die Leistung zu verweigern [1]. Die Sittenwidrigkeit ergebe sich aus dem Umstand, daß durch die Zahlung der öffentlichen Beiträge letztlich auch diejenigen Einwohner den Zuschuß finanzieren würden, die der Kirchengemeinde nicht angehörten. Nach nationalsozialistischen Rechtsgrundsätzen sei aber eine Belastung Andersgläubiger nicht mehr zulässig. Diese Konsequenz ergab sich nach Ansicht der beklagten Gemeinde aus Punkt 24 des Parteiprogramms der NSDAP, der die Freiheit aller religiösen Bekenntnisse im Staat forderte, "soweit sie nicht dessen Bestand gefährden oder gegen das Sittlichkeits- und Moralgefühl der germanischen Rasse verstoßen".

Das Reichsgericht räumte demgegenüber zwar ein, daß die Belastung Andersgläubiger mit Beiträgen für die Unterhaltung einer Kirche, der sie nicht angehörten, "sicherlich heute mehr als früher als Unbilligkeit" empfunden würde. Es möge auch zutreffen, daß die Regierung darauf bedacht sei, solche unbilligen Zustände zu beseitigen, wo es angehe. Deswegen müsse der Zustand aber noch nicht als unverträglich mit den Zielen der nationalsozialistischen Auffassung angesehen werden. Entscheidend sei vielmehr die Auffassung der nationalsozialistischen Staatsführung. Sie dürfe daher "auch bei der Frage der Sittenwidrigkeit nicht unbeachtet

---

1) Es entspricht auch der heutigen Rechtsauffassung, daß in jedem Sittenverstoß des Vertragspartners im Sinne des § 138 Abs. 1 BGB zugleich ein grober Verstoß gegen Treu und Glauben zu sehen ist, der dem Schuldner ein Leistungsverweigerungsrecht gemäß § 242 BGB wegen unzulässiger Rechtsausübung gewährt (vgl. z.B. Jauernig-Vollkommer, § 242 BGB, Anm. I 4 b und Anm. III).

bleiben". Die Staatsführung sei, so führte das Reichsgericht weiter aus, allgemein um die Aufrechterhaltung der Ordnung bemüht gewesen. Daher würde sie auch keine überstürzten Änderungen gutheißen wollen, die zu schweren Erschütterungen vieler Gemeinden christlichen Glaubens führen würden. Ohne die Belastung Andersgläubiger würden sich solche Erschütterungen aber einstellen, da sie für den finanziellen Bestand zahlreicher Kirchengemeinden von Bedeutung seien. Es müsse deshalb der Regierung überlassen bleiben, "zu gegebener Zeit die Wege für eine andere Regelung zu ebnen". Aufgrund der Zurückhaltung des Gesetzgebers und der Auswirkungen, welche eine Versagung der Ansprüche mit sich brächte, könne die weitere Belastung Andersgläubiger somit nicht als "unvereinbar mit dem Volksempfinden von Recht und Billigkeit" angesehen werden.

Bemerkenswert ist die Tatsache, daß das Reichsgericht den Argumenten der beklagten Gemeinde, die sich auf nationalsozialistische Rechtsgrundsätze berufen hatte, nicht gefolgt war. Daraus könnte der Schluß gezogen werden, daß die Richter der nationalsozialistischen Weltanschauung insgesamt ablehnend gegenüberstanden. Dann wäre die Auseinandersetzung mit dem Parteiprogramm der NSDAP und den Zielen der Regierung nur vorgeschoben gewesen und hätte lediglich der Tarnung eines abweichenden Standpunktes gedient. Gegen diese Annahme spricht jedoch, daß das Reichsgericht in anderen Fällen seinen Entscheidungen nationalsozialistische Rechtsgrundsätze und insbesondere den Rassegedanken wiederholt zugrunde gelegt hatte [1]. Es liegt daher näher, daß das Reichsgericht auch in seinem Urteil

---

1) Vgl. z.B. oben, S. 50 und unten, S. 81 ff., 91 ff., 105 ff.

vom 9. September 1937 die nationalsozialistische Weltanschauung nicht generell ablehnte. Allerdings ergab sich aus Punkt 24 des Parteiprogramms, auf den sich die beklagte Gemeinde hier berief, nicht ohne weiteres, daß eine Belastung andersgläubiger Christen unzulässig war. Eindeutig war aufgrund des antisemitischen Inhalts des Programmpunktes lediglich, daß eine Begünstigung der Juden vermieden werden sollte. Um eine Begünstigung der Juden ging es aber in dem zu entscheidenden Fall nicht. Das Reichsgericht zog es daher vor, aus der bisherigen Untätigkeit des nationalsozialistischen Gesetzgebers zu schließen, daß eine Belastung der Einwohner zugunsten andersgläubiger Christen mit der nationalsozialistischen Weltanschauung zu vereinbaren war.

In einer Entscheidung des Jahres 1938 hatte das Reichsgericht ebenfalls über die Bedeutung von Punkt 24 des Parteiprogramms für ein Leistungsverweigerungsrecht gemäß § 242 BGB zu entscheiden[1]: Der Kläger, ein "Arier", hatte im März 1928 mehrere Grundstücke an eine Stadtgemeinde verkauft und als Kaufpreis die Zahlung einer lebenslänglichen Leibrente in Höhe von jährlich 15.000 Reichsmark vereinbart. Von Oktober 1936 an hatte die Gemeinde ihre Zahlungen um jährlich 4.500 Reichsmark gekürzt. Diese Befugnis stützte sie u.a. auf eine wesentliche Änderung der wirtschaftlichen Verhältnisse seit Vertragsschluß[2] und auf den "Wandel der Rechtsanschauungen seit der Machtergreifung durch

---

1) JW 1938, S. 2135 ff.

2) Anders als in den Zeiten der Aufwertungsrechtsprechung hatte sich die Kaufkraft der Reichsmark erhöht, die Zinsen waren gesunken und insgesamt eine erhebliche Verbesserung der wirtschaftlichen Lage eingetreten.

den Nationalsozialismus", die dem Kläger eine "Treupflicht" zur Herbeiführung eines billigen Ausgleichs auferlegen würden. Die Stadtgemeinde wies außerdem darauf hin, daß sie sparsam mit den ihr anvertrauten öffentlichen Geldern wirtschaften müsse. Schließlich machte sie den Grundsatz "Gemeinnutz geht vor Eigennutz" aus Punkt 24 des Parteiprogramms der NSDAP für ihren Standpunkt geltend. Sie war offenbar der Ansicht, daß sie als öffentliche Körperschaft die Gemeinschaft der Stadtbewohner repräsentierte und daher das Gemeinschaftsinteresse der Einwohner dem Individualinteresse des Klägers gegenüberstand. Sie interpretierte den Grundsatz "Gemeinnutz vor Eigennutz" dahingehend, daß das Individualinteresse zurückzustehen habe. Das Reichsgericht folgte dieser Ansicht nicht, sondern räumte in dieser Entscheidung dem Grundsatz "pacta sunt servanda" Vorrang vor dem Interesse der Stadtgemeinde an einer Vertragsanpassung ein. In der Urteilsbegründung bekräftigte es zwar seine frühere Rechtsprechung, wonach eine Vertragsanpassung gemäß § 242 BGB bei einer Änderung der dem Vertragsschluß zugrunde liegenden Verhältnisse möglich sei. Es dürfe aber, so meinte das Reichsgericht, bei der Handhabung des Grundsatzes von Treu und Glauben nicht übersehen werden, daß der Satz "Verträge sind einzuhalten" eine besondere Gewähr für die Rechtssicherheit biete. Um nicht der "Rechtsunsicherheit und Rechtsverwirrung Tür und Tor" zu öffnen, dürfe nur dann von ihm abgewichen werden, wenn dafür "wirklich schwerwiegende Gründe" vorlägen [1]. Eben solche schwerwiegenden Gründe sah das Reichsgericht in dem zu entscheidenden Fall nicht als gegeben an.

---

1) JW 1938, S. 2136.

Auf das Argument der beklagten Stadtgemeinde, dem Kläger sei durch den "Wandel der Rechtsanschauungen" eine "Treupflicht zur Herbeiführung eines billigen Ausgleiches" auferlegt worden, ging das Reichsgericht nur ausweichend ein: Zwar sei "Dank der Maßnahmen der nationalsozialistischen Staatsführung" die allgemeine Wirtschaftslage sehr viel günstiger geworden. Infolgedessen habe sich auch die finanzielle Lage des Klägers erheblich verbessert. Dies rechtfertige jedoch nicht, daß bei einem Güterumsatzgeschäft, wie dem vorliegenden, sich die Stadtgemeinde unter Berufung auf § 242 BGB von den übernommenen Verpflichtungen auch nur teilweise lossagen könne. Denn auch die finanzielle Lage der Beklagten habe sich durch die entspannte Wirtschaftslage gebessert, so daß die Erfüllung der Leibrentenverpflichtung keine unzumutbare Belastung bedeute. Auch der Grundsatz "Gemeinnutz geht vor Eigennutz" ändere nichts an diesem Ergebnis [1]. Ebenso verhalte es sich mit dem Hinweis der Beklagten, sie müsse mit den ihr anvertrauten öffentlichen Geldern sparsam wirtschaften.

Obwohl sich die beklagte Stadtgemeinde auf den "Wandel der Rechtsanschauungen" durch den Nationalsozialismus berufen hatte, hielt das Reichsgericht dieses Argument nicht für durchschlagend genug, um eine Vertragsanpassung herbeizuführen.

Es stellt sich daher erneut die Frage, ob die Richter auf diese Weise ihre generelle Ablehnung gegenüber der nationalsozialistischen Weltanschauung zum Ausdruck brachten, oder ob sie - wie in der zuvor zitierten Entscheidung des Reichsgerichts [2] - dieser Anschauung lediglich einen anderen Inhalt beimaßen, als es die Beklagte getan hatte. Die Kürze,

---

1) NJW 1938, S. 2137.

2) Vgl. oben, S. 59 ff.

mit der das Reichsgericht in seiner Entscheidung vom 17. April 1938 den Grundsatz "Gemeinnutz geht vor Eigennutz" für unbeachtlich erklärte, läßt vermuten, daß die Richter in diesem Fall der nationalsozialistischen Weltanschauung den Durchbruch versagten. Gleichwohl dürfte es unwahrscheinlich sein, daß das Gericht ein Leistungsverweigerungsrecht gemäß § 242 BGB auch dann abgelehnt hätte, wenn der Kläger jüdischer Abstammung gewesen wäre. Denn das Reichsgericht hatte - wie oben gezeigt [1] - in anderen Entscheidungen der nationalsozialistischen Rassenlehre Vorrang vor dem Grundsatz "pacta sunt servanda" eingeräumt. Es ist daher auch für die Reichsgerichtsentscheidung vom 17. April 1938 davon auszugehen, daß die Richter unter der nationalsozialistischen Weltanschauung lediglich etwas anderes verstanden, als es die beklagte Stadtgemeinde getan hatte.

Insgesamt zeigen die erörterten Entscheidungen, daß in erster Linie die nationalsozialistische Rassenlehre über § 242 BGB in das Bürgerliche Recht einfloß. Andere Gesichtspunkte der nationalsozialistischen Weltanschauung wurden von der Rechtsprechung dagegen nur zögernd beachtet.

---

1) Vgl. oben, S. 46.

2. Treu und Glauben gemäß § 242 BGB in der juristischen Kommentierung der nationalsozialistischen Zeit

Ebenso wie die Rechtsprechung entsprach auch die Kommentarliteratur der Forderung nach einer Berücksichtigung des nationalsozialistischen Gedankengutes. Die einschlägigen Kommentierungen zu § 242 BGB enthielten schon bald nach der Machtübernahme eine Fülle nationalsozialistisch geprägter Ausführungen.

Im BGB-Kommentar von S o e r g e l wurde die Aufgabe des § 242 BGB beispielsweise wie folgt umschrieben [1]:

> "... der Grundatz von Treu und Glauben verkörpert die deutsche nationalsozialistische Rechtsauffassung über Volksgemeinschaft Treue und Opfer. Er ist gleich den übrigen Generalklauseln eine der Einbruchstellen, durch die das neue Rechtsdenken das alte Leben überflutet."

Außerdem müsse das deutsche Recht aus der "Gemeinschaftsverbundenheit erfühlt und gestaltet" werden, für seine Anwendung seien die Grundsätze der nationalsozialistischen Weltanschauung unmittelbar und ausschließlich maßgebend.
Die enge Anlehnung der Kommentierung an L a n g e s [2] Formulierung von den Generalklauseln als "Einbruchstellen" nationalsozialistischer Rechtsanschauung in das Bürgerliche Recht ist hier deutlich erkennbar.

---

1) BGB, 6. Aufl. 1939, § 242, Anm. 1.

2) Vgl. oben, S. 36.

Auch der Berliner Amtsgerichtsrat Wilhelm Weber befaßte sich in Staudingers Kommentar zum Bürgerlichen Gesetzbuch mit der Zugrundelegung nationalsozialistischer Rechtsanschauungen bei der Anwendung des § 242 BGB [1]. Nach seiner Ansicht war der Begriff von Treu und Glauben im Zuge der Rechtserneuerung "zwar inhaltlich erweitert, aber auch konkreter gestaltet worden". Man dürfe hoffen, daß "sich aus der festen, in ihren Grundzügen gemeinsamen Anschauung konkrete Rechtssätze ergeben" würden, die leicht faßbar seien und so der Rechtssicherheit dienten. Weber griff damit den von Carl Schmitt geprägten Gedanken des konkreten Ordnungsdenkens auf, nach dem bei der Auslegung der bestehenden Rechtssätze die Leitbilder der nationalsozialistischen Weltanschauung, insbesondere der Gedanke der Volksgemeinschaft, zu beachten seien [2]. Zwar würden, so erläuterte Weber weiter, Treu und Glauben noch immer als ein "umfassender Begriff" empfunden, aus dem heraus die Entscheidung im Einzelfall gefunden werden müsse. Die Richtung, in der sie zu finden sei, war aber nach Ansicht Webers gegenüber früher "deutlicher und klarer" geworden. Sie liege in erster Linie in dem "Gedanken der Gemeinschaft". Handeln nach Treu und Glauben bedeute deshalb "Handeln im Sinne des Gemeinschaftsgeistes".

In § 242 BGB wurde schließlich bis zum Ende der nationalsozialistischen Zeit eine Einbruchstelle für die nationalsozialistische Weltanschauung gesehen. Noch im Jahr 1944 wies Johannes Friesecke in Palandts Kommentar zum BGB auf diese

---

1) Kommentar zum BGB, 10. Aufl. 1940, § 242, Rdn. 62 f.

2) Vgl. oben, S. 40.

für die Nationalsozialisten wichtige Aufgabe der Generalklausel hin [1]:

> "... als Maßstab für den Inhalt des Grundsatzes von Treu und Glauben dient die herrschende, nunmehr die nationalsozialistische Weltanschauung. Für den Positivismus war der Grundsatz von Treu und Glauben, wie jede Generalklausel, ein Zugeständnis der eigenen Schwäche, für die heutige Rechtsanwendung, der die Kenntnis der notwendigen Lückenhaftigkeit jeder Menschensatzung zugrunde liegt, ist er eine wichtige Eingangsstelle neuen Rechtsdenkens. Er erscheint sogar als Leitsatz jeder Rechtsanwendung, der auch zu gelten hätte, wenn er nicht geschrieben wäre, er 'gilt' nicht nur, sondern er herrscht."

Man ging also auch in der Kommentarliteratur davon aus, daß der Grundsatz von Treu und Glauben in seiner nationalsozialistischen Ausgestaltung geeignet sei, das überkommene Bürgerliche Recht zu beeinflussen und zu beherrschen. Von einer bloßen Übergangslösung, wie man sie zehn Jahre zuvor im Schrifttum vorgeschlagen [2] hatte, war nicht mehr die Rede.

---

1) Kommentar zum BGB, 6. Aufl., Anm. 1.

2) Vgl. oben, S. 36.

3. § 157 BGB

Der Grundsatz von Treu und Glauben findet neben § 242 BGB auch über die Vorschrift des § 157 BGB Anwendung. Während § 242 BGB die Erfüllung der Leistungspflichten unter das Gebot von Treu und Glauben stellt, soll gemäß § 157 BGB speziell die Auslegung von Verträgen nach diesem Rechtsgrundsatz erfolgen. Vor 1933 ermöglichte es die Vorschrift den Gerichten, unklare Vertragsklauseln zu konkretisieren sowie lückenhafte Parteiabreden zu ergänzen. Dabei bildete der Grundsatz von Treu und Glauben einen "objektiven Auslegungsmaßstab" [1), der bei der Konkretisierung des hypothetischen Parteiwillens zu berücksichtigen war.

Mit der nationalsozialistischen Machtübernahme wurde § 157 BGB ebenso wie § 242 BGB als eine Einbruchstelle der nationalsozialistischen Weltanschauung erkannt. Im Kommentar der Reichsgerichtsräte aus dem Jahre 1939 hieß es beispielsweise, § 157 BGB biete "in besonderem Maße" die Möglichkeit, "dem Volksempfinden Rechnung zu tragen und nationalsozialistisches Gemeinschafts- und Pflichtdenken im Rechtsleben zu verwirklichen" [2)]. Die in § 157 BGB und den anderen Generalklauseln verankerten Rechtsgedanken würden auch in Zukunft "stets die wertvollste Handhabe" bilden, um dem "geläuterten neuen Rechtsdenken" Geltung zu verschaffen. Dazu zählten insbesondere der "auf die nationalsozialistische Weltanschauung gegründete" und "alle Verhältnisse des Lebens beherrschende" Gedanke der

---

1) RGRK, 5. Aufl. 1923, § 157, Anm. 1.

2) RGRK, 9. Aufl. 1939, § 157, Anm. 1.

Volksgemeinschaft sowie die sich daraus ergebenden Pflichten des "einzelnen Volksgenossen" [1].

Rechtstechnisch wurde die Generalklausel des § 157 BGB ebenso wie § 242 BGB durch eine Gleichsetzung des Grundsatzes von Treu und Glauben mit der nationalsozialistischen Weltanschauung dem "neuen Rechtsdenken" [2] dienstbar gemacht.

Bernhard Dankelmann faßte die geänderte Inhaltsbestimmung von "Treu und Glauben" 1944 in Palandts Kommentar zum BGB wie folgt zusammen [3]:

> "Was Treu und Glauben entspricht, wird zu verschiedenen Zeiten verschieden beantwortet. Der Inhalt dieses Begriffes bestimmt sich heute nach der in den völkischen Lebens- und Sittengesetzen beruhenden Grundanschauung des Nationalsozialismus. Nach ihr bildet sich auch die Meinung des 'billig und gerecht Denkenden' über das, was Treu und Glauben entspricht, und so verstanden ist diese Begriffsbestimmung auch gegenwärtig weiter verwendbar."

---

1) RGRK, 9. Aufl. 1939, § 157, Anm. 1.

2) Vgl. oben, S. 69.

3) 6. Aufl., § 157, Anm. 3.

4. Treu und Glauben im Sozialversicherungsrecht

Die Berücksichtigung der nationalsozialistischen Weltanschauung gestaltete sich in Rechtsgebieten problematisch, die im Gegensatz zum Bürgerlichen Recht keine Generalklauseln enthielten. Sofern die Gerichte dennoch nach nationalsozialistischen Rechtsgrundsätzen urteilten, setzten sie sich dem Vorwurf aus, gegen den Wortlaut der einschlägigen Gesetze zu entscheiden und damit die Rechtssicherheit zu gefährden. Ein Ausweg bestand darin, Generalklauseln aus dem Bürgerlichen Recht zu "entleihen" und ihre Funktion als Einbruchstellen der nationalsozialistischen Weltanschauung auf das betreffende Rechtsgebiet auszudehnen. Dabei kam den Nationalsozialisten die Tatsache entgegen, daß insbesondere die Geltung des Grundsatzes von Treu und Glauben schon vor 1933 auch für weite Teile des öffentlichen Rechts anerkannt worden war [1].

Eine entsprechende Entwicklung läßt sich beispielsweise für den Bereich des Sozialversicherungsrechts [2] nachweisen. Das Reichsversicherungsamt (RVA) [3] hatte in einer Entscheidung vom 4. Januar 1934 [4] über die Gewährung von Invalidenrente an eine Witwe und Mutter von sechs Kindern zu entscheiden. Obwohl nach den einschlägigen ärztlichen Gutachten Invalidität i.S.d. §§ 1255, 1258 RVO a.F. nicht vorlag, hatte das vorinstanzlich zuständige

---

1) Vgl. statt vieler RFH 33, S. 290, 297 m.w.N.

2) Vgl. zur Ausdehnung des Grundsatzes von Treu und Glauben auf das Steuerrecht unten, S. 141.

3) Nach dem "Gesetz über den Aufbau der Sozialversicherung" vom 5. Juli 1934, Abschnitt III (RGBl. I, S. 579), war das RVA als "oberste Spruch-, Beschluß- und Aufsichtsbehörde auf dem Gebiet des Sozialversicherungsrechts" zuständig.

4) E.M. Bd. 35, S. 339 ff.

Oberversicherungsamt (OVA) Köln der Klägerin die Rente zugesprochen. Zur Begründung hatte das OVA ausgeführt, daß infolge der "Staatsmachtübernahme durch die nationalsozialistische deutsche Arbeiterpartei" eine "wesentlich andere Auffassung in der Sozialpolitik Platz gegriffen" habe, als früher. Durch die Gesetzgebung des nationalsozialistischen Staates werde beabsichtigt, die Mutterschaft und die gewesene Mutterschaft in einem ganz anderen Maße zu "schätzen", als das bisher der Fall gewesen sei. Da aber der Gesetzgeber diesen Erwägungen in der RVO bisher keinen rechtlichen Ausdruck verliehen habe, müsse der Richter dort, wo die gesetzlichen Bestimmungen nicht ausreichten, für berechtigt und verpflichtet erachtet werden, "von seiner Seite aus der neuen Staatsführung des deutschen Volkes Wege zu zeigen und zu weisen" [1]. Nach Ansicht des OVA war die Klägerin daher trotz des entgegenstehenden ärztlichen Gutachtens als Invalide i.S.d. § 1255 RVO a.F. anzusehen.
Das RVA hob die Entscheidung des OVA Köln auf. Nach seiner Ansicht hatte das OVA das Vorliegen der Invalidität nicht sachlich begründet. Aus der Tatsache, daß die Klägerin sechs Kindern das Leben geschenkt habe, könne "selbstverständlich" nicht ohne weiteres gefolgert werden, daß sie Invalide sei. Das OVA habe sich offensichtlich, so meinte das RVA, für berechtigt gehalten, das Vorliegen der Invalidität abweichend von dem bisher geltenden Recht zu prüfen und zu entscheiden. Darin könne ihm nicht beigetreten werden. Nach Ansicht des RVA waren die Gerichte auch nach der nationalsozialistischen Machtübernahme verpflichtet, die bestehenden Gesetze "unter allen Umständen zu beachten" [2]. Es stütze sich dabei ausdrücklich auf

---

1) E.M. Bd. 35, S. 340 f.

2) E.M. Bd. 35, S. 340.

den Staatssekretär im preußischen Justizministerium und späteren Präsidenten des Volksgerichtshofes Roland F r e i s l e r . Dieser hatte im November 1933 in seiner Abhandlung "Recht, Richter und Gesetz" [1] u.a. ausgeführt, der Richter sei nicht dazu da, "die geltenden Gesetze des Staates zu ändern". Würde der Richter die Aufgabe des "Führers" übernehmen und prüfen, inwieweit "Gesetze des früheren Staates" mit den Forderungen des Nationalsozialismus übereinstimmten und gegebenfalls nicht anzuwenden seien, so wäre das "eine Handlung, die in einem nationalsozialistischen Staate niemals beheimatet sein" könne. Es sei nämlich zu befürchten, daß Fragen, "die nur von höherer Warte aus gelöst werden" könnten, durch "die vielleicht vom Kirchturmhorizont eines Kleinstädtchens bestimmte Anschauung" eines einzelnen Richters beantwortet würden. Da die Meinung "tausender Einzelpersonen zu den einzelnen Fragen völkischer Notwendigkeit nicht gleich sein" könne, fürchtete F r e i s l e r , daß "an die Stelle einheitlicher Führung das Chaos" und die "Anarchie" treten würde. Der Richter dürfe daher auch dann nicht gegen ein geltendes Gesetz entscheiden, wenn es nach seiner Ansicht mit der nationalsozialistischen Weltanschauung in Widerspruch stand. Dieser Auffassung F r e i s l e r s schloß sich das RVA in vollem Umfang an. Die Entscheidung des OVA Köln könne demnach, so folgerte das RVA, nicht gebilligt werden, da es sich bei der Beurteilung des vorliegenden Streitfalls bewußt über das geltende Recht hinweggesetzt habe [2].

---

1) Dt. Justiz 1933, S. 694 ff.

2) E.M. Bd. 35, S. 341.

Das RVA lehnte somit die Berücksichtigung der nationalsozialistischen Weltanschauung durch das OVA ab, um der Gefahr einer uneinheitlichen Rechtsprechung im Sozialversicherungsrecht vorzubeugen. In einer nur wenige Monate später ergangenen Entscheidung [1] zeigte das RVA allerdings selbst eine Möglichkeit auf, wie nationalsozialistischen Rechtsanschauungen in diesem Rechtsgebiet Geltung verschafft werden konnte. Sie lag in der Ausdehnung des Grundsatzes von Treu und Glauben auf das Sozialversicherungsrecht. Anlaß zu dieser Entscheidung bot das Verhalten einer Krankenkasse, die von dem zuständigen Arbeitsamt wenigstens grob fahrlässig zu hohe Beiträge für bei ihr versicherte Arbeitslose entgegengenommen hatte. Dem Rückerstattungsanspruch des Arbeitsamtes hielt die Krankenkasse die Verjährungseinrede gemäß § 29 Abs. 2 RVO entgegen. Nach dieser Vorschrift verjährte der Anspruch auf Rückerstattung <u>zu viel</u> geleisteter Beiträge innerhalb von sechs Monaten. Die in § 29 Abs. 1 RVO geregelte Verjährung des Anspruchs eines Versicherungsträgers auf <u>noch nicht</u> geleistete Beiträge betrug demgegenüber zwei Jahre und galt nur unter der weiteren Voraussetzung, daß die Beiträge "nicht absichtlich hinterzogen" worden waren. § 29 Abs. 2 RVO enthielt für den Rückerstattungsanspruch des Versicherten eine entsprechende Einschränkung nicht. Da die Verjährungsfrist des § 29 Abs. 2 RVO bereits abgelaufen war, berief sich die Krankenkasse nach dem Wortlaut der Vorschrift somit zu Recht auf die Verjährung des Rückerstattungsanspruches.

Dennoch blieb nach Ansicht des RVA "Raum für die Prüfung der Frage, ob und in welchem Umfang nach

---

1) A.N. 1934, S. IV 320 f.

allgemein rechtlichen Gesichtspunkten, wie sie namentlich auch dem heutigen nationalsozialistischen Rechtsdenken entsprechen" würden, "insbesondere nach den Grundsätzen von Treu und Glauben", im Einzelfall eine Ausnahme von der kurzen Verjährungsfrist des § 29 Abs. 2 RVO gerechtfertigt sei. Eine solche Ausnahme sei beispielsweise dann gegeben, wenn ein Träger des öffentlichen Rechts wider Treu und Glauben Beiträge entgegengenommen habe, von denen er gewußt habe oder doch nach Lage der Dinge habe wissen müssen, daß ein Rechtsanspruch darauf nicht bestehe und wenn diese Beiträge von demjenigen, der sie entrichtet habe, nur in Unkenntnis der wirklichen Sachlage gezahlt worden seien. Diese Voraussetzungen für eine ausnahmsweise Nichtanwendung der kurzen Verjährungsfrist sah das RVA in dem zu entscheidenden Rechtsstreit als gegeben an.
Anders als in seiner Entscheidung vom 4. Januar 1934 [1] gelangte das RVA somit zu der Auffassung, daß auch im Sozialversicherungsrecht nicht in jedem Fall an dem Wortlaut einzelner Bestimmungen des Gesetzes festgehalten werden müsse. Durch die Ausdehnung des Grundsatzes von Treu und Glauben wurde auch in diesem Rechtsgebiet eine Möglichkeit geschaffen, die nationalsozialistische Weltanschauung zu berücksichtigen.

Entsprechend positiv wurde die geänderte Rechtsanschauung des RVA im nationalsozialistischen Schrifttum aufgenommen und bewertet: Das RVA habe

---

1) Vgl. oben, S. 71 ff.

durch Einführung des Grundsatzes von Treu und Glauben in das Sozialversicherungsrecht unter Achtung des geschriebenen Rechts "doch eine gewisse Lockerung von Vorschriften ermöglicht, deren uneingeschränkte Anwendung im einzelnen Fall mit dem uns heute besonders beherrschenden Gedanken der sozialen Gerechtigkeit im Widerspruch stände" [1].

---

1) Bogs, DJZ 1935, Sp. 546.

II. Sittenwidrigkeit

1. Der Begriff der Sittenwidrigkeit

Neben dem Grundsatz von Treu und Glauben waren für die Umgestaltung der Privatrechtsordnung durch die Nationalsozialisten auch diejenigen Vorschriften des BGB von Bedeutung, die das Tatbestandsmerkmal der Sittenwidrigkeit enthielten. Der BGB-Gesetzgeber hatte die Frage, was unter einem Verstoß gegen die guten Sitten zu verstehen sei, nicht beantwortet [1]. Diese Aufgabe fiel somit der Rechtsprechung zu. Das Reichsgericht hatte dementsprechend häufig über die Frage zu entscheiden, wann ein Sittenverstoß vorlag. Paul O e r t m a n n hatte in der Weimarer Zeit die damit verbundenen Schwierigkeiten mit den Worten umschrieben, es lasse sich "leichter fühlen, als in eine feste Formel bringen" [2], ob Sittenwidrigkeit anzunehmen sei oder nicht. Dennoch bemühte sich das Reichsgericht, einen einheitlichen Maßstab herauszuarbeiten, dessen Inhalt es in einer Entscheidung aus dem Jahre 1911 wie folgt erläutert hatte:

> "Was nicht dem Anstandsgefühl aller billig und gerecht Denkenden zuwiderläuft, kann nicht gegen die guten Sitten verstoßen, deren Begriff aus dem herrschenden Volksbewußtsein zu entnehmen ist, wobei auf die Sittenanschauungen gewisser Volkskreise Rücksicht genommen werden kann" 3).

---

1) Vgl. oben, S. 5.

2) Oertmann, 5. Aufl., § 826, Anm. 2 c.
Damit zeigt sich eine Parallele zu der Generalklausel des § 242 BGB: Die Frage, was Treu und Glauben bedeute, hatte Oertmann mit der Bemerkung beantwortet, dies sei "leichter zu empfinden als klar zu formulieren" (5. Aufl., § 242, Anm. 2 b); vgl. oben, S. 9.

3) RGZ 77, S. 421.

Des weiteren betonte das Reichsgericht, daß das herrschende Volksbewußtsein wechseln könne. Es seien daher "die jeweiligen Anschauungen des Verkehrs" maßgebend, wobei es von besonderer Bedeutung sein könne, "welchen Niederschlag diese Anschauungen in der Gesetzesgebung gefunden" hätten [1].
Aus dieser Rechtsprechung ergibt sich, daß die Frage, was unter Sittenwidrigkeit zu verstehen war, nicht für alle Zukunft beantwortet werden konnte. Diese Ansicht bekräftigte das Reichsgericht in einem Urteil des Jahres 1929. Die Wandelbarkeit des Sittenverstoßes ergebe sich, so urteilten die Richter, "im und mit dem Fluß des sittlichen, geistigen und wirtschaftlichen Lebens und der Bedürfnisse des Volkes" [2].
Mit seinem Hinweis auf die inhaltliche Wandelbarkeit der "guten Sitten" hatte das Reichsgericht ungewollt die Anwendung der betreffenden Generalklauseln (z.B. §§ 138, 826, 817 S. 2 BGB) durch die Nationalsozialisten erheblich erleichtert. Er kam ihrer Argumentation entgegen, wonach 1933 ein erneuter Wandel der Anschauungen eingetreten sei und von nun an ausschließlich nationalsozialistische Anschauungen zu berücksichtigen seien [3].
Das Reichsgericht reagierte schon kurze Zeit nach der nationalsozialistischen Machtübernahme auf die Forderungen der Nationalsozialisten und änderte die Formel vom Verstoß gegen das "Anstandsgefühl aller billig und gerecht Denkenden" in eine zeitgemäßere Formulierung um. Ein Verstoß gegen die guten Sitten sollte nunmehr vorliegen, wenn das

---

1) RGZ 77, S. 421.

2) RG JW 1929, S. 249.

3) Zur methodischen Zweifelhaftigkeit dieser Argumentation vgl. oben, S. 29 ff.

Rechtsgeschäft dem "Anstandsgefühl der Volksgenossen mit einer dem Durchschnitt entsprechenden billigen, gerechten und anständigen Gesinnung" widersprach [1].

Auf den ersten Blick scheint es, als hätte das Reichsgericht lediglich die Formulierung der Anstandsformel modifiziert und dem nationalsozialistischen Sprachgebrauch angepaßt. Spätere Entscheidungen lassen jedoch erkennen, daß damit auch eine inhaltliche Veränderung eingeleitet worden war. So führte das Reichsgericht in einem Urteil aus dem Jahre 1935 aus, daß der Begriff der Sittenwidrigkeit "seinen Inhalt durch das seit dem Umbruch herrschende Volksempfinden" und somit durch die "nationalsozialistische Volksanschauung" erhalte [2]. Von dem ursprünglichen Kriterium, dem "herrschenden Volksbewußtsein" [3], hatte das Reichsgericht damit begrifflich und inhaltlich Abschied genommen. Man ersetzte es durch das "herrschende" bzw. "gesunde Volksempfinden" [4], das mit der "nationalsozialistischen Volksanschauung" gleichgestellt wurde. Allerdings waren die Schwierigkeiten bei der Anwendung des Sittenmaßstabes damit nicht beseitigt. Die Rechtsprechung stand nun vor der Aufgabe, zu entscheiden, was unter "nationalsozialistischer Volksanschauung" zu verstehen sei. Das Reichsgericht beantwortete diese Frage mit einem Verweis auf das Parteiprogramm der NSDAP: Insbesondere der

---

1) RGZ 128, S. 96; in der Kommentierung von Staudinger-Riezler (10. Aufl. 1936) wurden beide Formeln alternativ als Maßstab vorgeschlagen (§ 138, Anm. 7).

2) RGZ 150, S. 1, 4 (Urteil vom 13. März 1936).

3) Vgl. oben, S. 77.

4) RGZ 150, S. 5.

Grundsatz "Gemeinnutz geht vor Eigennutz" (Punkt 24) sei bei der Prüfung der Sittenwidrigkeit zu beachten [1].

Das Reichsgericht hatte sich also dem Drängen der nationalsozialistischen Machthaber gebeugt [2], und letztlich das Parteiprogramm der NSDAP zum Maßstab für die inhaltliche Ausgestaltung der Generalklauseln erhoben. Wegen der oft unpräzisen und mehrdeutigen Formulierung einzelner Punkte des Parteiprogramms blieb der Rechtsprechung jedoch auch weiterhin ein erheblicher Spielraum [3] für die Entscheidung des Einzelfalles erhalten.

---

1) RGZ 150, S. 6; auch die Kommentarliteratur forderte die Beachtung des Parteiprogramms der NSDAP bei der Konkretisierung des Sittenmaßstabs:

> "Zur Auslegung heranzuziehen ist seit dem Umbruch vor allem das Programm der NSDAP, insbesondere Punkt 10 Satz 2, wonach die Tätigkeit des einzelnen nicht gegen die Interessen der Allgemeinheit verstoßen darf; Punkt 11, der die Brechung der Zinsknechtschaft verlangt; Punkt 18, der rücksichtslosen Kampf denen ansagt, die durch ihre Tätigkeit das Gemeininteresse schädigen, insbesondere den Wucherern und Schiebern, und der Satz "Gemeinnutz geht vor Eigennutz" aus Punkt 24."

(Palandt-Danckelmann, 1. Aufl. 1939, § 138, Anm. 1 b).

2) Vgl. oben, S. 25 ff.

3) Vgl. Stolleis, "Nationalsozialistisches Recht" in: HRG Bd. III, Sp. 880.

2. § 138 BGB

§ 138 Abs. 1 BGB erklärt alle Rechtsgeschäfte, die gegen die guten Sitten verstoßen, für nichtig. Er bot der Rechtsprechung durch das Kriterium der Sittenwidrigkeit umfangreiche Möglichkeiten, nationalsozialistisches Gedankengut zu verwirklichen [1]. Insbesondere der Rassegedanke konnte dadurch beachtet werden, daß Rechtsgeschäften die Anerkennung versagt wurde, die für Personen jüdischer Abstammung vorteilhaft waren [2]. Eine solche Benachteiligung der Juden läßt sich beispielsweise im Testamentsrecht sowie im Firmenrecht nachweisen.

a) Die Benachteiligung der Juden im Testamentsrecht

Das als Registergericht zuständige Amtsgericht Leipzig hatte 1936 über die Erteilung eines Erbscheines an einen jüdischen Kaufmann zu entscheiden [3]. Er war von einer arischen Erblasserin durch formell gültiges Testament vom 24.12.1935 zum

---

1) Auf die Funktion des § 138 BGB als Einbruchstelle der nationalsozialistischen Weltanschauung wurde 1939 auch im Kommentar der Reichsgerichtsräte hingewiesen (RGRK, Bd. 1, 9.Aufl., § 138, Anm. 1). Dort hieß es, § 138 BGB bilde "in Verbindung mit dem allgemeinen Grundsatz von Treu und Glauben (§§ 157, 242 BGB) die besonders geeignete Grundlage, dem durch den Gedanken der Gemeinschaft, der Volksverbundenheit geläuterten Rechts- und Sittlichkeitsbewußtsein des gesamten deutschen Volkes auf dem Gebiete des rechtsgeschäftlichen Verkehrs Geltung zu verschaffen". Dabei sei "der Kreis dessen, was als sittenwidrig bezeichnet" werden müsse, "unter den strengen Grundanschauungen von Sitte, Ehre und Pflicht, die dem Nationalsozialismus eigen" seien, erheblich weiter zu ziehen als früher.

2) Im Kommentar der Reichsgerichtsräte wurde darauf hingewiesen, daß bereits das Verdecken oder auch nur Verschweigen der Zugehörigkeit eines Rechtssubjektes zur jüdischen Rasse als sittenwidrig empfunden und damit das von ihm abgeschlossene Rechtsgeschäft sittenwidrig und nichtig werden würde (RGRK, § 138 BGB, Anm. 1).

3) Dt. Justiz 1936, S. 1579 f., Urteil vom 29. September 1936.

Alleinerben eingesetzt worden. Dadurch waren die gesetzlichen Erben der Frau, ihr Vater und ihre Schwester, von der Erbfolge ausgeschlossen worden. Der jüdische Kaufmann hatte seit 1920 zu der Erblasserin Beziehungen unterhalten, die bis zu ihrem Tod am 17. September 1936 fortdauerten. Mindestens bis zum Jahr 1933 war es zwischen dem Kaufmann und der Erblasserin auch zu geschlechtlichem Verkehr gekommen. Das Amtsgericht lehnte den Antrag auf Erteilung des Erbscheines ab. Es begründete seine Entscheidung unter Hinweis auf § 138 BGB wie folgt: Dem Erbscheinsantrag könne nicht genügt werden, weil die "nach dem Erlaß und in Kenntnis der Nürnberger Gesetze und der Rassenfrage errichtete letztwillige Verfügung der Erblasserin" gegen die guten Sitten verstoße und nichtig sei. Der Nationalsozialismus fordere, so urteilte das Amtsgericht, "eine reinliche Scheidung der Rassen und die Distanzierung vom Judentum in gesellschaftlicher und wirtschaftlicher Beziehung. Daher widerspreche es dem "gesunden Volksempfinden, dem Anstandsgefühl aller billig und gerecht Denkenden sowie dem herrschenden Volksbewußtsein", wenn arisches Volksvermögen unter Ausschluß der gesetzlichen Erben durch Erbeinsetzung eines Nichtariers in jüdische Hände übergeleitet" würde [1].

Die Entscheidung des Amtsgerichts Leipzig verdient unter zwei Gesichtspunkten Beachtung. Einerseits bemüht sich das Gericht, den Begriff der guten Sitten i.S.d. § 138 BGB zu erläutern. Es benutzt dabei synonym Formulierungen, die sowohl vor, als auch nach der nationalsozialistischen Machtergreifung von der Rechtsprechung gebraucht worden waren.

---

1) Dt. Justiz 1936, S. 1579.

Mit diesem Vorgehen wurde der Eindruck vermittelt, man setze nur die Rechtsprechung der Weimarer Zeit fort. Andererseits ließ das Gericht keinen Zweifel daran, daß für seine Entscheidung allein die "Ziele des Nationalsozialismus" ausschlaggebend waren. Es hatte eines dieser Ziele darin erkannt, die Übertragung von Vermögensgegenständen durch arische Erblasser auf jüdische Erben zu verhindern. Das Gericht glaubte, aufgrund der nationalsozialistischen Forderung nach einer "Distanzierung vom Judentum in gesellschaftlicher und wirtschaftlicher Hinsicht" zu dieser Schlußfolgerung berechtigt zu sein. Es war zum damaligen Zeitpunkt allerdings zweifelhaft, ob die nationalsozialistische Weltanschauung so weitgehende Konsequenzen tatsächlich forderte. Die Nationalsozialisten hatten zwar für die Auslegung des § 138 BGB verlangt, die Kriterien "Rasse und Boden" zu berücksichtigen. Beispielsweise wurde unter Hinweis auf die Punkte 4, 5 und 17 des Parteiprogramms der NSDAP gefordert, daß "höchste Kulturgüter", insbesondere der Boden, nur "deutschen Volksgenossen zustehen" dürften [1]. Eine allgemeine Beschränkung der Testierfreiheit zu Lasten der Juden, die neben den Immobiliarrechten auch alle anderen Arten von Vermögensrechten umfaßte, ergab sich aus dieser Forderung jedoch nicht. Ebensowenig war in den "Nürnberger Gesetzen" vom 15. September 1935 [2] (Reichsbürgergesetz und Blutschutzgesetz) [3] eine entsprechende Regelung getroffen worden.

---

1) Hubernagel, NS-Handbuch, S. 975.

2) Diese Gesetze wurden vom Reichstag 1935 anläßlich des Nürnberger Parteitages der NSDAP verabschiedet.

3) RGBl. I, S. 1146 .

In einer Besprechung der Entscheidung bemühte sich daher F r i e d r i c h , ein Mitarbeiter des Reichsjustizministeriums, das amtsgerichtliche Urteil mit anderen Argumenten zu stützen [1)]. Übereinstimmend mit dem Amtsgericht hielt er die Tatsache, daß "einem Juden die bevorzugte Stellung eines Testamentserben anstelle eines deutschen Menschen eingeräumt" werde, für unvereinbar mit dem "gesunden Volksbewußtsein". Dies sei aber nicht, wie das Amtsgericht angenommen habe, deshalb der Fall, weil "dem Juden Vermögenswerte zufallen" sollten. Die Sittenwidrigkeit ergab sich nach Ansicht F r i e d r i c h s vielmehr unter dem Gesichtspunkt des Familienschutzes. Die Nationalsozialisten hatten für die Auslegung des § 138 BGB neben der Beachtung des Gesichtspunkts "Rasse und Boden" u.a. verlangt, "die Familie zu schützen". Diese Forderung war auch bereits in Punkt 21 des Parteiprogramms umrissen worden. Nach Ansicht F r i e d r i c h s entsprach es"deutschem Rechtsdenken", das "ewige Band der Familie zu erhalten und nicht dadurch zu zerreißen, daß einem Artfremden Befugnisse" zufielen, die "als Treuhändern des Familiengutes nur den Angehörigen der Sippe" zustehen würden. Das gesunde Volksempfinden könne dem Erblasser nicht die Befugnis zusprechen, "die im Sippenrecht wurzelnde Verfügung von Todes wegen zugunsten eines Juden unter Übergehung seines Vaters und seiner Schwester" zu treffen. Mit dieser "abweichenden Begründung" sei aber der Entscheidung des Amtsgerichts Leipzig durchaus beizupflichten [2)].
Die Entscheidung des Amtsgerichts wurde auch von dem mit der Fortsetzung des Rechtsstreits befaßten

---

1) Dt. Justiz 1936, S. 1580.

2) Friedrich, Dt. Justiz 1936, S. 1580.

Landgericht sowie durch das OLG München [1] bestätigt. Die Urteilsgründe wichen aber sowohl von der Auffassung des AG Leipzig als auch von der Auffassung F r i e d r i c h s ab. Die Instanzgerichte ließen die Frage ausdrücklich offen, "ob die aus der Zeit vor dem Umbruch stammenden gesetzlichen Bestimmungen über die Testierfreiheit des Erblassers insoweit als beseitigt gelten" müßten, "als sie mit der nationalsozialistischen Weltanschauung unvereinbar" seien [2]. Ebenso unbeantwortet blieb die sich daran anschließende Frage, ob "die sich aus dem Parteiprogramm und den Nürnberger Gesetzen ergebende Stellung des Nationalsozialismus zur Rassenfrage für sich allein hinreichen würde, um die Nichtigkeit des Testaments herbeizuführen [3]. Nach Ansicht der Instanzgerichte war für die Entscheidung des Rechtsstreits die Beantwortung dieser Frage nicht erforderlich. Die Sittenwidrigkeit des Testaments ergebe sich bereits aus anderen Umständen des Einzelfalls.

Das Landgericht hatte die Nichtigkeit der Erbeinsetzung wegen eines Verstoßes gegen die guten Sitten in drei Schritten geprüft:

Als erstes bezeichnete es das Verhältnis des Erblassers zum Testamentserben als unsittlich. Es begründete seine Ansicht mit der "jahrelang dauernden geschlechtlichen Hingabe" der Erblasserin und der "Ausnutzung dieser geschlechtlichen Abhängigkeit durch den Testamentserben" zu seinem geschäftlichen Vorteile. Ergänzend führte hierzu das OLG

---

1) Die Zuständigkeit des OLG München beruhte auf der Verordnung über die Zuständigkeit der Oberlandesgerichte in Angelegenheiten der freiwilligen Gerichtsbarkeit vom 23. März 1936 (RGBl. I, S. 251).

2) OLG München, Dt. Justiz 1938, S. 311.

3) OLG München, Dt. Justiz 1938, S. 311.

München aus, es könne dahingestellt bleiben, ob die mindestens bis zum Jahre 1933 fortgesetzt bestehenden geschlechtlichen Beziehungen für sich allein betrachtet schon nach dem Maßstab der vor 1933 herrschenden Volksauffassung als unsittlich bezeichnet werden könnten. Dies sei denkbar, weil es "auch schon vor dem Umbruch dem Anstandsgefühl und dem sittlichen Empfinden weiter Volkskreise" widersprochen habe, daß sich eine deutsche Frau in "geschlechtliche Abhängigkeit zu einem Juden begab". Spätestens aber in dem Augenblick, in dem die nationalsozialistische Weltanschauung und ihre Einstellung zur Rassenfrage sich durchgesetzt habe, seien die Beziehungen einer Arierin zu einem Juden, denen ein jahrelanger geschlechtlicher Verkehr vorausgegangen war, unsittlich geworden. Dies gelte selbst dann, wenn es zwischen der Erblasserin und dem Testamentserben seit dem zu keinem Geschlechtsverkehr mehr gekommen sein sollte.
Neben der nationalsozialistischen Rassenlehre stützte sich das OLG auf ein weiteres Argument. Die Sittenwidrigkeit des Verhältnisses zwischen Erblasserin und Testamentserben folge auch aus der Tatsache, daß sich neben den geschlechtlichen Beziehungen zwischen ihnen eine Geschäftsverbindung entwickelt habe, die "im Ergebnis lediglich für den Testamentserben von Vorteil gewesen" sei. Er habe damit die Beziehung wirtschaftlich ausgenutzt [1].

Aus der Unsittlichkeit des Verhältnisses zwischen der Arierin und dem Juden folgerten die Instanzgerichte zweitens, daß auch die Einsetzung des Juden zum Testamentserben, "die gleichsam die Krönung dieses unsittlichen Verhältnisses" bilde, gegen die guten Sitten verstoße und deshalb gemäß § 138 BGB nichtig sei. Auch für diese Feststellung war

---

1) OLG München, Dt. Justiz 1938, S. 310.

der Rassengedanke von ausschlaggebender Bedeutung. Nach Ansicht der Richter erhielt die letztwillige Verfügung der Erblasserin dadurch den Charakter der Sittenwidrigkeit, daß sie einen Juden zum Erben eingesetzt hatte. Zur Begründung beriefen sie sich auf das "seit dem Umbruch herrschende Volksempfinden, das auf der Einstellung des Nationalsozialismus gegenüber der jüdischen Rasse" beruhe und "durch die Rassengesetzgebung auch gesetzgeberischen Ausdruck" erhalten habe.

Schließlich war die Rassenzugehörigkeit des Testamentserben auch für den dritten Prüfungspunkt bedeutsam. Bei der Würdigung des "Gesamtcharakters der letztwilligen Verfügung" hatten die Richter auch die Tatsache berücksichtigt, daß "die Erblasserin ohne wichtigen Grund" ihre nächsten Verwandten von der Erbfolge "zugunsten eines Juden" ausgeschlossen hatte, der mit der Erblasserin "jahrelang geschlechtliche Beziehungen unterhalten und sie wirtschaftlich ausgenutzt" habe [1].

Ebenso wie das Amtsgericht Leipzig und Friedrich gelangten die Instanzgerichte somit zur Sittenwidrigkeit der Testamentseinsetzung. Die Begründungen stimmten insoweit überein, als der nationalsozialistischen Rassenlehre entscheidende Bedeutung für die Anwendung des § 138 BGB zukam. Dennoch bestanden Unterschiede: Das AG Leipzig hatte aus dem Rassegedanken die Folgerung gezogen, es müsse generell eine Übertragung von Vermögensgegenständen auf Juden im Wege der gewillkürten Erbfolge verhindert werden. Friedrich stützte sich dagegen auf das nationalsozialistische Gebot des Familienschutzes. Er plädierte aber

---

1) OLG München, Dt. Justiz 1938, S. 310.

ebenso wie das Amtsgericht für eine allgemeine Einschränkung der Testierfreiheit durch die Generalklausel des § 138 BGB zum Nachteil der Juden. Die Instanzgerichte sahen sich zu dieser allgemeinen Folgerung nicht veranlaßt. Sie meinten, daß unter Beachtung der nationalsozialistischen Rassenlehre die Testamentserrichtung jedenfalls schon aufgrund der besonderen Umstände des Einzelfalls sittenwidrig war. Trotz dieser Unterschiede wurde § 138 BGB übereinstimmend herangezogen, um der nationalsozialistischen Rassenlehre im Testamentsrecht Geltung zu verschaffen. Die Generalklausel ermöglichte es den Gerichten, die Juden zu benachteiligen, obwohl die erbrechtlichen Vorschriften des BGB nach wie vor dem Grundsatz der Testierfreiheit entsprachen.

Die Forderung der Nationalsozialisten nach einer Durchsetzung des Rassegedankens führte im Bereich des Testamentsrechts schließlich zu einem Tätigwerden des Gesetzgebers [1]. Nach § 48 Abs. 2 des Testamentsgesetzes vom 31. Juli 1938 [2] war eine Verfügung von Todes wegen nichtig, soweit sie in einer "gesundem Volksempfinden gröblich widersprechenden Weise gegen Rücksichten" verstieß, die einem "verantwortungsbewußten Erblasser" gegenüber "Familie und Volksgemeinschaft" oblagen [3]. Der nationalsozialistische Gesetzgeber konnte bei Erlaß der Vorschrift auf Erfahrungen der Rechtsprechung zurückgreifen, die bei der Anwendung des § 138 BGB im Testamentsrecht bereits gesammelt worden waren.

---

1) Bereits durch das Gesetz über erbrechtliche Beschränkungen wegen gemeinschaftswidrigen Verhaltens vom 5. November 1937 (RGBl. I, S. 1161) wurde bestimmt, daß ausgebürgerte Personen von einem Deutschen nichts von Todes wegen oder durch Schenkung erwerben konnten.

2) RGBl. 1938 I, S. 979.

3) Vgl. zur Anwendung des § 48 Abs. 2 TestamentsG durch das Reichsgericht die Darstellung von Daut, S. 28 ff.

Dementsprechend erkannte der Freiburger Rechtslehrer Gustav B o e h m e r in § 48 Abs. 2 TestamentsG lediglich die "nachträgliche Formulierung einer schon vollzogenen Rechtswandlung" [1]. Sie schöpfe ihren "weltanschaulichen Inhalt nicht aus der gesetzlichen Formel, die erst am 4. August 1938 in Kraft getreten" sei, sondern "aus dem schon etwa fünf Jahre vorher herrschend gewordenen und damit den Normgehalt der guten Sitten bestimmenden nationalsozialistischen Weltbilde, das bereits den § 138 BGB mit diesem Inhalt gefüllt" habe [2]. Daher hätten sich auch "Rechtsprechung und Schrifttum zu § 138 BGB für das Gebiet der Verfügungen von Todes wegen schon vor dem Testamentsgesetz dieser Änderung angepaßt" [3].

---

1) Boehmer, ZAkDR 1941, S. 73; vgl. auch ders., ZAkDR 1939, S. 414; DNotZ 1940, S. 98 und 102 ff.

2) Boehmer, ZAkDR 1941, S. 73.

Auch nach der amtlichen Begründung zu § 48 Testamentsgesetz (Dt. Justiz 1938, S. 1259) war der zweite Absatz der Vorschrift nur als eine Konkretisierung des § 138 BGB anzusehen: "Ein Rechtsgeschäft, das gegen die guten Sitten verstößt, ist nach § 138 BGB nichtig. § 48 Abs. 2 des Entwurfes sagt inhaltlich im wesentlichen dasselbe; er drückt den Gedanken jedoch in einer Form aus, die der besonderen Sachlage bei Testamenten und Erbverträgen angepaßt ist".

3) Boehmer, ZAkDR 1941, S. 73; weitere Nachweise bei Boehmer, DNotZ 1940, S. 99.

Demgegenüber erhoffte sich Heinrich Lange (ZAkDR 1938, S. 580) von der Regelung des § 42 Abs. 2 eine gegenüber früher deutlichere Berücksichtigung der nationalsozialistischen Weltanschauung im Testamentsrecht. Nach seiner Ansicht sollte die Vorschrift noch "weit schärfer, als es bisher die Rechtsprechung im Erbrecht wagte, pflichtwidrige Verfügungen in dem Umfang vernichten, in dem sie vernichtenswert sind, und damit Raum schaffen für die Verwirklichung eines pflichtbestimmten Erbrechts".

Trotz der gesetzlichen Neuregelung in § 48 Abs. 2 TestamentsG konnte nach Ansicht Boehmers jedoch auch künftig nicht völlig auf die Anwendung des § 138 BGB im Testamentsrecht verzichtet werden. Der Rechtsgedanke des § 48 Abs. 2 TestamentsG müsse, so forderte Boehmer, auch dann Beachtung finden, wenn der Erbfall vor dem Inkrafttreten des TestamentsG eingetreten sei [1]. Entscheidend sei lediglich, daß sich "das nationalsozialistische Gemeinschaftsethos als maßgebliche Weltanschauung" im Zeitpunkt der Testamentserrichtung bereits durchgesetzt habe. Der Richter sei somit berechtigt, auch bei Testamenten, deren Errichter vor dem 4. August 1938 gestorben war, "in dem formellen Gewande des § 138 BGB den Sachgehalt des § 48 Abs. 2 TestamentsG zur Verwirklichung" zu bringen [2]. Schließlich bemühte sich Boehmer, mögliche Einwände gegen seine Auffassung zu entkräften: Vor 1933 war für die Frage, ob ein Rechtsgeschäft gegen ein Gesetz oder gegen die guten Sitten verstieß, der Zeitpunkt seines Abschlusses entscheidend gewesen. Eine Berücksichtigung späterer Änderungen des Gesetzes oder der sittlichen Anschauungen wurde von den Handelnden nicht verlangt. Die rückwirkende Geltung des Rechtsgedankens des § 48 Abs. 2 TestamentsG bedeutete daher einen tiefgreifenden Eingriff in die Testierfreiheit. Dennoch hielt auch Boehmer scheinbar an der Testierfreiheit fest. Er meinte nämlich, daß es dem Erblasser "im Rahmen der Testierfreiheit freigestanden" hätte, seine bereits errichtete Verfügung von Todes wegen nachträglich mit den "veränderten sittlichen Anschauungen in Einklang zu

---

1) Boehmer, ZAkDR 1941, S. 73.

2) Boehmer, ZAkDR 1941, S. 73.
Diese Auffassung hatte im Ergebnis auch das Reichsgericht in einem Urteil vom 15. Februar 1940 (RGZ 163, S.57) vertreten.

bringen". Sofern er dies, gleichgültig, ob aus persönlicher Unkenntnis des "Sittenumbruchs" oder aus sonstigen Gründen nicht getan habe, könnten sich "die durch die pflichtwidrige Verfügung Bedachten über deren Nichtigkeit nicht beklagen [1]. Obwohl B o e h m e r auf die Testierfreiheit verwiesen hatte, zeigen seine Ausführungen, daß er diesen Grundsatz des Testamentsrechts völlig sinnentleert hatte. Denn vor der nationalsozialistischen Machtübernahme hatte er die inhaltliche Gestaltungsfreiheit des Erblassers bei einer Verfügung von Todes wegen bedeutet. B o e h m e r wollte diese Freiheit aber gerade ausschließen. Für ihn war der Testator lediglich darin frei, seine Verfügung verbal an den Inhalt anzupassen, der von den Nationalsozialisten als zulässig angesehen wurde. § 138 BGB ermöglichte es den Nationalsozialisten somit, noch nach Erlaß des TestamentsG die nationalsozialistische Weltanschauung und insbesondere den Rassegedanken im Testamentsrecht zu verwirklichen. Die Testierfreiheit wurde durch die Anwendung der Generalklausel in ihr Gegenteil verkehrt.

b) Die Benachteiligung der Juden im Firmenrecht

Neben dem Testamentsrecht bildet das Wirtschaftsrecht ein Beispiel für die Berücksichtigung der nationalsozialistischen Weltanschauung bei der Anwendung des § 138 BGB. Die Generalklausel ermöglichte es den Gerichten, die nationalsozialistische Wirtschaftsgesinnung zu beachten, noch bevor entsprechende Gesetze oder Verordnungen verabschiedet worden waren. Die wirtschaftspolitischen Ziele der

---

1) Boehmer, ZAkDR 1941, S. 73.

Nationalsozialisten waren allerdings nicht zu einem klaren volkswirtschaftlichen Konzept zusammengefaßt, sondern nur vage in verschiedenen Punkten des Parteiprogramms formuliert worden. So wurden u.a. die Abschaffung des "arbeits- und mühelosen Einkommens" (Punkt 11), die "Gewinnbeteiligung an Großbetrieben" (Punkt 14) sowie die "Schaffung und Erhaltung eines gesunden Mittelstandes" (Punkt 16) gefordert. Die wirtschaftliche Tätigkeit des einzelnen durfte darüber hinaus nicht das Gemeinschaftsinteresse schädigen (Punkt 10, 18). Es galt auch für den Bereich der Wirtschaft der Grundsatz: "Gemeinnutz geht vor Eigennutz" (Punkt 24). Insgesamt liefen die einzelnen Forderungen auf eine Berücksichtigung des Gedankens der "Volksgemeinschaft" im Wirtschaftsrecht hinaus [1]. Da man die Juden bereits in Punkt 4 des Parteiprogramms von der deutschen Volksgemeinschaft ausgeschlossen hatte, war die wirtschaftliche Benachteiligung jüdischer Geschäftsbetriebe eines der Hauptziele der nationalsozialistischen Wirtschafts- und Rechtspolitik. Das zeigte sich vor allem auch im Firmenrecht.

Bei der Veräußerung eines Handelsgeschäftes ist es für den neuen Geschäftsinhaber i.d.R. von großer Wichtigkeit, das Unternehmen unter seinem bisherigen Namen fortführen zu können. Die Kunden setzen oftmals die Firma mit dem gesamten Unternehmen gleich und glauben daher bei einer Namensänderung, mit einem ganz anderen Betrieb in Kontakt zu stehen. Sie bringen ihm meist weniger Vertrauen entgegen als im Falle der Firmenfortführung, obwohl sich durch die Veräußerung oftmals nur die Eigentumsverhältnisse an dem Unternehmen, nicht aber seine Mitarbeiter, die Qualität der Produktion

---

1) Fritzsche, NS-Handbuch, S. 582.

und seine Vermögenslage verändert haben. Das HGB trägt diesem Umstand Rechnung, indem es in § 22 Abs. 1 die Firmenfortführung bei der Veräußerung eines Handelsgeschaftes grundsätzlich gestattet und lediglich von der Einwilligung des bisherigen Geschäftsinhabers abhängig macht.

Das OLG Hamburg hatte 1935 über die Gültigkeit einer entsprechenden Erklärung zu entscheiden [1]: Ein "Arier" hatte seit dem Jahre 1931 unter der Firma "E.K. Kaffeeversand" ein Kaffeeversandgeschäft betrieben. Am 27. Mai 1933 verkaufte er das Geschäft an einen Juden. Vom Verkauf waren sämtliche Rechte an der Firma sowie die Übernahme des gesamten Kundenstamms umfaßt. Das OLG erklärte die Vereinbarung über die Fortführung der Firma für nichtig. Die Richter räumten zwar ein, daß der Gesetzgeber die Frage bisher nicht geregelt habe, ob ein Jude ein erworbenes Handelsgeschäft unter einem offensichtlich arischen Namen weiterführen dürfe. Eine entsprechende Vereinbarung beim Verkauf des Handelsgeschäfts müsse aber, so urteilte das OLG, "schon jetzt nach der allgemeinen Bestimmung des § 138 Abs. 1 BGB als nichtig bezeichnet werden". Die Sittenwidrigkeit ergebe sich aus folgender Überlegung: Da die für die Rechtsfindung maßgebende nationalsozialistische Weltanschauung dem Judentum ablehnend gegenüber stehe, vermeide es die Mehrzahl der Volksgenossen grundsätzlich, bei (Voll-) Juden [2] zu kaufen. Hinzu komme, "daß den Parteigenossen und Angehörigen vieler Gliederungen und Verbände das Einkaufen bei Juden untersagt" sei. Es sei daher anzunehmen, daß viele Kunden

---

1) Urteil vom 27. November 1935, JW 1936, S. 944.

2) Im Sinne der Verordnung vom 14. November 1935 (RGBl. I, S. 1333).

nicht bei dem neuen Geschäftsinhaber kaufen würden, wenn sie wüßten, daß er Jude ist. Die Parteivereinbarung, die zwangsläufig zu diesem Ergebnis führen müsse, sei "nach ihrem Wesen und Inhalte nach der heutigen deutschen Rechtsanschauung objektiv unsittlich, weil sie geeignet" sei, "eine Täuschung über die Rassezugehörigkeit des Firmeninhabers herbeizuführen" [1].

Fast gleichzeitig, am 21. November 1935, hatte das Kammergericht über die Benutzung einer arisch klingenden Firma durch jüdische Geschäftsleute zu entscheiden [2]: Eine 1927 gegründete OHG bestand zunächst aus den jüdischen Gesellschaftern Jenny und Ernst Levy. Sie führte die Firma "Jenny Levy und Sohn, Fabrikation". Im Dezember 1933 war der jüdische Kaufmann Heinz Lehmann als weiterer persönlich haftender Gesellschafter in die OHG eingetreten. Aus diesem Anlaß wurde ihre Firma in "H. Lehmann und Co." geändert. Beides wurde in das Handelsregister eingetragen. Das Registergericht kündigte den Gesellschaftern durch Beschluß vom 16. August 1935 an, daß beabsichtigt werde, die Firma von Amts wegen zu löschen, weil "sie das Unternehmen als nichtarisch erkennen lasse" und somit gegen den Grundsatz der Firmenwahrheit des § 18 Abs. 2 HGB verstoße.

Den von den Gesellschaftern hiergegen erhobenen Widerspruch wies das Registergericht zurück. Es begründete seine Ansicht nun allerdings mit einem anderen rechtlichen Gesichtspunkt. Es meinte, die Aufnahme des neuen Gesellschafters könne nur den Zweck gehabt haben, die Firmenänderung zu ermöglichen. Sie sei deshalb als Scheingeschäft (§ 123 BGB) unwirksam. Die Gesellschafter legten gegen

---

1) JW 1936, S. 944.

2) HRR 1936, Nr. 207.

den Beschluß des Registergerichts Beschwerde ein. Das mit der Beschwerde befaßte Landgericht schloß sich der Auffassung des Registergerichts an und erklärte die Firmenänderung gemäß § 123 BGB für unwirksam. Das für die sofortige weitere Beschwerde zuständige Kammergericht verwies die Sache an das Landgericht zurück. Nach seiner Auffassung war die Scheinnatur des Gesellschaftsvertrages nicht festzustellen [1]. Auf einen entsprechenden Hinweis des Kammergerichts erblickte das Landgericht nunmehr in der Firmenänderung einen Verstoß gegen § 138 Abs. 1 BGB. Die Gesellschafter hätten mit der Firmenänderung die Absicht verfolgt, den falschen Eindruck einer nicht jüdischen Firma hervorzurufen, zum mindesten aber, die nichtarische Abstammung der Gesellschaft zu verdecken. Ein solches Verhalten verstoße gegen die guten Sitten. Dieses Ergebnis hielt auch das erneut mit der Sache befaßte Kammergericht für zutreffend. Allerdings begründete es den Verstoß gegen die guten Sitten ausführlicher, als es das Landgericht getan hatte [2]: Für die Sittenwidrigkeit der Vereinbarung sei ihr sich aus der "Zusammenfassung von Inhalt, Beweggrund und Zweck erhellender Gesamtcharakter" maßgebend [3].

Bereits der "Inhalt des Rechtsgeschäfts", die Änderung der Firma, gebe "bei den gegenwärtigen Volksanschauungen zu Bedenken Anlaß" [4]. Diese Bedenken beschrieb das Kammergericht im einzelnen wie folgt:

---

1) HRR 1936, Nr. 207.

2) HRR 1936, Nr. 207.

3) Vgl. auch RGRK, 9. Aufl., § 138, Anm. 1; und oben, S. 85 ff.

4) HRR 1936, Nr. 207.

> "Wenn auch ein Boykott jüdischer Geschäfte keineswegs im Sinne der Staatsführung liegt, die Firmenänderung also nicht deshalb unzulässig sein könnte, weil sie einem solchen Boykott vorbeugen soll, so muß es doch dem einzelnen Volksgenossen überlassen bleiben, seine Stellungnahme gegenüber dem Judentum durch Ablehnung jeder geschäftlichen Beziehung Ausdruck zu geben. Danach besteht sogar schon allgemein ein gewisses Bedürfnis nach einer Kennzeichnung jüdischer Geschäfte als solcher. Das Gesetz verlangt freilich eine derartige Kennzeichnung zur Zeit nicht".

Demnach sei, so fuhr das Kammergericht fort, ein jüdischer Kaufmann nach dem geltenden Firmenrecht zwar nicht verpflichtet, seine Abstammung in einem entsprechenden besonderen Zusatz zum Ausdruck zu bringen. Die an sich dem Gesetz genügende Firmenbildung könne aber dennoch "durch den Hinzutritt besonderer Umstände nach der allgemeinen Volksanschauung" sittenwidrig sein. Dies gelte insbesondere dann, "wenn unter mehreren zur Wahl stehenden Möglichkeiten der Firmenbildung eine ganz entfernt liegende" gewählt werde, und "gerade die letztere die Abstammung des Geschäftsinhabers nicht in Erscheinung treten" lasse [1]. Bereits der "Inhalt des Rechtsgeschäfts" enthielt somit nach Ansicht des Kammergerichts Anhaltspunkte für einen Verstoß gegen die guten Sitten. Der darüber hinaus maßgebliche Beweggrund für die Firmenänderung lag nach Ansicht des Kammergerichts in der bisherigen Erkennbarkeit der jüdischen Abstammung des Inhabers. Ihr Zweck sei schließlich in der Beseitigung dieser Erkennbarkeit zu sehen. Die Änderung liefe somit darauf hinaus, "unter den zahlreichen Volksgenossen, welche den geschäftlichen Verkehr mit Juden ablehnen, in Ausnutzung ihrer Unkenntnis der näheren Verhältnisse der Firma doch noch Kunden zu

---

1) KG, HRR 1936, Nr. 207.

gewinnen"[1]. Der Gesamtcharakter der Firmenänderung sei somit sittenwidrig und damit gemäß § 138 Abs. 1 BGB nichtig.

Wie die Beispiele zeigen, nutzte die Rechtsprechung die Generalklausel des § 138 BGB im Firmenrecht, um jüdische Geschäftsleute zur Offenlegung ihrer rassischen Abstammung zu zwingen. Man hoffte, daß die deutschstämmige Bevölkerung dadurch von geschäftlichen Kontakten mit den Juden Abstand nehmen würde. Dies hätte auf längere Sicht den wirtschaftlichen Ruin der meisten jüdischen Unternehmen bedeutet.
Die gleichen Ziele wurden auch im Schrifttum verfolgt. In einem Beitrag aus dem Jahr 1937 ging der Schneidemühler Landgerichtsrat Hans M e z g e r [2] u.a. der Frage nach, ob ein Rechtsgeschäft deshalb gemäß § 138 BGB nichtig sein könne, weil der beteiligte jüdische Unternehmer nicht selbst, sondern durch einen Vertreter oder Strohmann gehandelt hatte. Zwar gebe es Fälle, in denen es unerträglich sei, "daß Volksvermögen aus deutschen in jüdische Hände übergeht, oder in denen der Vertragsschluß unserer Weltanschauung so sehr widerspricht, daß er nicht geduldet werden" könne. Doch sei ein Rechtsgeschäft "nicht schon deshalb allein nichtig, weil einer der Vertragsparteien Jude ist"; die gegenteilige Annahme würde "über das Ziel hinausschießen" [3]. Nach Ansicht M e z g e r s folgte die Verwerflichkeit der zuvor genannten Rechtsgeschäfte jedoch daraus, daß "der Jude oder sein vorgeschobener Vertreter oder Strohmann bewußt und arglistig durch Erregung eines Irrtums die zum Wohl des Volkes von Partei und Staat erstrebte

---

1) KG, HRR 1936, Nr. 207.

2) DR 1937, S. 322 f.

3) DR 1937, S. 322 f.

Entfernung des Juden aus dem Wirtschaftsleben zu durchkreuzen" suchten. Durch die Anknüpfung wirtschaftlicher Beziehungen zwischen dem Juden und dem deutschen Volksgenossen führe der Vertreter oder Strohmann des Juden den "ahnungslosen Volksgenossen" bewußt und absichtlich zum "Verrat an der Volksgemeinschaft". Diese "hinterhältige und deshalb für die Gemeinschaft so gefährliche Auflehnung gegen die von Partei und Staat verfolgten Ziele, diese Tarnung, die den Abwehrkampf" der Volksgemeinschaft "gegen das Judentum in der Wirtschaft und im Handel zu vereiteln" suche, mache den zustande gekommenen Vertrag nichtig [1]. Die Rechtsordnung könne ein solches Handeln nicht als irgendwie verbindlich anerkennen, weil die Volksgemeinschaft durch Tarnung gehindert werden solle, ihren Willen durchzusetzen. Hinsichtlich der Beweisproblematik spreche schließlich stets eine Vermutung dafür, daß der Strohmann bzw. der Vertreter eines Juden zum Zwecke der Tarnung dessen Rassezugehörigkeit handelte und damit Sittenwidrigkeit im Sinne von § 138 Abs. 1 BGB vorliege [2].

§ 138 BGB wurde damit auch in der Literatur als Einbruchstelle für die nationalsozialistische Wirtschaftsgesinnung in das überkommene Rechtssystem erkannt. Ebenso wie im Testamentsrecht ermöglichte es die Generalklausel, dem Gedanken der "Volksgemeinschaft" Rechnung zu tragen, noch bevor die Nationalsozialisten entsprechende Regelungen getroffen hatten. Erst ab 1938 wurde das Ziel der "Arisierung" der deutschen Wirtschaft intensiv durch den Erlaß einer Vielzahl von Gesetzen und Verordnungen verfolgt. Nach § 1 der "Verordnung gegen die Unterstützung der Tarnung jüdischer

---

1) DR 1937, S. 322 f.

2) DR 1937, S. 322 f.

Geschäftsbetriebe" vom 22. April 1938 [1] wurden deutsche Staatsangehörige bestraft, die aus "eigennützigen Beweggründen" dabei mitwirkten, "den jüdischen Charakter eines Gewerbebetriebes zu verschleiern" [2]. Das gleiche galt gemäß § 2 der Verordnung für denjenigen, der für einen Juden Rechtsgeschäfte abschloß "und dabei unter Irreführung des anderen Teils die Tatsache" verschwieg, "daß er für einen Juden tätig" war. Durch das Gesetz zur Änderung der Gewerbeordnung vom 6. Juli 1938 [3] sowie die "Verordnung zur Ausschaltung der Juden aus dem Wirtschaftsleben" vom 12. November 1938 [4] wurde die wirtschaftliche Betätigungsfreiheit der Juden weiter stark eingeschränkt. Da die Nationalsozialisten zur Verwirklichung ihrer militärischen Aufrüstungsprogramme immer mehr finanzielle Mittel benötigten, mündete die wirtschaftliche Benachteiligung der Juden mit der "Verordnung über den Einsatz des jüdischen Vermögens" vom 3. Dezember 1938 [5] schließlich in einen staatlichen "Vermögensraub" [6]. Die Maßnahmen wirkten sich in der Praxis als eine Enteignung der Juden zugunsten des Staates aus, die sowohl das bewegliche, als auch das unbewegliche Vermögen umfaßte. Von ihr profitierten alle Verwaltungszweige, in erster Linie aber die Finanzverwaltung [7].

---

1) RGBl. I, S. 404.

2) Eine Pflicht zur besonderen Kennzeichnung jüdischer Gewerbebetriebe ergab sich aus § 17 der dritten Verordnung zum Reichsbürgergesetz vom 14. Juni 1938 (RGBl. I, S. 627) i.V.m. dem Rundschreiben des Reichsinnenministers vom 14. Juli 1938; vgl. auch Majer, S. 270.

3) RGBl. I, S. 823.

4) RGBl. I, S. 1580

5) RGBl. I, S. 1709.

6) Hirsch/Majer/Meinck, S. 361.

7) Majer, S. 270.

c) Auswirkungen auf Rechtsverhältnisse zwischen deutschstämmigen Personen

§ 138 BGB diente nicht allein dazu, der nationalsozialistischen Rassenlehre im Bürgerlichen Recht Geltung zu verschaffen. Die Generalklausel wurde von der Rechtsprechung ebenso auf Rechtsverhältnisse angewandt, an denen ausschließlich "arische" Parteien beteiligt waren. Auch in diesen Fällen legte man bei der Prüfung der Sittenwidrigkeit die nationalsozialistische Weltanschauung zugrunde.

Das Reichsarbeitsgericht hatte 1942 [1] über die Wirksamkeit einer Kündigung zu entscheiden, die ein Arbeitgeber am 13. Oktober 1940 gegenüber einem arischen Arbeitnehmer mit Wirkung zum 31.12.1940 ausgesprochen hatte. Dieser war am 5. April 1940 zur Wehrmacht einberufen worden und am 30. Juni 1940 in den Betrieb zurückgekehrt. Nach Ansicht des RAG war die Kündigung nicht als sittenwidrig i.S.d. § 138 BGB anzusehen. Dabei erkannte es in der betrieblichen "Treupflicht" [2] des Arbeitgebers das entscheidende Kriterium für die Prüfung der Sittenwidrigkeit.
Die Richter waren der Auffassung, "daß nicht schon jeder in einer Kündigung liegende Verstoß gegen die sich aus der Betriebsgemeinschaft ergebende Treupflicht des Dienstherren" die Kündigung sittenwidrig und damit rechtsunwirksam mache. Zu verlangen sei vielmehr ein so schwerwiegender Verstoß, "daß eine Aufrechterhaltung der Kündigung den Umständen nach mit dem Billigkeits- und Anstandsgefühl rechtlich denkender Volkskreise schlechterdings nicht mehr vereinbar ist". Eine sofort oder

---

1) DR 1942, S. 473 ff.

2) Vgl. zur Regelung der arbeitsrechtlichen Treupflicht in §§ 1 und 2 des Gesetzes zur Ordnung der nationalen Arbeit oben, S. 47.

alsbald nach Rückkehr aus dem Wehrdienst ausgesprochene Kündigung sei in der Regel als sittenwidrig anzusehen, weil in ihr "ein schwerer Verstoß des Unternehmers gegen die Fürsorgepflicht, gegen den betrieblichen Gemeinschaftsgedanken und gegen das nationale Pflichtbewußtsein zu erblicken" sei [1].
Die Dauer des "Kündigungsschutzes" legte das RAG nicht genau fest, es sollten letztlich die Umstände des Einzelfalles entscheidend sein. Da im vorliegenden Rechtsstreit dem Arbeitnehmer erst drei Monate nach seiner Rückkehr aus dem Wehrdienst gekündigt worden war, fehlte es nach Ansicht des RAG an einer Verletzung der betrieblichen Treupflicht durch den Arbeitgeber.

Die Berücksichtigung der nationalsozialistischen Weltanschauung war auch für die Wirksamkeit von Geschäftsübertragungen unter Ehepartnern bedeutsam. Eine solche Übertragung ermöglichte es dem früheren Geschäftsinhaber, die Substanz und die künftigen Erträge des Geschäftes den bisherigen Gläubigern als Haftungsgrundlage zu entziehen. Da der übernehmende Ehepartner i.d.R. die Geschäftsführung weiterhin dem früheren Inhaber überließ, war die Übertragung für letzteren nicht von Nachteil. Er konnte den Betrieb praktisch wie bisher fortsetzen.

Die Wirksamkeit einer entsprechenden Geschäftsübertragung war beispielsweise Gegenstand einer Entscheidung des LG Rudolstadt vom 6. Mai 1935 [2]. Der Ehemann der Klägerin betrieb unter seinem Namen eine Kfz-Werkstatt. Die Beklagte hatte ihm am

---

1) DR 1942, S. 474.

2) LG Rudolstadt, JW 1935, S. 2763.

29. Oktober 1932 für 960 RM Treibstoffe geliefert. Im November 1932 übertrug der Ehemann seinen Geschäftsbetrieb auf die Klägerin. Am 1. August 1933 ließ die Beklagte aus einem Vollstreckungsbefehl gegen den Ehemann das Benzin in dem Tank der Kfz-Werkstatt pfänden. Hiergegen erhob die Klägerin Widerspruchsklage, weil das Benzin ihr Eigentum sei. Die Klage wurde abgewiesen.

Nach Ansicht des LG Rudolstadt ergab sich die Nichtigkeit der Geschäftsübertragung u.a. aus § 138 BGB, der durch die "nationale Revolution mit neuem Inhalt erfüllt" worden sei. Zwar habe es die liberalistische Wirtschaft dem einzelnen gestattet, "sich als Geschäftsmann im großen und ganzen so zu verhalten, wie ihm das beliebte". Diese Ansicht habe sich aber "mit dem siegreichen Durchbruch der nationalsozialistischen Idee" grundlegend gewandelt. Oberster Grundsatz jedes "ordentlichen Kaufmanns" habe nunmehr eine "unbedingte Makellosigkeit der inneren Haltung und dementsprechend nach außen eine kompromißlose Ehrlichkeit, Wahrhaftigkeit und Lauterkeit" zu sein. Derjenige, dessen "Einstellung und Verhalten" diesen Anforderungen nicht genüge, der fühle und handele sittenwidrig[1]. Bei Beachtung dieser Grundsätze verstoße die Geschäftsübertragung auf die Klägerin gegen die guten Sitten [2].

In einem ähnlich gelagerten Fall stützte sich das OLG Dresden [3] Ende 1936 auf die o.g. Entscheidung

---

1) LG Rudolstadt, JW 1935, S. 2763.

2) Ebenso sah das OLG Köln (Dt. Justiz 1935, S. 1195) in der Übertragung eines Erwerbsgeschäftes unter Ehegatten mit dem Ziel, es den Gläubigern zu entziehen, eine sittenwidrige Handlung, weil bei Zugrundelegung "der heute herrschenden Ansicht von Treu und Glauben" dem Schuldner nicht mehr das Recht zugebilligt werden könne, sich in der genannten Weise seinen Verpflichtungen zu entziehen.

3) Dt. Justiz 1937, S. 513 f.

des LG Rudolstadt. Es ging um die Frage, ob die Übertragung eines Malergeschäfts als sittenwidrig anzusehen sei. Das Geschäft war bisher von dem Ehemann der neuen Inhaberin betrieben worden. Nach der Übertragung hatte er es als unbezahlter Gehilfe im Namen der Ehefrau weiterbetrieben und dadurch Erträge des Geschäfts dem Zugriff der Gläubiger entzogen. Übereinstimmend mit dem LG Rudolstadt war das OLG Dresden zwar der Ansicht, daß für die Beurteilung der Frage, ob eine Handlung gegen die guten Sitten verstoße, "seit dem Umbruch allein das durch die nationalsozialistische Weltanschauung geläuterte Volksempfinden maßgebend" sei [1]. Die Geschäftsübertragung auf die Klägerin verstoße aber, so urteilte das OLG, "gerade auch bei Berücksichtigung der Grundgedanken und Zielstrebungen des Nationalsozialismus, insbesondere bei Berücksichtigung der nationalsozialistischen Wirtschaftsgesinnung" [2] nicht gegen die guten Sitten. Danach würden bei der Erfüllung eines Vertragsverhältnisses nicht nur dem Schuldner, sondern auch dem Gläubiger von der Volksgemeinschaft Verpflichtungen auferlegt. Da der Nationalsozialismus vom Grundgedanken des Gemeinsinns beherrscht werde und das allgemeine Wohl oberstes Gesetz sei, dürfe der Gläubiger seine Augen nicht vor der Not des Schuldners verschließen.

Er sei vielmehr "nach nationalsozialistischer Auffassung gehalten, auf die mißliche Lage seines Schuldners Rücksicht zu nehmen, falls dieser sich nicht aus Böswilligkeit seinen Verpflichtungen entziehen" wolle. Nach den "Grundsätzen wirklicher Volksgemeinschaft und wahrer sozialer Gerechtigkeit" sei der Gläubiger verpflichtet, dem Schuldner

---

1) Dt. Justiz 1937, S. 513.

2) Dt. Justiz 1937, S. 514.

einen Mindestanteil vom Ertrag seiner Arbeit zu belassen. Der Schuldner müsse weiterhin seine notwendigen Lebensbedürfnisse befriedigen können und dürfe nicht gezwungen werden, zum Schaden der Allgemeinheit aus dem Arbeitsgang auszuscheiden und öffentliche Armenfürsorge in Anspruch zu nehmen [1]. Sofern sich die Gläubiger der Notlage ihres Schuldners verschlossen hätten und der Ehemann durch die Geschäftsübertragung lediglich versucht habe, sich und seiner Familie einen bescheidenen Lebensunterhalt zu sichern, fehle es an einem Verstoß gegen die guten Sitten. Nach Ansicht des OLG Dresden war daher die Geschäftsübertragung auf die Ehefrau "auch nach heutiger Auffassung des Staats- und Wirtschaftslebens und nach dem heute herrschenden Volksbewußtsein" nicht als sittenwidrig anzusehen[2].

Wie die angeführten Beispiele zeigen, war die Rechtsprechung auch bei Rechtsgeschäften ohne Beteiligung jüdischer Personen bemüht, nationalsozialistische Rechtsanschauungen bei der Anwendung des § 138 BGB zu berücksichtigen. Die Entscheidungen des LG Rudolstadt und des OLG Dresden verdeutlichen allerdings, daß die Gerichte bei der Prüfung der Sittenwidrigkeit nicht immer zu übereinstimmenden Ergebnissen gelangten. Obwohl beide Gerichte die nationalsozialistische Weltanschauung zum Ausgangspunkt ihrer Überlegungen machten, zogen sie gegensätzliche Schlußfolgerungen über ihre Auswirkungen auf den Einzelfall. Da ein klares Ziel, wie z.B. die Verwirklichung des Rassegedankens und die Ausschaltung der Juden aus dem Wirtschaftsleben fehlte, war die Gefahr einer uneinheitlichen Rechtsprechung größer, als in den oben dargestellten Fällen.

---

1) Dt. Justiz 1937, S. 514.

2) Dt. Justiz 1937, S. 513.

3. § 826 BGB

Neben § 138 BGB bildete § 826 BGB eine für die Umgestaltung der Rechtsordnung durch die Nationalsozialisten wichtige Generalklausel. Nach dieser Vorschrift ist zum Schadensersatz verpflichtet, wer "in einer gegen die guten Sitten verstoßenden Weise einem anderen vorsätzlich Schaden zufügt". Durch den Verweis auf die guten Sitten war § 826 BGB "in besonderem Maße geeignet, dem neuen Rechtsdenken im nationalsozialistischen Staat, insbesondere der veränderten Grundeinstellung zum Verhältnis der Volksgenossen untereinander auf dem Gebiete des Bürgerlichen Rechts Geltung zu verschaffen" [1].

a) Wirtschaftliche Benachteiligung von Juden

§ 826 BGB bot ebenso wie § 138 BGB die Möglichkeit, über das Merkmal der Sittenwidrigkeit der nationalsozialistischen Rassenlehre Geltung zu verschaffen. Dies zeigte sich beispielsweise bei der Frage, ob in einem Aufruf zum Boykott jüdischer Geschäftsbetriebe eine vorsätzliche sittenwidrige Schädigung i.S.d. § 826 BGB zu sehen war.
Das Reichsgericht hatte bereits 1906 den Grundsatz aufgestellt [2], daß Kundgebungen an das Publikum, jüdische Warenhäuser zu meiden, und christlichen Gewerbetreibenden den Vorzug vor solchen jüdischer Religion oder Abstammung zu geben, an sich nicht gegen das Anstandsgefühl aller billig und gerecht Denkenden verstießen. Es müßten darüber hinaus besondere Umstände vorliegen, die solche Kundgebungen als sittenwidrig erscheinen ließen. Diese Voraussetzungen waren nach Ansicht der Rechtsprechung

---

1) Palandt, 6. Aufl. 1944, § 826, Anm. 1 und 2.

2) RGZ 64, S. 62.

z.B. dann erfüllt, wenn der Boykottaufruf mit Beschimpfungen und Beleidigungen der Juden verbunden wurde. Dementsprechend erkannte das OLG Bamberg in einem Urteil aus dem Jahr 1932 [1] in der Verbreitung eines antisemitischen Flugblattes eine vorsätzliche sittenwidrige Schädigung. In dem Flugblatt waren die Juden für die damalige Wirtschaftskrise verantwortlich gemacht worden. Es endete mit dem Satz [2]:

> "Deutscher Volksgenosse, Kaufe nicht beim Juden, den internationalen Schmarotzern."

Ebenso lag nach Ansicht des OLG Nürnberg Sittenwidrigkeit i.S.d. § 826 BGB vor, wenn der Boykottaufruf zu Lasten jüdischer Unternehmer von Beschimpfungen wie "Judenbande", "Drecksjuden" und "Judengesindel" begleitet wurde [3].

Der Boykott eines jüdischen Geschäftbetriebes war auch Gegenstand einer Entscheidung des LG Gießen aus dem Jahre 1937 [4]. Die jüdische Inhaberin einer Autoreparaturwerkstätte klagte gegen ihre Grundstücksnachbarin auf Beseitigung eines Schildes, das die Ortsgruppe der NSDAP dort mit Einwilligung der Beklagten errichtet hatte. Das Schild trug die Aufschrift:

> "Achtung. Hier keine deutsche Reparaturwerkstätte. Deutsche Werkstätte für Automobile in B. und für Fahrräder im Ort."

Das LG Gießen wies die Klage als unbegründet ab.

---

1) Zeitschrift für Rechtspflege in Bayern 1933, S. 79 f.

2) Zeitschrift für Rechtspflege in Bayern 1933, S. 80.

3) Zeitschrift für Rechtspflege in Bayern 1933, S. 259.

4) Urteil der 1. Zivilkammer vom 16.12.1937, Dt. Rechtspflege (Rechtsprechungsbeilage) 1938, Sp. 74 f.

Ein Anspruch aus § 823 Abs. 1 BGB wurde abgelehnt, weil die "propagandistische Beeinflussung der Kundschaft und die damit verbundene Minderung des Ertrages als indirekte Einwirkung" nicht das Recht der Klägerin am eingerichteten und ausgeübten Gewerbebetrieb verletze. Ebenso sei ein Anspruch aus § 823 Abs. 2 BGB in Verbindung mit §§ 1, 3, 14, 15 und 16 UWG nicht gegeben, weil die Äußerungen nicht von einem "Konkurrenten" zu "Wettbewerbszwecken" gemacht wurden und nicht objektiv unwahr gewesen seien.
Nach Ansicht des Landgerichts war in der Handlungsweise der Beklagten auch kein Verstoß gegen die guten Sitten gemäß § 826 BGB zu sehen. Es hätte nahegelegen, dieses Ergebnis mit einem Hinweis auf die o.g. Entscheidung des Reichsgerichts aus dem Jahr 1906 zu begründen, wonach ein Boykottaufruf gegen jüdische Geschäftsbetriebe grundsätzlich nicht sittenwidrig war. Das LG Gießen machte von dieser Möglichkeit aber keinen Gebrauch. Es stützte sein Urteil vielmehr auf eine Auslegung des § 826 BGB nach nationalspzialistischer Weltanschauung. Das Gericht schloß sich der Auffassung der Beklagten an, wonach die Rassezugehörigkeit eines Geschäftspartners beim Vertragsschluß eine "entscheidende Rolle" spiele und sie durch ihre Unterstützung lediglich über diesen Umstand wahrheitsgemäß aufgeklärt habe.
Die Klägerin hatte dagegen die Auffassung vertreten, daß ihr, weil sie gleiche Pflichten wie deutsche Handwerker habe, auch dieselbe rechtliche und wirtschaftliche Stellung gebühre. Diese Auffassung hielt das Gericht jedoch für "unbegründet und irrig", weil sie sowohl der gesetzlichen Regelung der Judenfrage, als auch der klaren Zielsetzung des nationalsozialistischen Programms widerspreche. Aus diesen beiden, das Rechtsdenken nunmehr

"bestimmenden Rechtsquellen", gehe hervor, "daß der Jude in Deutschland unter einem besonders gestalteten einschränkenden Gastrecht" lebe. Dieses Gastrecht [1] sei "nicht mit der auf völkischer Gegenseitigkeit beruhenden rechtlichen Behandlung der Angehörigen fremder Staaten identisch". Die "besondere Behandlung des Judentums" sei notwendig, um "das deutsche Volksleben gegenüber der zersetzenden Tätigkeit volksfremder Elemente" zu sichern. Dies gelte in erhöhtem Maße für die deutsche Wirtschaft, in der sich die "nachteilige Einflußnahme der Juden" besonders bemerkbar mache. Da sich in weiten Kreisen der Bevölkerung die Ansicht durchgesetzt habe, "daß der geschäftliche Verkehr mit Juden für deutsches Empfinden unverträglich, ja unmoralisch" sei, könnten "Handlungen, welche dieser Einstellung entsprechen und nicht einem ausdrücklichen Verbot zuwiderlaufen, niemals den Stempel der Sittenwidrigkeit tragen" [2]. Es sei daher nicht als "ordnungswidrig anzusehen, wenn die Inanspruchnahme jüdischer Werkstätten den Kreisen vorbehalten" bleibe, welche die überwiegende Volksmeinung nicht teilten. Zu dieser Gruppe gehörten aber solche Volksgenossen nicht, die im Vertrauen auf den deutschklingenden Namen und das "nichtjüdische Aussehen" der Klägerin die Reparaturwerkstatt aufsuchten [3].

Die Vereinbarkeit des Verhaltens der Beklagten mit den guten Sitten im Sinne des § 826 BGB begründete das LG abschließend wie folgt:

---

1) Vgl. Punkt 5 des Parteiprogramms der NSDAP.

2) Dt. Rechtspflege (Rechtsprechungsbeilage) 1938, Sp. 75.

3) Vgl. hierzu auch oben, S. 96 f.

"Wenn sich bereits für gewisse Kreise unseres Volkes, z.B. für Beamte, Anwälte, Ärzte, Angehörige der NSDAP und ihrer Gliederungen, die Unerwünschtheit solchen Verkehrs mit Juden zu ausdrücklichen Disziplinarverboten verdichtet hat, so ist diese Regelung zwar nicht allgemein verbindlich, sie kennzeichnet aber die Richtung, in welcher sich das Handeln aller übrigen Volksgenossen bewegen sollte. Das ergibt sich aus der Einheitlichkeit der allgemeinen weltanschaulich-politischen Ausrichtung. Es bedarf daher keiner besonderen Erwähnung, daß diese Grundsätze das geltende Rechtsdenken und damit die Rechtsmoral entscheidend beeinflussen. Mit der Rechtsmoral ist aber der Begriff der guten Sitten gleichbedeutend. Daher kann ein Verhalten, das der allgemeinen vom Staat anerkannten und von der Bewegung geförderten politischen Denkungsart entspricht, unmöglich gegen die auf der gleichen Grundlage basierende Rechtsmoral verstoßen" 1).

Die von der nationalsozialistischen Rassenlehre bestimmte Begründung des LG Gießen zeigt, daß auch § 826 BGB der Rechtsprechung dazu diente, die Ausschaltung der Juden aus der Wirtschaft zu verwirklichen, noch bevor die Nationalsozialisten entsprechende Gesetze und Verordnungen erlassen hatten.

---

1) Dt. Rechtspflege (Rechtsprechungsbeilage) 1938, Sp. 75.

b) Vorsätzliche sittenwidrige Schädigung zwischen deutschstämmigen Personen

Ebenso wie im Fall des § 138 BGB würde auch in Bezug auf § 826 BGB ein falsches Bild entstehen, wenn man in ihm lediglich eine "Kampfklausel" [1] zur Benachteiligung der jüdischen Bevölkerung sehen würde. Denn auch die Rechtsbeziehungen zwischen deutschstämmigen Personen wurden unter Heranziehung des § 826 BGB nach der nationalsozialistischen Weltanschauung beurteilt.
Das Reichsarbeitsgericht hatte 1938 [2] über die Klage eines Gutsarbeiters zu entscheiden, der seinen früheren Arbeitgeber gemäß § 826 BGB wegen rufschädigender Äußerungen auf Schadensersatz in Anspruch nahm. Nach fünfzehnjähriger Tätigkeit für den Beklagten hatte dieser dem Kläger zunächst ein gutes vorläufiges Zeugnis ausgestellt und ihm bei der Suche nach einer anderen Anstellung geholfen. Danach war es zu Streitigkeiten zwischen den Parteien gekommen. Als der Beklagte von dem Kreisobmann der Deutschen Arbeitsfront um Auskunft über den Kläger gebeten wurde, erwähnte er die früheren Verdienste des Klägers nicht. Der Beklagte sprach vielmehr gegenüber dem Kreisobmann u.a. von einem "denkbar schlechten Ruf" des Klägers. Das vorinstanzlich zuständige Landesarbeitsgericht Königsberg i.Pr. sah die erteilte Auskunft als eine vorsätzliche sittenwidrige Schädigung i.S.d. § 826 BGB an. Es war davon ausgegangen, daß sich die Beurteilung eines Verstoßes gegen die guten Sitten nach dem herrschenden Volksbewußtsein zu richten habe. Dieser Ausgangspunkt der Überlegung wurde auch vom Reichsarbeitsgericht geteilt. Das LArbG verwies in seiner weiteren Urteilsbegründung auf das besondere Treueverhältnis zwischen dem Führer eines Betriebes

---

1) Zum Begriff der "Kampfklausel" vgl. Rüthers, S. 145 ff., S. 226 ff.
2) JW 1938, S. 2309.

und seinen Gefolgsleuten sowie auf das sich daraus zwischen ihnen ergebende "sittliche Band" [1]. Die betriebliche Treupflicht sei bei der Auslegung des § 826 BGB zu berücksichtigen. Der Beklagte habe mit seiner Behauptung gegenüber der Deutschen Arbeitsfront gegen die Treupflicht verstoßen, weil er seinen früheren positiven Eindruck von dem Kläger nicht erwähnt habe. Stattdessen habe der Beklagte ein Urteil über den Kläger gefällt, in dem die "Einflüsterungen und Zuträglichkeiten Dritter" ihren Ausdruck gefunden hätten.
Das RAG hob das Urteil des LArbG auf. Dafür war aber nicht die Tatsache ausschlaggebend, daß das LArbG seine Entscheidung auf die nationalsozialistische Weltanschauung gestützt hatte. Nach Ansicht des Reichsarbeitsgerichts war es jedoch nicht gerechtfertigt, die Sittenwidrigkeit allein damit zu begründen, daß die Form der Auskunft eine besonders feindselige Gesinnung verrate. Bei unbefangener Betrachtung der Auskunft könne man daraus eine solche Gesinnung unmöglich annehmen. Darüber hinaus habe das LArbG nicht erörtert, ob der Inhalt der an die Deutsche Arbeitsfront erteilten Auskunft wahrheitswidrig sei [2].

---

1) Vgl. oben, S. 47 und S. 100.

2) JW 1938, S. 2309.

4. Sittenwidriges Verhalten des Bereicherungsgläubigers gemäß § 817 S. 2 BGB

Im Bereicherungsrecht enthält § 817 S. 2 BGB einen Verweis auf die guten Sitten. Die in § 817 S. 1 BGB geregelte "coditio ob turpem vel iniustam causam" ist allerdings nur von geringer praktischer Bedeutung. Die Sitten- oder Gesetzeswidrigkeit eines Leistungszwecks führt i.d.R. bereits zur Ungültigkeit des Kausalgeschäftes gemäß §§ 134, 138 BGB. Sie löst damit die vorrangige "conditio indebeti" gemäß § 812 Abs. 1 S. 1 BGB aus, so daß § 817 S.1 BGB nicht zur Anwendung gelangt [1]. Trotz dieser Beschränkung wurde der Anwendungsbereich des § 817 S. 2 BGB von der Rechtsprechung und Teilen der Literatur erheblich erweitert und auf andere Konditionsarten, insbesondere die Leistungskondiktion aus § 812 Abs. 1 S. 1 BGB ausgedehnt. Dadurch lief der Bereicherungsgläubiger Gefahr, seinen Kondiktionsanspruch zu verlieren, sofern ihm ein Verstoß gegen die guten Sitten vorzuwerfen war. Mit seiner Ausdehnung auf andere Kondiktionsarten bot auch § 817 S. 2 BGB eine günstige Möglichkeit, die nationalsozialistische Weltanschauung über das Merkmal der Sittenwidrigkeit in das Bereicherungsrecht einfließen zu lassen. Dennoch zeigte sich die Rechtsprechung in dieser Frage abwartend und zurückhaltend.

Das Reichsgericht hatte 1936 über die Klage eines Darlehensgebers zu entscheiden, der, gestützt auf § 812 BGB, Rückzahlung von 8.000 RM verlangte [2]. Er hatte diesen Betrag aufgrund eines wegen Wuchers

---

1) Jauernig, § 817, Anm. 2 a.

2) RGZ 151, S. 65.

nichtigen Darlehensvertrages an den Beklagten geleistet. Das Reichsgericht wies die Klage unter Hinweis auf § 817 S. 2 BGB ab. Die Richter stützten sich dabei einerseits auf die frühere Rechtsprechung des Reichsgerichts. Es hatte bereits in der Weimarer Zeit in ähnlich gelagerten Fällen einen Kondiktionsanspruch des Darlehensgebers mit dem Argument verneint, daß § 817 S. 2 BGB die verwerfliche Gesinnung des Leistenden treffen wolle. Das Reichsgericht sah sich andererseits aber auch mit der "heutigen Rechtsauffassung" im Einklang, weil diese die "Gesinnung mehr als bisher" betone. Die Anknüpfung an das nationalsozialistische Rechtsdenken wurde im Schrifttum als "bloße Behauptung" des Reichsgerichts kritisiert [1]. Sie diene dem Reichsgericht letztlich dazu, eine überkommene und "rechtspolitisch wenig befriedigende Vorschrift" zu rechtfertigen [2]. Auch das Reichsgericht selbst äußerte Bedenken gegen seine Entscheidung. In der Urteilsbegründung bezeichnete es das gefundene Ergebnis als "durchaus unbefriedigend", weil auf diese Weise dem Bewucherten in Höhe der Darlehensvaluta ein Gewinn zufalle, auf den er "weder rechtlich noch sittlich Anspruch" habe [3]. Die beste Lösung wäre es daher, so urteilte das Reichsgericht, wenn das, was von der unsittlich zweckbestimmten Leistung des Klägers noch vorhanden und nach den Grundsätzen der Bereicherung herauszugeben sei,

---

1) Müller, S. 30.

2) Auch Heinrich Lange kritisierte 1941, daß Rechtsprechung und Schrifttum sich zwar gern mit neu geprägten Wendungen, wie "Pflicht und Gemeinschaftsgedanke", "nationalsozialistische Rechtsanschauung" oder "gesundes Volksempfinden" schmückten, jedoch inhaltlich weitgehend an "bewährter Lehre und Überlieferung" festhielten (Die Entwicklung, S. 15 f.).

3) RGZ 151, S. 74.

weder dem Kläger noch dem Beklagten, "sondern der Volksgemeinschaft zugute" käme. Eine entsprechende Regelung müsse jedoch "vom Gesetzgeber selbst" gefunden werden. Der Richter, der an das Gesetz gebunden sei, vermöge das nicht anzuordnen.

Obwohl die Vorschrift des § 817 BGB über das Merkmal der Sittenwidrigkeit durchaus die Möglichkeit bot, nationalsozialistischen Rechtsanschauungen im Bereicherungsrecht nachhaltig Geltung zu verschaffen, nutzte das Reichsgericht bei dieser Entscheidung den vorhandenen Spielraum nicht aus. Die Richter machten im Gegenteil gerade darauf aufmerksam, daß die nach nationalsozialistischen Grundsätzen wünschenswerte Folge eines Verfalls der Darlehensvaluta an den Staat nicht ohne ausdrückliche gesetzliche Regelung herbeizuführen war.

Auch das LG Koblenz sah sich in einer Entscheidung des Jahres 1938 nur zum Teil in der Lage, nationalsozialistische Rechtsanschauungen bei der Anwendung des § 817 S. 2 BGB zu berücksichtigen [1].
Ein Gläubiger des Klägers hatte von ihm die Erfüllung seiner Verbindlichkeiten verlangt. Um den Gläubiger von der drohenden Zwangsvollstreckung in sein Grundstück abzuhalten, hatte der Kläger für seinen Vater eine Hypothek i.H.v. 1.500 RM eintragen lassen. Danach war der Vater gestorben. Mit der Klage verlangte der Sohn nunmehr von den Erben des Vaters die Löschung der Hypothek. Das Landgericht wies die Klage unter Hinweis auf § 817 S. 2 BGB ab. Aus dieser Vorschrift sei der verallgemeinerungsfähige Rechtsgedanke abzuleiten, daß der Leistende sich für ein Rückgabeverlangen nicht auf

---

1) Das Urteil ist wiedergegeben bei Linz, Dt. Rechtspflege (Rechtsprechungsbeilage) 1938, Sp. 7.

eine eigene verwerfliche Leistungsabsicht berufen dürfe. Das LG Koblenz räumte zwar ein, daß das gefundene Ergebnis rechtspolitisch unbefriedigend sei, weil beide Teile bei der Bestellung der Hypothek verbots- und sittenwidrig gehandelt hätten. Durch die Anwendung des § 817 S. 2 BGB erlange ein Teil den ganzen Vorteil, während der andere den ganzen Nachteil tragen müsse. Es lasse sich aber bei seiner Entscheidung von der Erwägung leiten, daß gegen "solche Krebsschäden des Verkehrs" schon jetzt etwas geschehen müsse. Eine wirksame Besserung sei nur durch die tatkräftige und großzügige Abwehr solcher Klagen zu erzielen, damit die "Schieber" merkten, daß ihre "Machenschaften" mit der großen Gefahr eines endgültigen Rechtsverlusts verbunden seien. Der strafähnliche Charakter des § 817 S. 2 BGB müsse "unter Berücksichtigung des heutigen Rechtsdenkens" wieder stärker betont werden.

Dieser Ansicht des LG Koblenz wurde im Schrifttum zugestimmt. Die strenge Anwendung des § 817 S. 2 BGB sei durch die nationalsozialistische Rechtsauffassung gerechtfertigt, weil sie bestrebt sei,"den wirtschaftlichen Verkehr der Volksgenossen im Interesse der Allgemeinheit auf einen ehrlichen und klaren Boden zu stellen" [1].

Darüber hinaus diskutierte man im Schrifttum die Frage, inwieweit § 817 BGB in einem "künftigen Recht" [2] zu berücksichtigen oder umzugestalten sei [3]. Umstritten war einerseits, ob die Pflicht

---

1) Linz, Dt. Rechtspflege 1938, Sp. 8.

2) Leske, DR 1938, S. 240.

3) Vgl. beispielsweise Dölle, Schmoller's Jahrbuch, Bd. 57 (1933), S. 667 f.;
Nipperdey, Jahrbuch der AkfDR 1937, S. 28 f.

zur Herausgabe des Bereicherungsgegenstandes in allen Fällen eines Sittenverstoßes bestehen sollte. Außerdem wurde die Frage unterschiedlich beantwortet, an wen die Leistung letztlich herauszugeben sei. Weil der Staat "das Interesse der Volksgemeinschaft an Sauberkeit und Anständigkeit im allgemeinen Rechtsverkehr" wahrnehme [1], wurde z.B. gefordert, daß die Leistung "zugunsten der Reichskasse" eingezogen werde. Dem stand der Vorschlag gegenüber, der Vermögenswert solle direkt an Wohltätigkeitsinstitute oder an eine Organisation der Volksgemeinschaft verfallen. Schließlich wurde vorgeschlagen, im Text des § 817 S. 2 BGB die Worte "gute Sitten" durch "gesundes Volksempfinden" zu ersetzen, weil dies "in heutiger und künftiger Zeit" mehr besage und inhaltsreicher sei. Im Gegensatz zu den "guten Sitten" kennzeichne das "gesunde Volksempfinden" ein "alle Volksgenossen umfassendes Rechtsempfinden" und ermögliche zugleich , zukünftig alle Fälle zu erfassen,die "verabscheuungswürdig" seien und daher durch Verfall der Leistung an den Staat "bestraft" werden sollten [2].
Obwohl sich alle diese Vorschläge de lege ferenda nur auf eine Neugestaltung des § 817 BGB bezogen, wurde ihnen auch für die Gegenwart Bedeutung beigemessen. So wurde darauf verwiesen, daß "jede Rechtsreform viel weniger eine Reform der Normen, als eine Reform der Männer" sei, "die diese Normen anzuwenden haben" [3]. Da der nationalsozialistische Staat diese Männer schon heute in seiner Justiz

---

1) Leske, DR 1938, S. 242.

2) Leske, DR 1938, S. 243.

3) Dölle, Schmoller's Jahrbuch Bd. 57 (1933), S. 660.

habe, müßte ihnen auch vom Schrifttum Mittel und Wege gewiesen werden, um die überkommenen Rechtsvorschriften bereits jetzt in einer Weise anzuwenden, "die dem geläuterten Rechtsempfinden des deutschen Volkes voll und ganz" entspreche [1]. Daher sei § 817 BGB "auch schon vor seiner gesetzlichen Neugestaltung in der Praxis des Richters und Rechtsanwaltes, wie überhaupt jedes Volksgenossen" nach nationalsozialistischer Rechtsanschauung anzuwenden und zumindest bis an die "äußerste Grenze der Auslegbarkeit" heranzuziehen. Im Ergebnis hätten die Gerichte daher bereits jetzt den Verfall des Bereicherungsgegenstandes an den Staat anzuordnen [2].

---

1) Leske, DR 1938, S. 243 f.; vgl. auch die "Leitsätze für die Rechtspraxis" (oben, S. 29 ff.).

2) Leske, DR 1938, S. 244.

III. Spezielle Auswirkungen auf das Familienrecht

Als die Nationalsozialisten 1933 die Staatsgewalt an sich zogen, hatten sie auch für den Bereich des Familienrechts kein ausgearbeitetes Konzept, das die bestehenden Vorschriften ersetzen konnte [1]. Lediglich aus ihrem Parteiprogramm ergaben sich einzelne Zielvorstellungen, die diesen Bereich betrafen. Das nationalsozialistische Familienrecht sollte danach von dem Gedanken der "Volksgemeinschaft" getragen sein und den Grundsatz "Gemeinnutz geht vor Eigennutz" beachten. Noch wichtiger war die Verwirklichung antisemitischer Zielvorstellungen. In seinem Buch "Mein Kampf" hatte Adolf H i t l e r bereits 1924 die Juden als "Parasiten" bezeichnet, die das deutsche Wirtsvolk zum Absterben bringen würden [1].
Die nationalsozialistische Rassenlehre stand mit ihrer Unterscheidung in arische und fremdrassige Personen in krassem Widerspruch zu den familienrechtlichen Regelungen des BGB. Während nach Ansicht der Nationalsozialisten jede Vermischung der arischen mit der jüdischen Rasse zu vermeiden war, differenzierte das geltende Familienrecht nach rassischen Gesichtspunkten überhaupt nicht.
Es kam daher erneut der Rechtsprechung die Aufgabe zu, die entstandene Kluft zu schließen und der nationalsozialistischen Weltanschauung auch im Familienrecht Geltung zu verschaffen. Ein Urteil des Kammergerichts vom 9. November 1935 läßt erkennen,

---

1) Vgl. zur Entwicklung des nationalsozialistischen Familienrechts Ramm, Das nationalsozialistische Familienrecht.

2) Mein Kampf, S. 334.

daß die Gerichte zur Verwirklichung dieses Zieles wiederholt auf die klassischen Generalklauseln des BGB zurückgriffen [1]: Die Klägerin, eine "Arierin", hatte im August 1934 einen Juden geheiratet. Mit der Klage nahm sie ihren Vater gemäß § 1620 a.F. BGB auf die Gewährung von Aussteuer in Anspruch. Das zuständige Landgericht versagte ihr für diese Prozeßführung des Armenrecht. Die dagegen erhobene Beschwerde wurde vom Kammergericht zurückgewiesen. Nach seiner Ansicht verstieß die zwischen einer "Staatsangehörigen deutschen Blutes" und einem "Volljuden" geschlossene Ehe unter Berücksichtigung der nationalsozialistischen Weltanschauung gegen das "Sitten-, Ehr- und Rechtsbewußtsein des Volkes". Der durch die Heirat entstandene "unsittliche Zustand" würde durch die Gewährung einer Aussteuer noch gefördert werden. Eine materielle Unterstützung der Mischehe könne von dem Vater aber nicht verlangt werden, da sie mit "der heutigen Rechtsanschauung nicht im Einklang" stehe. In ihr läge, selbst wenn der beklagte Vater mir ihr einverstanden gewesen sei, "gleichfalls eine dem Sitten- und Rechtsempfinden des deutschen Volkes widersprechende Handlung" [2].

Obwohl das Kammergericht die Generalklauseln der §§ 242 und 826 BGB in den Urteilsgründen nicht zitierte, stützte es seine Entscheidung der Sache nach auf diese Vorschriften. Nach Auffassung der Richter lag in der Geltendmachung des Aussteueranspruchs durch die Tochter eine sittenwidrige und damit unzulässige Rechtsausübung. Der beklagte Vater sei deshalb berechtigt, die Gewährung der Aussteuer zu versagen.

---

1) JW 1936, S. 280 f.

2) JW 1936, S. 281.

Neben der Anwendung der "großen Generalklauseln"[1] des BGB bestand die Möglichkeit, einzelne Vorschriften des Familienrechts als Einbruchstellen der nationalsozialistischen Rechtsanschauung zu nutzen. Dieser Weg bot sich an, weil die familienrechtlichen Regelungen des BGB eine Fülle von offenen Tatbeständen enthielten, die dem richterlichen Ermessen einen weiten Spielraum bei der Anwendung dieser Vorschriften einräumten. Sie können im Vergleich zu den §§ 138, 157, 242, 826 etc. BGB als "kleine Generalklauseln" [2] bezeichnet werden. Ob und inwieweit auch die "kleinen Generalklauseln" als Einbruchstellen der nationalsozialistischen Weltanschauung dienten, soll im folgenden untersucht werden. Dabei werden beispielhaft drei Vorschriften betrachtet, die den Nationalsozialisten für die "Erzeugung und Förderung" [3] einer "rein arischen Nachkommenschaft" und damit für die Verwirklichung der Rassenlehre besonders geeignet erscheinen mußten.

1. Ehelichkeitsvermutung gemäß § 1591 BGB a.F.

Nach der Regelung des § 1591 BGB a.F. wurde die Ehelichkeit derjenigen Kinder gesetzlich vermutet,

---

1) Bung, DR 1935, S. 46.

2) Der Begriff "kleine Generalklausel" wird beispielsweise auch im Wettbewerbsrecht für Vorschriften gebraucht, die in ihrem Anwendungsbereich zwar beschränkt sind, dem richterlichen Ermessen aber dennoch einen ähnlich weiten Spielraum lassen, wie die "großen Generalklauseln"; vgl. zur Qualifizierung des § 3 UWG als "kleine Generalklausel" Emmerich, S. 58.

3) Heinrich Lange (Liberalismus, S. 30) hatte bereits 1933 darauf hingewiesen, daß "die Kindererzeugung im Dienste der Behauptung und Fortbildung" der Volksgemeinschaft stehe. Daher seien "die zur Übermittlung wertvollen Erbgutes Ungeeigneten von der Kindererzeugung" auszuschließen. Außerdem sei die "Scheidung und Abwicklung untragbarer Ehen" und vor allem "die Verhütung gemeinschädlicher sowie die Förderung gemeinnützlicher Ehen" erforderlich.

die während der Ehe geboren wurden. Sofern ein Ehegatte die Vermutung des § 1591 BGB a.F. widerlegen wollte, mußte er - gestützt auf § 1593 BGB a.F. - seine abweichende Behauptung im Klagewege geltend machen. Eine entsprechende Ehelichkeitsanfechtungsklage war Gegenstand einer landgerichtlichen Entscheidung, die im Schrifttum Anfang 1935 von Hubertus B u n g besprochen und zum Teil heftig kritisiert wurde [1]. Die Klage war von einem "arischen" Ehemann erhoben worden. Seine ebenfalls "arische" Ehefrau hatte während der Empfängniszeit sowohl mit ihm, als auch mit einem Juden geschlechtlich verkehrt. Da dem Ehemann aufgrund der Weigerung des Juden, sich einer Blutuntersuchung zu unterziehen, der Beweis nicht gelang, daß dieser auch der biologische Vater des Kindes war, wiesen die Richter in Anwendung des § 1591 BGB a.F. die Klage ab. Diese eng am Gesetzeswortlaut orientierte Entscheidung wurde von B u n g als "nicht notwendig" kritisiert [2]. Nach seiner Auffassung wäre es dem Landgericht unter Beachtung des konkreten Ordnungsdenkens [3] durchaus möglich gewesen, die nationalsozialistische Weltanschauung zu berücksichtigen. Die gesetzlichen Vermutungen und Fiktionen wie § 1591 BGB hätten mit der nationalsozialistischen Machtergreifung einen anderen Inhalt erlangt als zuvor. Sie enthielten nunmehr auch eine "Beziehung auf die konkrete völkische Ordnung, von der aus jeder Richterspruch allein seine Legitimation" erfahre. Die Einbruchstellen für das neue Rechtsdenken fänden sich folglich "nicht nur in den großen Generalklauseln, wie §§ 157, 242 BGB, sondern auch in zahllosen Wendungen der Gesetzestexte,

---

1) DR 1935, S. 45 f. Die Entscheidung wurde von Bung ohne Angabe des Aktenzeichens und der Fundstelle herangezogen.

2) Bung, DR 1935, S. 46.

3) Vgl. oben, S. 39.

die eine Bezugnahme auf vorgesetzliche Gebiete" enthielten [1]. Als eine solche Einbruchstelle sei auch § 1591 Abs. 1 S. 2 BGB hinsichtlich der Formulierung anzusehen, es müsse "den Umständen nach" die Möglichkeit bestanden haben, daß die Frau das Kind von ihrem Ehemann empfangen habe. Zu diesen Umständen gehöre u.a. die Tatsache, daß sich der Jude der Blutentnahme verweigere und damit eine "totale Beweisführung unmöglich gemacht" habe.

Entgegen der herrschenden Meinung in Literatur und Rechtsprechung, der sich auch das Landgericht angeschlossen hatte [2], forderte B u n g im weiteren, die Blutentnahme auch ohne Einwilligung des Juden vorzunehmen, weil nur durch Zwang die Weigerung des Juden gebrochen werden könne. Die Befugnis dazu ergäbe sich u.a. aus der polizeirechtlichen Generalklausel des § 14 PVG. Die Gefahr der "Rasseverderbnis" durch eine offenbar nichtarische oder durch gesetzliche Fiktion als arisch geltende Person stelle sich als eine akute polizeiliche Gefahr dar. Dies sei der Fall, weil sich der Inhalt der Begriffe von "öffentlicher Sicherheit und Ordnung" durch den Geist des Nationalsozialismus bestimme und "bekanntlich ein Jude immer schnell zu entwischen" pflege [3].

---

1) Bung, DR 1935, S. 46.

2) Vgl. Gaupp/Stein/Jonas, 16. Aufl., Vorbem. III, 1 vor § 371 ZPO; Seuffert/Walsmann, 12. Aufl., Vorbem. 4 vor § 371 ZPO.

3) Mit Erlaß des Familienrechtsänderungsgesetzes vom 12. April 1938 (RGBl. I, S. 380) wurde auch die "Abstammungsfeststellung mittels erb- und rassekundlicher Untersuchungen" gesetzlich geregelt. § 9 des Gesetzes lautete:
"(I) In familienrechtlichen Streitigkeiten haben sich Parteien und Zeugen, soweit dies zur Feststellung der Abstammung eines Kindes erforderlich ist, erb- und rassekundlichen Untersuchungen zu unterwerfen, insbesondere die Entnahme von Blutproben zum Zwecke der Blutgruppenuntersuchung zu dulden.
(II) Weigert sich eine Partei oder ein Zeuge ohne triftigen Grund, so kann unmittelbarer Zwang angewendet, insbesondere die zwangsweise Vorführung zum Zweck der Untersuchung angeordnet werden..."

Schließlich ging B u n g auf die Aufgabe der Richter bei der Umsetzung der nationalsozialistischen Rechtsanschauungen ein. Nach seiner Ansicht würden Fälle wie der besprochene nicht nur lehren, "was nationalsozialistische Rechtsprechung zu bedeuten und zu wagen" habe, sondern auch, "daß es zum großen Teil am deutschen Rechtsstande" liege, "die Judengefahr zu bannen". Es sei "von Zeit zu Zeit notwendig", zu zeigen, "daß die Bewegung in der Judenfrage nur den Standpunkt ihres Programms" kenne. Ein Richtertum, das nationalsozialistisch sei und ein weltanschauungsfremdes Recht nicht mehr kenne, werde, so meinte B u n g abschließend, "die Grundsätze der Bewegung verwirklichen helfen und damit dem Aufbau einer neuen Volksordnung dienen" [1].

2. Auflösung einer Mischehe zwischen Ariern und Juden

Die Vereinbarkeit des alten Rechts mit der nationalsozialistischen Weltanschauung erwies sich auch bei der Eheanfechtung gemäß §§ 1333, 1339 BGB a.F. als problematisch [2]. Die nationalsozialistische Rassenlehre verlangte nicht nur ein Verbot künftiger Eheschließungen zwischen Juden und Ariern, sondern forderte darüber hinaus die Auflösung bereits geschlossener jüdisch-arischer Mischehen. Bis zur gesetzlichen Neuregelung der Anfechtungsmöglichkeiten [3] in § 37 des Ehegesetzes von 1938 [4]

---

1) Bung, DR 1935, S. 46.

2) Zur Umgestaltung des Eherechts in der nationalsozialistischen Zeit vgl. auch Rüthers, S. 400 ff.

3) Vgl. zur Anwendung des ebenfalls neu geschaffenen Scheidungsgrundes des § 55 EheG in der Rechtsprechung Ramm, S. 65 ff.

4) Vgl. zur Anwendung des § 37 EheG in der Rechtsprechung Rüthers, S. 405 f.

entwickelte sich in Rechtsprechung und Literatur ein Streit über die Frage, ob und inwieweit die bestehenden Vorschriften zur Lösung des Problems heranzuziehen seien.
Einigkeit bestand zunächst darüber, daß die "Judeneigenschaft" eines Ehegatten dem anderen keinen Scheidungsgrund gab, weil es an einem gemäß § 1568 BGB a.F. erforderlichen, während der Ehe begangenen Verschulden fehle [1].
Umstritten war jedoch die Frage, ob eine Anfechtung der Ehe gemäß § 1333 BGB a.F. möglich sei. Nach dieser generalklauselartig formulierten Vorschrift konnte die Ehe von einem der Ehegatten u.a. dann angefochten werden, wenn er sich bei der Eheschließung über solche persönlichen Eigenschaften des anderen Ehegatten geirrt hatte, die ihn bei Kenntnis der Sachlage und bei verständiger Würdigung des Wesens der Ehe von der Eingehung der Ehe abgehalten hätten.
Die Zugehörigkeit eines Ehegatten zum Judentum wurde zwar übereinstimmend als persönliche Eigenschaft im Sinne des § 1333 BGB a.F. angesehen. Die herrschende Meinung in Literatur und Rechtsprechung verneinte aber zunächst das Vorliegen eines Irrtums für die Fälle, in denen dem arischen Teil die Judeneigenschaft seines Ehegatten bei der Eheschliessung bekannt gewesen ist [2]. Durch die nationale Revolution habe sich lediglich die Bewertung der jüdischen Rasse und die staatsrechtliche Stellung der Juden in Deutschland geändert. Dies sei aber

---

1) Jung, JW 1933, S. 2368; Wöhrmann, JW 1933, S. 2041.

2) KG, Dt. Justiz 1933, S. 818; Jung, JW 1933, S. 2367 ff.; Schuhmacher, DJZ 1933, Sp. 1492.

gerade nicht als persönliche Eigenschaft anzusehen und könne daher eine Anfechtung nicht begründen. Nicht der Richter, sondern der Gesetzgeber sei aufgerufen, Abhilfe zu schaffen, und zwar in Form einer gesetzlichen Auflösungsmöglichkeit, beispielsweise eines neuartigen Scheidungsgrundes. Damit würde auch denen, die die Verschiedenartigkeit der Rasse bei Eingehung der Ehe zwar gekannt, aber ihre Tragweite für die Zukunft nicht erfaßt hätten, eine Möglichkeit gegeben, ihre Ehe aufzulösen [1].

Nach gegenteiliger Auffassung bestand auch nach den geltenden Gesetzen, insbesondere gemäß § 1333 BGB a.F. praktisch für alle Mischehen zwischen Ariern und Juden eine Auflösungsmöglichkeit. Ein Irrtum des arischen Ehegatten sei nur dann ausgeschlossen, wenn er den Anfechtungsgrund "in seiner ganzen Bedeutung und in seiner ganzen Schwere erkannt" habe [2]. Das Wissen um die Judeneigenschaft des anderen Ehegatten bei der Eheschließung sei unbeachtlich, weil erst jetzt - d.h. mit dem Erlaß der wichtigsten das Rasseproblem betreffenden Gesetze im Jahre 1933 - die Bedeutung der Rassenunterschiede jedem Deutschen zu Bewußtsein

---

1) Jung, JW 1933, S. 2368.

2) Schneider, JW 1934, S. 869.

komme [1]. Die Voraussetzungen des § 1333 BGB seien daher in der Regel erfüllt und eine Anfechtung der Mischehen möglich.

Diese Auffassung wurde in einer Entscheidung des Jahres 1933 auch vom OLG Karlsruhe vertreten [2]: Der Kläger war arischer Abstammung und hatte am 9. August 1930 die Ehe mit einer Jüdin geschlossen. Ihm war die Abstammung seiner Ehefrau von jüdischen Eltern bei der Heirat bekannt gewesen. Die Ehefrau war auf Wunsch des Klägers noch vor der Eheschliessung zur christlichen (evangelischen) Religion übergetreten. Bereits im Frühjahr 1931 hatte der Kläger die Anfechtungs- und Scheidungsklage erhoben. Sie war u.a. auf die Behauptung gestützt worden, daß die beklagte Ehefrau ihn durch Drohung mit Selbstmord zum Eheschluß genötigt habe. Außerdem habe sich der Kläger über persönliche Eigenschaften, nämlich starke hysterische Veranlagung der Beklagten geirrt. Als Scheidungsgrund machte der Kläger wiederholte schwere Beleidigungen von seiten der Beklagten geltend. Diese Klage war durch rechtskräftiges Urteil vom 28. Oktober 1931 abgewiesen worden. Seine neuerliche Anfechtungsklage

---

1) Wöhrmann, JW 1933, S. 2041; zur Kenntnis der vollen Bedeutung des Rassenunterschiedes gehörte nach Ansicht Schneiders (JW 1934, S. 869) das Wissen, "daß die Rasse nicht nur körperliche Merkmale zeitigte, sondern daß sie die Grundlage der Persönlichkeit überhaupt bildet", "daß die Rassen natürliche Einheiten sind, die aufeinander abgestimmt sind, die einander ergänzen", "daß der Jude zum Arier den gewaltigsten Gegensatz bildet (Hitler, Mein Kampf, S. 329)", ferner, "daß die Mischehe mit einem jüdischen Gatten deshalb zur Entfremdung dem eigenen Volk gegenüber führt" und schließlich, "daß die Kinder aus solchen Ehen erbminderwertig sind und deshalb solche Ehen zu geistiger und seelischer Entartung der Nachkommenschaft führen".

2) (AZ: II ZBR 208/33), teilweise abgedruckt bei Dageförde, Jugend und Recht 1934, S. 28 f.

begründete der Kläger wiederum mit einem Irrtum über eine persönliche Eigenschaft der Beklagten. Er habe bei der Eheschließung die Bedeutung der Rasseverschiedenheit nicht erkannt. Diese Erkenntnis habe sich bei ihm erst durch die nationalsozialistische Revolution eingestellt, die dem Unterschied zwischen der deutschen und der jüdischen Rasse erst zu allgemeiner Anerkennung verholfen habe. Dieser Auffassung schloß sich das OLG Karlsruhe an. Nach Ansicht der Richter hatte der Kläger die Bedeutung der jüdischen Abstammung der beklagten Ehefrau bei der Eheschließung nicht in ihrer vollen Tragweite erfaßt. Man habe erst neuerdings erkannt, "daß die jüdische Rasse hinsichtlich des Blutes, des Charakters, der Persönlichkeit und der Lebensauffassung" von der arischen Rasse völlig verschieden sei und deshalb "eine Paarung eines Ariers und einer Jüdin für ersteren nicht nur nicht wünschenswert, sondern verderblich, unnatürlich und widernatürlich" sei. Dies sei der Fall, weil sie den arischen Teil als einzelne Persönlichkeit, "namentlich aber auch in seiner Eigenschaft als Volksgenosse, in die Gefahr" bringe, "seiner Rasse und seinem Volkstum fremd zu werden und artfremde Kinder zu zeugen". Da sich diese Erkenntnis nicht schon zum Zeitpunkt der Heirat, sondern erst durch die nationalsozialistische Revolution durchgesetzt habe, bestehe in der Nichterkenntnis der vollen Bedeutung der Rasseverschiedenheit zur Zeit der Eheschließung ein die Anfechtung gemäß § 1333 BGB rechtfertigender Irrtum des arischen Ehegatten.
Das OLG hatte in der Urteilsbegründung darauf verzichtet, sich auf klassische Generalklauseln des BGB zu stützen. Die weite Auslegung des § 1333 BGB a.F. deutet aber auf eine entsprechende

Anwendung der Vorschrift als "kleine Generalklausel" [1] hin. Auf diesem Weg sollten nationalsozialistische Rechtsanschauungen in die Entscheidung einfließen.
Im nationalsozialistischen Schrifttum fand das Urteil der Richter Zustimmung. Dort wurde es als besonders bedeutsam hervorgehoben, daß mit dieser Entscheidung dem Rassegedanken - ohne ausdrückliche Gesetzesänderung - auch im Eherecht Geltung verschafft worden sei [2]. Mit seinem Urteil stelle das OLG unter Beweis, "daß ein Richter, der sich die nationalsozialistische Weltanschauung zu eigen gemacht" habe, "dieser Idee auch zum Durchbruch verhelfen" könne, "ohne daß das geschriebene Recht bereits mit ihr im Einklang" stände.

Allerdings war die Auffassung des OLG für den Ausgang des anhängigen Rechtsstreits nicht ausschlaggebend. Denn das als Revisionsinstanz zuständige Reichsgericht korrigierte die Entscheidung des OLG Karlsruhe in wesentlichen Punkten [3]:
Zwar erscheine, so urteilte das Reichsgericht, wegen der besonderen Eigentümlichkeiten der verschiedenen Rassen die Zugehörigkeit zur jüdischen Rasse nach der natürlichen Lebensauffassung als wesentlicher Bestandteil der Persönlichkeit eines Menschen und damit als persönliche Eigenschaft im Sinne des § 1333 BGB. Daraus folge in der Regel aber lediglich für die Fälle ein Anfechtungsrecht des arischen Ehegatten, in denen dieser erst nach der Eheschließung überhaupt Kenntnis von der

---

1) Vgl. oben, S. 120.

2) Dageförde, Jugend und Recht 1934, S. 29.

3) RG JW 1934, S. 2613 ff. vom 12. Juli 1934.

jüdischen Abstammung des anderen Teiles erhalten habe [1]. "Vom Standpunkt des geltenden Rechts" aus[2] könne ein für § 1333 BGB relevanter Irrtum wegen Fehlens jeder Vorstellung über die Rasseeigenschaft allenfalls dann angenommen werden, "wenn der arische Teil unter dem Einfluß kirchlicher Lehren vom Rasseunterschied überhaupt nichts wußte, sondern angenommen" habe, "der andere Teil gehöre lediglich einer anderen Religion an und der Unterschied werde durch einen Übertritt des anderen zum Christentum beseitigt".
Schließlich sei es theoretisch denkbar, daß der arische Teil zwar etwas vom Bestehen eines Rassenunterschieds gehört, aber infolge "primitiven Denkens das Wesen des Rassenunterschieds nur ganz ungenügend erfaßt" habe [3]. Eine solche - nach Ansicht des Reichsgerichts offensichtlich für § 1333 BGB a.F. noch ausreichende - Unkenntnis sei aber "mindestens seit der Veröffentlichung des nationalsozialistischen Programmes in den mit dem Programm bekannt gewordenen Bevölkerungskreisen nur selten anzunehmen" [4]. Sofern der Anfechtungskläger bei der Eheschließung gewußt habe, daß er eine Frau heirate, die der jüdischen Rasse angehöre, sei daher "regelmäßig anzunehmen", daß er sich über die fragliche Eigenschaft der Ehefrau nicht im Irrtum befunden habe. Die Anfechtung der Ehe gemäß § 1333 BGB stelle sich damit in erster Linie als ein Problem der Beweislast dar. Der anfechtende arische Ehegatte müsse den Beweis erbringen, daß er sich in dem geschilderten Irrtum befand. Falls er keine

---

1) RG JW 1934, S. 2613 f.

2) RG JW 1934, S. 2614.

3) RG JW 1934, S. 2614.

4) RG JW 1934, S. 2614.

bestimmten Tatsachen anführen und beweisen könne, "die den zuverlässigen Schluß auf einen Irrtum nach der gedachten Richtung" gestatteten, könne seine Anfechtung nicht durch dringen.
Das Reichsgericht hatte damit die Schranken der Eheanfechtung gemäß § 1333 BGB a.F. wesentlich enger gezogen [1], als das vorinstanzlich zuständige OLG Karlsruhe [2]. Gleichwohl sah das Reichsgericht es ausdrücklich als eine Aufgabe der Rechtsprechung an, bei der Anwendung des § 1333 BGB a.F. dem Rassenunterschied Rechnung zu tragen. Dafür sei jedoch lediglich erforderlich, daß die Gerichte die Rassezugehörigkeit des Ehegatten als persönliche Eigenschaft i.S.d. § 1333 BGB werteten. Eine darüber hinausgehende Berücksichtigung nationalsozialistischer Anschauungen sei nicht möglich, weil die Gesetzgebung des nationalsozialistischen Staates gerade in der Rassenfrage weit hinter den

---

1) In einer weiteren, am selben Tag (12. Juli 1934) ergangenen Entscheidung (JW 1934, S. 2615) hatte das RG über die Frage zu entscheiden, welches Datum als Stichtag für die Kenntnis des möglichen Anfechtungsgrundes der Rassezugehörigkeit eines Ehepartners abzunehmen war. Dieser Termin legte den Beginn der sechsmonatigen Anfechtungsfrist des § 1339 BGB a.F. fest. Nach Ansicht des Reichsgerichts war der 15. April 1933 als Stichtag anzusehen:
Da durch das Gesetz zur Wiederherstellung des Berufsbeamtentums vom 7. April 1933 in Verbindung mit der ersten Durchführungsverordnung vom 11. April 1933 aus der Rasseverschiedenheit staatliche Folgerungen gezogen worden seien, könne mit Sicherheit angenommen werden, daß am 15. April 1933 die gedachten gesetzlichen Bestimmungen allgemein bekannt geworden seien. Damit wurde in dem zu entscheidenden Fall zwar einerseits die Auffassung des Berufungsgerichts korrigiert, wonach der Anfechtungskläger bereits 1926 seinen Irrtum erkannt habe und die Anfechtungsfrist abgelaufen sei. Andererseits führte die allgemeine Festlegung des Beginns der Anfechtungsfrist auf den 15. April 1933 aber dazu, daß wegen der Verjährungsfrist des § 1339 BGB allen auf die Rasseverschiedenheit gestützten Eheanfechtungsklagen der Erfolg zu versagen war, die nach dem 15. Oktober 1934 erhoben wurden. Aus diesem Grund bemühte sich das nationalsozialistische Schrifttum, den Beginn der Anfechtungsfrist auf einen späteren Zeitpunkt festzulegen (vgl. Schäfer, JW 1936, S. 166).

2) Vgl. oben, S. 126 ff.

Forderungen des nationalsozialistischen Programmes zurückgeblieben sei. Diese Beschränkungen der nationalsozialistischen Regierung hätten auch die Gerichte zu respektieren [1].
Tatsächlich hatten die Nationalsozialisten bis 1934 ihre in den Punkten 4 ff. des Parteiprogramms verankerten Forderungen nach einer weitgehenden Entrechtung der Juden erst ansatzweise in Gesetzen verwirklicht [2]. Dies war aber aus ihrer Sicht durchaus konsequent, denn sie beabsichtigten zunächst, durch eine nationalsozialistisch beeinflußte Auslegung der bestehenden Vorschriften, insbesondere der Generalklauseln [3], ihre Ziele zu erreichen. Auch dem Reichsgericht war nicht verborgen geblieben, daß der Rechtsprechung schon vor dem Erlaß entsprechender Gesetze die Aufgabe zukommen sollte, nationalsozialistische Forderungen in der Rechtspraxis zu erfüllen. In der vorliegenden Entscheidung argumentierten die Richter aber genau umgekehrt.

---

1) RG NJW 1934, S. 2614.

2) Ein wesentlicher Teil der Gesetze und Verordnungen, die die Juden endgültig rechtlos stellen sollten, wurde erst im Laufe der folgenden Jahre erlassen. Dies galt beispielsweise für das "Gesetz zum Schutze des deutschen Blutes und der deutschen Ehre" vom 15. September 1935 (RGBl. I, S. 1146), die Polizeiordnung über das Auftreten der Juden in der Öffentlichkeit vom 28. November 1938 (RGBl. I, S. 1676) sowie die Polizeiordnung über die Kennzeichnung der Juden vom 1. September 1941 (RGBl. I, S. 547).

3) Vgl. oben, S. 25 ff.

Sie folgerten aus der noch schleppenden Tätigkeit des Gesetzgebers, daß er sich selbst Beschränkungen auferlegt habe, die auch von der Rechtsprechung zu beachten seien. Dem Reichsgericht gelang es somit, die Berücksichtigung der nationalsozialistischen Weltanschauung bei der Anwendung des § 1333 BGB a.F. zu begrenzen und diese Entscheidung mit dem Verhalten der nationalsozialistischen Regierung selbst zu begründen [1].

Abschließend prüfte das Reichsgericht die Frage, ob die "großen Generalklauseln" des BGB eine Auflösung der Mischehe ermöglichen könnten. Nach Auffassung der Richter mußte jedoch eine "Anwendung des Maßstabes der guten Sitten" hier schon deshalb ausscheiden, weil gemäß § 1323 BGB die Ehe-Nichtigkeitsgründe abschließend in den §§ 1324 - 1328 BGB geregelt seien. Für die juristische Konstruktion einer gemäß § 138 Abs. 1 BGB nichtigen Mischehe sei daher kein Raum. Ebensowenig komme eine Anfechtung der Mischehe wegen Sittenwidrigkeit in Betracht, da die Ehe-Anfechtungsgründe gemäß § 1330 BGB in den §§ 1331 - 1335 sowie 1350 BGB abschliessend aufgeführt seien [2]. Das Reichsgericht begründete diese Ansicht mit der Überlegung, daß

---

1) Rüthers (S. 155 f.) bewertet die Berufung des Reichsgerichts auf die Bindung der Gerichte an die bestehenden Gesetze demgegenüber nur als ein rein äußerliches Bekenntnis bzw. als "Scheintreue", und sieht die Urteilsgründe als ein Beispiel für das "unmittelbare Einfließen politisch-weltanschaulicher Grundsätze in die Zivilrechtsprechung" an. Diese Beurteilung läßt jedoch den Umstand außer acht, daß das Reichsgericht durch die strengen Beweisanforderungen (vgl. oben, S.129 f.) die Grenzen der Anfechtung eng gezogen hatte, so daß sie "im Ergebnis tatsächlich einer Ablehnung der Anfechtungsmöglichkeit gleichkamen" (Fraeb, DRiZ 1934, S. 268); vgl. auch Maßke, JW 1934, S. 2599.

2) RG JW 1934, S. 2614.

"nach wie vor die Bindung des Richters an das Gesetz" bestehe. Ohne eine ausdrückliche Änderung im Wortlaut des § 1333 BGB sei daher keine andere als die oben wiedergegebene Betrachtungsweise möglich. Die Anwendung sonstiger Generalklauseln kam nach Auffassung des Reichsgerichts für den zugrunde liegenden Fall "überhaupt nicht in Frage" [1].

Mit seiner Entscheidung gegen eine uneingeschränkte Anwendung des § 1333 BGB im Sinne nationalsozialistischer Rechtsanschauungen setzte sich das Reichsgericht erheblicher Kritik des Schrifttums aus [2]. Dabei wurde u.a. der Auffassung des Reichsgerichts widersprochen, daß seit Veröffentlichung des nationalsozialistischen Programms in denjenigen Bevölkerungskreisen, die mit dem Programm bekannt geworden waren, ein Irrtum über das "Wesen des Rassenunterschiedes" praktisch auszuschließen sei [3]. Den Richtern wurde entgegengehalten, daß der angehende Nationalsozialist sich mit "äußerst vielen von der bisherigen Denkungsart abweichenden Problemen zu befassen" habe, deren "Erkenntnis und Bewältigung" wegen ihrer "äußerst weittragenden Konsequenzen" viel Zeit und Arbeit erfordere. Es sei daher sicherlich ungerechtfertigt, "schlechthin aus der Tatsache der nationalsozialistischen Programmverkündung einen jeden Irrtum ausschließenden Besitzstand von Kenntnissen bei jedem Parteigenossen oder Parteifreund vorauszusetzen [4]. Eine Anfechtung von Mischehen wäre im Ergebnis ohne Weiterentwicklung des Rechts - d.h. ohne ausdrückliche

---

1) RG JW 1934, S. 2614.

2) Vgl. z.B. Fraeb, DRiZ 1934, S. 267 ff.; Maßke, JW 1934, S. 2593 ff.

3) Fraeb, DRiZ 1934, S. 269.

4) Fraeb, DRiZ 1934, S. 269.

Gesetzesänderung - durchaus möglich, da "auch das geltende Gesetz der nationalsozialistischen Weltanschauung, wie jeder Weltanschauung, gerecht werden" könne [1]. Die im Gegensatz dazu vom Reichsgericht ausdrücklich hervorgehobene Bindung der Richter an die bestehenden Gesetze wurde schließlich unter einem weiteren Gesichtspunkt kritisiert: Trotz der Tatsache, daß die Gesetzgebung der nationalsozialistischen Regierung in der Rassenfrage weit hinter den Forderungen des Parteiprogramms zurückgeblieben sei, könne von einer gewollten Selbstbeschränkung des Gesetzgebers nicht die Rede sein. Die Gerichte hätten vielmehr auch hier zu prüfen, inwieweit die nationalsozialistische Weltanschauung zu einer anderen Auslegung der bisherigen, lückenhaften Gesetze nötige. Bis zu einem Tätigwerden des nationalsozialistischen Gesetzgebers hätte das Reichsgericht daher über die Frage der Anfechtung von Rassenmischehen "selbst so entscheiden sollen, wie es entscheiden müßte, wenn es selbst Gesetzgeber wäre" [2].

Die Kritik des Schrifttums blieb offenbar nicht ohne Wirkung auf das Reichsgericht. In einem Urteil vom 22. August 1935 [3] zog es die Grenzen der Anfechtungsmöglichkeit nach § 1333 BGB a.F. wesentlich weiter, als in der o.g. Entscheidung vom 12. Juli 1934. Nach Ansicht der Richter kam es nicht mehr allein auf die Beantwortung der Frage an, ob der beklagte Ehegatte Jude sei und dem Anfechtungskläger der Beweis gelang, daß er sich tatsächlich

---

1) Fraeb, DRiZ 1934, S. 270; eine Möglichkeit sah Fraeb hierfür beispielsweise in einer vom Reichsgericht "sonst unbedenklich zugelassenen Umkehr der Beweislast" auch bei der Anfechtung von Mischehen.

2) Maßke, JW 1934, S. 2599.

3) RGZ 148, S. 193 ff.

über die Bedeutung des Rasseunterschieds geirrt hatte. Als Eheanfechtungsgrund genügte nunmehr bereits die bloße Möglichkeit der nichtarischen Abstammung des Beklagten [1]. Von einer "persönlichen Eigenschaft" i.S.d. § 1333 BGB a.F. könne auch dann gesprochen werden, so meinte das Reichsgericht, "wenn der rassische Ursprung einer Person in ein unaufklärbares Dunkel gehüllt" sei. Darin liege ein die Persönlichkeit des Anfechtungsbeklagten betreffender Umstand, der nach allgemeiner Lebensauffassung, "vom nationalsozialistischen Standpunkt aus, sehr wohl geeignet" erscheine, den anderen Teil "von der Eheschließung abzuhalten" [2].

Bis zum Inkrafttreten des § 37 EheG im Jahre 1938, der die Auflösung von Mischehen bei einem Irrtum über die Bedeutung des Rassenunterschieds ermöglichte, hatte das Reichsgericht noch in zwei weiteren Fällen über die Eheanfechtung aus rassischen Gründen gemäß § 1333 BGB a.F. zu entscheiden. In einem Urteil vom 29. April 1937 [3] vertraten die Richter die Auffassung, auch ein Irrtum über die Tatsache, daß der andere Ehegatte nicht nur jüdischer Mischling, sondern Volljude war, könne die Anfechtung einer Mischehe rechtfertigen. Das zweite Urteil erging am 2. Mai 1938 [4]. Auch dort erweiterte das Reichsgericht die Anfechtungsmöglichkeit des § 1333 BGB a.F. gegenüber den Grundsätzen, die es in seiner Entscheidung vom 12. Juli 1934 aufgestellt hatte [5]: Die Anfechtung nach § 1333 BGB

---

1) Rüthers, S. 159.

2) RGZ 148, S. 195.

3) JW 1937, S. 2040.

4) HRR 1938, Nr. 1170.

5) Vgl. oben, S. 128 ff.

setze nicht voraus, daß der beklagte Ehegatte Volljude sei. Es genüge vielmehr, daß nur ein Großelternteil Jude gewesen sei und der Anfechtungsbeklagte daher "zu einem Bruchteil jüdische Erbmasse" in sich trage.

Gleichwohl verhinderten die durch das Reichsgericht 1934 zu Lasten des Anfechtungsklägers aufgestellten strengen Beweisanforderungen in beiden Fällen, daß die Klagen der arischen Ehegatten letztlich Erfolg hatten. Nach Auffassung des Reichsgerichts hatten die Anfechtungskläger den Beweis nicht erbracht, daß der behauptete Irrtum für ihren Heiratswillen erheblich war und sie bei Kenntnis der wahren Umstände von einer Heirat Abstand genommen hätten [1].

---

1) RG HRR 1938, Nr. 1170; RG JW 1937, S. 2040.

Da das Reichsgericht in beiden Entscheidungen die Anfechtung der Mischehen im Ergebnis verhinderte, muß es zweifelhaft erscheinen, ob das Gericht in dieser Frage tatsächlich, wie Rüthers (S. 160 f.) meint, noch vor dem Tätigwerden des nationalsozialistischen Gesetzgebers die "Anforderungen des Rassebewußtseins überbieten wollte".

3. Entziehung des Sorgerechts gemäß § 1666 BGB a.F. bei Wiederverheiratung mit einem Juden

Die nationalsozialistische Weltanschauung war auch für die Entziehung des Sorgerechts gemäß § 1666 BGB a.F. bedeutsam. Nach dieser Vorschrift konnte das Vormundschaftsgericht das Sorgerecht entziehen, wenn die Persönlichkeit des Erziehungsberechtigten hinreichenden Anlaß für die Befürchtung gab, daß das geistige und leibliche Wohl des Kindes gefährdet sei. Dabei bot die Formulierung "geistiges Wohl" des Kindes sich durchaus an, um nationalsozialistische Rechtsanschauungen einfließen zu lassen, und die Vorschrift des § 1666 BGB a.F. ebenso wie die der §§ 1591 und 1333 BGB a.F. als "kleine Generalklauseln" dem Nationalsozialismus dienlich zu machen. So hatte beispielsweise die Tatsache, daß ein arischer Ehemann nach dem Tode seiner ebenfalls arischen Ehefrau im Juni 1933 eine Jüdin heiratete, das zuständige städtische Jugendamt veranlaßt, beim Vormundschaftsgericht zu beantragen, dem Vater das Sorgerecht für seine Tochter aus erster Ehe zu entziehen. Nach Ansicht des Jugendamtes hatte er durch seine Verheiratung mit einer nichtarischen Frau gegen seine Pflicht verstoßen, seinem Kinde die Erziehung durch eine deutsche Mutter angedeihen zu lassen und sich "offenkundig gegen die Grundsätze des nationalsozialistischen Staates" [1] gestellt.
Sowohl die Vorinstanzen, als auch das letztinstanzlich zuständige Bayerische Oberlandesgericht [2] sahen die Voraussetzungen für ein Einschreiten gemäß § 1666 BGB a.F. indes nicht als erfüllt an. Zwar

---

1) Dageförde, Jugend und Recht 1935, S. 38.

2) Beschluß vom 3. Oktober 1934, abgedruckt bei Dageförde, Jugend und Recht 1935, S. 38.

verstoße die Verheiratung eines Ariers mit einer Nichtarierin gegen den vom Staat als maßgebend anerkannten Grundsatz der rassenmäßigen Reinhaltung des Blutes. Diese Forderung beziehe sich aber nur auf die anzustrebende Verhütung einer weiteren Rassenvermischung. Sie gelte indes nicht für die Erziehung bereits vorhandener arischer Kinder aus erster Ehe, weil durch die bloße Erziehung die Reinheit ihres Blutes nicht gefährdet werde. Für § 1666 BGB sei allein entscheidend, ob die Persönlichkeit der Stiefmutter hinreichenden Anlaß für die Befürchtung einer Gefährdung des geistigen und leiblichen Wohls ihrer Stieftochter gäbe. Insoweit müsse man sich von Fall zu Fall ein Urteil bilden. Ein allgemeiner Satz, wonach bei einer nichtarischen Stiefmutter eine Erziehung der arischen Kinder ihres arischen Ehemannes "zu anständigen Menschen und guten Volksgenossen" [1] unmöglich sei, lasse sich nicht aufstellen.

Im nationalsozialistischen Schrifttum wurde der Entscheidung des Bayerischen Oberlandesgerichtes heftig widersprochen, weil sie der "rassegesetzlichen Rechtslehre" in keiner Weise gerecht werde. Nach dieser Lehre ergäben sich aus der Tatsache, daß jemand außerhalb der "blutsmäßig bestimmten Gemeinschaft" [2] des deutschen Volkes stehe, zwangsläufig bestimmte Charakterzüge der betreffenden Person. Diese auf der "Blutsverschiedenheit beruhenden" Eigenschaften schlössen die Fähigkeit aus, die deutsche Lebensauffassung verstehen und im Rahmen der Kindererziehung nach ihr handeln zu

---

1) Bayerisches Oberlandesgericht, Jugend und Recht 1935, S. 38.

2) Dageförde, Jugend und Recht 1935, S. 38.

können. Jeder Richter müsse daher anerkennen, daß die "Charakter- und Geistesbildung als Erziehung deutscher Kinder nicht fremdrassigen Personen anvertraut werden" dürfe. Da unter Recht das verstanden werden müsse, was den "bestehenden sittlichen Anschauungen und Bedürfnissen" entspreche, gelte der genannte Grundsatz auch ohne ausdrückliche gesetzliche Verankerung. Solange die Gesetze den Erfordernissen der nationalsozialistischen Weltanschauung noch nicht völlig angepaßt seien, müßten die bestehenden Normen und damit insbesondere § 1666 BGB entsprechend ausgelegt werden.

Insgesamt zeigen die Beispielfälle, daß die Rechtsprechung auf dem Gebiet des Familienrechts nur zögernd der Forderung nachkam, bei der Anwendung der überkommenen Gesetze die nationalsozialistischen Rechtsanschauungen zu beachten [1] und insgesamt uneinheitlich war.

Im Schrifttum versuchte man demgegenüber deutlich zu machen, daß auch das Familienrecht für eine Umgestaltung ohne aufwendige Gesetzesänderungen gut geeignet sei. Die zahlreichen "kleinen Generalklauseln" des Familienrechts sollten im Sinne der nationalsozialistischen Weltanschauung ausgelegt und damit insbesondere der Rassegedanke verwirklicht werden.

---

1) In diese Linie fügt sich auch die Entscheidung RGZ 150, S. 254 ein, mit der eine "deutschblütige" Ehefrau, die von ihrem jüdischen Ehemann getrennt lebte, auf dessen Klage hin verurteilt wurde, die häusliche Gemeinschaft mit ihm wieder herzustellen. Im nationalsozialistischen Schrifttum wurde das Urteil - erwartungsgemäß - als "falsch" und "unerträglich" kritisiert (Müller, Entwicklung, S. 19).

Die Uneinheitlichkeit der Rechtsprechung in dieser Frage dürfte mit dazu beigetragen haben, daß der nationalsozialistische Gesetzgeber nach einer Zeit des Abwartens - beispielsweise mit dem Erlaß des Blutschutzgesetzes vom 15. September 1935 [1], des Familienrechtsänderungsgesetzes vom 12. April 1938 [2] und des Ehegesetzes vom 6. Juli 1938 [3] - auf diesem Rechtsgebiet verstärkt tätig wurde.

Die Nationalsozialisten nahmen für sich in Anspruch, mit ihrem neuen Rasse- und Familienrecht eine Basis für die Entwicklung der rassischen Volksgemeinschaft geschaffen zu haben [4]. Für diese neue Gesetzgebung waren "das Ziel der vollständigen Ausrottung der Juden" und seine "ausgesproch völkischen Züge" charakteristisch [5].

---

1) RGBl. I, S. 1146.

2) RGBl. I, S. 807.

3) RGBl. I, S. 380.

4) Kirchheimer, KJ 1971, S. 361.

5) Kirchheimer, KJ 1971, S. 361.

IV. Die Anwendung von Generalklauseln im Steuerrecht

Die von den Nationalsozialisten vorgenommene Umgestaltung des Rechtssystems durch eine einseitige Auslegung der Generalklauseln hatte im Zivilrecht ihren Ausgangs- und Schwerpunkt gehabt. Dennoch war dieser Vorgang nicht auf das Bürgerliche Recht beschränkt, sondern erfaßte auch andere Rechtsgebiete. Die Nationalsozialisten benötigten für die Realisierung ihrer Ziele, wie z.B. die militärische Aufrüstung Deutschlands, immense Geldsummen. Man beabsichtigte daher, auch das für die finanzielle Absicherung der einzelnen Vorhaben wichtige Gebiet des Steuerrechts auf die bekannte Weise gleichzuschalten [1].

Die Verwirklichung dieses Planes wurde dadurch begünstigt, daß sich die neue Anwendung der BGB-Generalklauseln im nationalsozialistischen Sinne bereits mittelbar im Steuerrecht auswirkte, ohne daß ihre Ausdehnung auf dieses Rechtsgebiet ausdrücklich angeordnet worden war.
Die Beeinflussung des Steuerrechts durch das "erneuerte" Bürgerliche Recht ergab sich dabei einerseits zwingend aus dem überkommenen deutschen Besteuerungssystem, das namentlich bei den Verkehrssteuern, wie z.B. der Grunderwerbssteuer und der Kapitalverkehrssteuer, im wesentlichen an Rechtsvorgänge des Bürgerlichen Rechts anknüpfte [2].

---

1) Vgl. zur Umgestaltung des Steuerrechts durch die Nationalsozialisten Uffelmann, S. 16 ff.

2) Ott, ZAkDR (5) 1938, S. 499.

Die steuerrechtlich relevanten Sachverhalte waren damit schon aufgrund der geänderten Anwendung des BGB und ohne einen Eingriff in die Vorschriften des Steuerrechts anders zu beurteilen, als vor der nationalsozialistischen Machtergreifung.
Andererseits beeinflußte die bereits vor 1933 anerkannte [1] und vom Reichsfinanzhof mit einer Entscheidung vom 23. Mai 1933 [2] bestätigte Geltung des Grundsatzes von Treu und Glauben im Steuerrecht die Entwicklung auf diesem Rechtsgebiet. Da sich die Rechtsprechung bei der Anwendung des Grundsatzes von Treu und Glauben nunmehr an nationalsozialistischen Weltanschauungen zu orientieren hatte [3], waren Auswirkungen, wie sie sich im Bürgerlichen Recht zeigten [4], auch für das Steuerrecht zu erwarten.

---

1) Vgl. Uffelmann, S. 43 f. mit Nachweisen.

2) RFH 33, S. 290 ff., S. 297.

3) Vgl. oben, S. 66 ff.

4) Vgl. oben, S. 43 ff.

1. Die Schaffung einer eigenen steuerrechtlichen Generalklausel in Form des § 1 Steueranpassungsgesetz

Trotz der aufgezeigten Möglichkeiten einer mittelbaren Beeinflussung des Steuerrechts durch die geänderte Auslegung der BGB-Generalklauseln [1] beschritten die Nationalsozialisten einen anderen Weg.
Das zunächst aus der Weimarer Zeit übernommene Steuerrecht wurde durch das grundlegende und richtungsweisende [2] Steueranpassungsgesetz vom 16. Oktober 1934 geändert. Dem Steueranpassungsgesetz stellte man in § 1 eine die übrigen Vorschriften an Bedeutung weit überragende Generalklausel folgenden Inhalts voran:

> "(1) Die Steuergesetze sind nach nationalsozialistischer Weltanschauung auszulegen.
>
> (2) Dabei sind die Volksanschauung, der Zweck und die wirtschaftliche Bedeutung der Steuergesetze und die Entwicklung der Verhältnisse zu berücksichtigen.
>
> (3) Entsprechendes gilt für die Beurteilung von Tatbeständen."

---

1) Umgekehrt wurde auch eine Berücksichtigung steuerrechtlicher Aspekte bei der Anwendung der BGB-Generalklauseln gefordert.
So verlangte Ott (ZAkDR 1938, S. 502), daß zur Steuerumgehung oder Steuerhinterziehung abgeschlossene Rechtsgeschäfte "als sittenwidrig i.S.d. § 138 BGB anzusehen seien. Die bis dahin ständige Rechtsprechung des Reichsgerichts, wonach es ohne Beachtung der steuerlichen Gesichtspunkte nur auf die Zulässigkeit des zugrunde liegenden Rechtsgeschäftes ankam (vgl. RGZ 6, S. 186; 107, S. 364; JW 1925, S. 1110) bezeichnete Ott als der "heutigen Volksanschauung" nicht mehr entsprechend, weil die Steuerunehrlichkeit als "eine Versündigung schlimmster Art gegenüber der Volksgemeinschaft" anzusehen sei (ZAkDR 1938, S. 502).

2) Uffelmann, S. 16.

Anders als im Bürgerlichen Recht hatten die Nationalsozialisten damit für die Umgestaltung des Steuerrechts die Möglichkeit gewählt, die gewünschte Anlehnung an nationalsozialistische Rechtsgrundsätze durch Erlaß eines formellen Gesetzes ausdrücklich vorzuschreiben.

In diesem Vorgehen lag nach Ansicht des Reichsfinanzrats Otto V e i e l , einem Mitglied des Reichsfinanzhofes, nichts Ungewöhnliches. Wie er 1935 im "Nationalsozialistischen Handbuch für Recht und Staat" erklärte, sei es im Gegenteil für eine Steuerreform im Sinne des Nationalsozialismus sogar selbstverständlich, "daß an der Spitze des Reformwerkes die nationalsozialistische Weltanschauung als einheitliche Richtschnur für die Anwendung aller Steuergesetze festgelegt wurde" [1]. Demgegenüber erkannte der Breslauer Rechtslehrer Gerhard W a c k e ein Jahr später zwar, daß es "in der Rechtsgeschichte wohl etwas völlig Neuartiges" sei, "wenn der Gesetzgeber den Ideengehalt einer politischen Weltanschauung als Wegweiser für die Gesetzesauslegung" bestimme [2]. W a c k e beabsichtigte mit seiner Äußerung aber nicht, vor den Gefahren des § 1 StAnpG zu warnen. Im Gegenteil, er wollte mit seinem Hinweis auf den Reiz und die Kraft des Neuartigen mögliche Bedenken gegen eine Anwendung der Vorschrift gerade zerstreuen.

---

1) NS-Handbuch, S. 641.

2) Wacke, S. 29; ähnlich Ott, ZAkDR 5 (1938), S. 500.

Die Gründe, die den nationalsozialistischen Gesetzgeber zur Schaffung des § 1 StAnpG veranlaßt hatten, waren unterschiedlicher Art. Einerseits fehlten im Steuerrecht bis 1934 Vorschriften, die in ihrer Bedeutung mit den Generalklauseln des BGB vergleichbar waren, und eine Umgestaltung des gesamten Rechtsgebietes ermöglicht hätten. Andererseits scheinen auf dem Gebiet des Steuerrechts die "mit der Rechtsanwendung befaßten Rechtswahrer" [1)] und besonders die Richter des Reichsfinanzhofes zunächst weniger als im Bereich des Bürgerlichen Rechts bereit gewesen zu sein, nationalsozialistische Rechtsanschauungen bei ihren Entscheidungen zu berücksichtigen. Die Tatsache, daß die Auslegung der Steuergesetze nach nationalsozialistischer Weltanschauung überhaupt auf dem Gesetzeswege befohlen werden mußte, ist daher mit Uffelmann [2)] "als ein Eingeständnis bewußter oder unbewußter Schwäche der Idee und ein Mißtrauen der damaligen Machthaber gegenüber der Überzeugungskraft ihrer eigenen Thesen" anzusehen.

Auch nach Erlaß des § 1 StAnpG schlug die Stimmung unter den Steuerrechtsjuristen nicht schlagartig zugunsten der Anwendung nationalsozialistischer Rechtsgrundsätze um. Im Schrifttum wurde die Vorschrift nur mit Zurückhaltung aufgenommen.

---

1) Wacke, S. 31.

2) Uffelmann, S. 17.

Besonders der 3. Absatz des § 1 StAnpG stand im Zentrum der Kritik. So betonte 1935 der ehemalige Präsident des Reichsfinanzhofes, J a h n [1], daß trotz der Regelung des § 1 Abs. 3 StAnpG für die Feststellung des Tatbestandes jede subjektive Betrachtungsweise zu unterbleiben habe und weiterhin die objektive Wahrheit als Grundlage der sachlichen Entscheidung zu ermitteln sei. "Für nationalsozialistische Weltanschauung und dergleichen" sei hier kein Raum. Ob es sich um Inländer oder Ausländer, Arier oder Nichtarier handelte, spiele keine Rolle. Im Ergebnis hielt J a h n § 1 Abs. 3 StAnpG deshalb "für entbehrlich" [2]. Mit fortschreitender Festigung des nationalsozialistischen Machtapparates wurde allerdings auch im Schrifttum damit begonnen, § 1 StAnpG zu konkretisieren. Es wurde beispielsweise erkannt, daß die Vorschrift die Anwendung des von Carl S c h m i t t geforderten konkreten Ordnungsdenkens im Steuerrecht erleichtern könne. Nach Ansicht O t t s [3] folgte aus der durch § 1 StAnpG vorgeschriebenen Beurteilung der Tatbestände - d.h. der "Lebenserscheinungen"[4] - nach nationalsozialistischer Weltanschauung, daß der Richter "nicht von Begriffen und Abstraktionen", sondern "von den Erscheinungen des Lebens, wie sie sich im einzelnen Fall in der Wirklichkeit abspielen", auszugehen habe. "Einheitlicher Wertungsmaßstab für alle Dinge" sei die nationalsozialistische Weltanschauung. Weil der Nationalsozialismus

---

1) Industrie und Steuer 1935, S. 4.

2) Industrie und Steuer 1935, S. 4.

3) ZAkDR 5 (1938), S. 500.

4) Ott, ZAkDR 5 (1938), S. 500.

seinem Wesen nach auf dem Gedanken der Volksgemeinschaft beruhe, bedeute der Beurteilungsgrundsatz des § 1 Abs. 3 nicht nur die Ablehnung aller formalen Gesetze, sondern auch eine scharfe "Abkehr vom Individualismus einer überwundenen Zeit".

a) Die Ausdehnung des § 1 Abs. 3 StAnpG durch Staatssekretär Reinhardt

Neben dieser Konkretisierung im Schrifttum erfuhr § 1 Abs. 3 StAnpG namentlich durch den Staatssekretär im Reichsfinanzministerium R e i n h a r d t eine Ausdehnung, die über alle bis dahin gültigen Maßstäbe hinausging. Sie zeigte erneut, wie respektlos die Nationalsozialisten sich über den Wortlaut einer Rechtsnorm hinwegsetzten, um unter dem Anschein der Zugrundelegung materiell-rechtlicher Vorschriften im Einzelfall ein Ergebnis zu ermöglichen, das dem nationalsozialistischen Rechtsdenken entsprach.
Für R e i n h a r d t enthielt § 1 Abs. 3 StAnpG den "Generalnenner des gesamten Steuerrechts" und einen alles überragenden "allgemeinen Beurteilungsgrundsatz", der letztlich auch für andere Rechtsgebiete Gültigkeit beanspruche. In einem Vortrag vor der Akademie für deutsches Recht [1] erläuterte er den Aufgabenbereich der Vorschrift wie folgt:

---

1) Vortrag vom 23. Oktober 1936, abgedruckt in: DStZ 1936, S. 1291 ff.; vgl. auch Reinhardt, DStZ 1936, S. 1207 ff.

"1. § 1 Abs. 3 StAnpG ist ein unmittelbar anwendbarer Rechtssatz. Infolgedessen muß, wenn eine bestimmte steuergesetzliche Vorschrift zur rechtlichen Beurteilung eines Tatsbestandes nicht ausreicht, oder wenn die Anwendung der bestimmten steuergesetzlichen Vorschrift zu einem mit der nationalsozialistischen Weltanschauung nicht vereinbarenden Ergebnis führt, auf den allgemeinen Beurteilungsgrundsatz des § 1 Abs. 3 StAnpG zurückgegriffen werden. Es geht nicht an, einer Entscheidung im nationalsozialistischen Sinne dadurch auszuweichen, daß darauf hingewiesen wird, der Gesetzgeber habe den in Betracht kommenden Tatumstand nicht berücksichtigt"[1].

"2. Jede Gesetzesvorschrift kann im Einzelfall nur insoweit als maßgebend angesehen werden, als nicht besondere Tatumstände, die weder in der betreffenden noch in einer anderen Gesetzesvorschrift berücksichtigt sind, nach nationalsozialistischer Weltanschauung eine andere Entscheidung bedingen. Es gibt kein Gesetz, das nicht diesen inneren Vorbehalt enthält und infolgedessen nicht des Rechtswahrers als Gehilfen bedarf, um die nationalsozialistischen Wertanschauungen im Rechtsleben zu verwirklichen. Das für das Steuerrecht auszusprechen, ist der Zweck des § 1 Abs. 3 StAnpG" 2).

"3. Durch § 1 Abs. 3 StAnpG sind diejenigen aus der Zeit des früheren Systems herrührenden Steuervorschriften, die zwar formell noch nicht aufgehoben worden sind, sachlich aber mit der nationalsozialistischen Weltanschauung nicht im Einklang stehen, insoweit ausdrücklich außer Anwendung gesetzt worden. Ist die alte Vorschrift mit der nationalsozialistischen Weltanschauung nicht vereinbar, so greift der allgemeine Beurteilungsgrundsatz des § 1 Abs. 3 Platz, das heißt, der in Betracht kommende Tatbestand ist nach nationalsozialistischer Weltanschauung zu beurteilen" 3).

---

1) Reinhardt, DStZ 1936, S. 1298.

2) ebenda, S. 1299.

3) ebenda, S. 1301.

Die von R e i n h a r d t in seiner Rede getroffenen Feststellungen waren in Stil und Inhalt Carl S c h m i t t s neuen "Leitsätzen für die Rechtspraxis" stark angenähert [1]. Ebenso wie S c h m i t t wollte er - gestützt auf die Generalklausel des § 1 StAnpG - die Richter dazu drängen, in erster Linie nationalsozialistische Rechtsanschauungen bei ihren Entscheidungen zu berücksichtigen.
Deutlicher als in der höheren Zivilgerichtsbarkeit erhob sich am Reichsfinanzhof aber zunächst Widerstand gegenüber dem Verlangen, das Steuerrecht in der von R e i n h a r d t gewünschten Weise gleichzuschalten. Dieser richtete sich allerdings weniger gegen die durch § 1 StAnpG vorgeschriebene Zugrundelegung nationalsozialistischer Weltanschauung als solche. Der Kernpunkt des sich entwickelnden Streits zwischen R e i n h a r d t und dem Reichsfinanzhof betraf vielmehr die Frage, ob § 1 StAnpG einen allgemeinen Beurteilungsgrundsatz enthalte, der die einzelnen Finanzbehörden ermächtige, auch solche Lebenssachverhalte nach nationalsozialistischen Rechtsanschauungen zu beurteilen und zu besteuern, die bereits in der Vergangenheit abgeschlossen, d.h. rechtskräftig beschieden worden waren. Mit dem Problem der Rechtskraft stand schließlich die allgemeinere Frage in engem Zusammenhang, in welchem Umfang die überkommenen Steuergesetze gemäß § 1 StAnpG einer Auslegung nach nationalsozialistischer Rechtsanschauung fähig waren, so daß auf ausdrückliche Gesetzesänderungen verzichtet werden konnte [2].

---

1) Vgl. oben, S. 30 f.

2) Vgl. hierzu ausführlich Uffelmann, S. 22 ff.

R e i n h a r d t hatte sie mit der klaren Forderung an die Finanzgerichte beantwortet, die Rechtskraftwirkung von Steuerbescheiden in Anwendung des § 1 StAnpG über die Vorschrift des § 92 AO hinaus zu beschränken, wenn sie für den Fiskus nachteilig waren. Dieser Ansicht stellte sich der Reichsfinanzhof in einem Urteil vom 21. August 1935 [1] mit der Begründung entgegen, daß das Steueranpassungsgesetz eine hierfür erforderliche ausdrückliche Gesetzesänderung nicht enthalte. Insbesondere könne nicht aus § 1 StAnpG, der sich auf Auslegungsfragen beziehe, in dieser Hinsicht auf eine Änderung geschlossen werden [2]. Zustimmend wurde in einer Besprechung des Urteils die Auffassung des Reichsfinanzhofs gelobt, daß § 1 StAnpG sich nur auf die Auslegung der Gesetze beziehe und nicht die Behörden berechtige, an Stelle der Regierung das Gesetz zu ändern [3].

In einem Urteil vom Oktober 1935 [4] wiederholte der Reichsfinanzhof seinen ablehnenden Standpunkt und verneinte erneut die rückwirkende Kraft des § 1 StAnpG.

---

1) Kartei R 20 zu § 92 Abs. 3 AO.

2) Kartei R 20 zu § 92 Abs. 3 AO.

3) Becker, StW 35, Sp. 1321.

4) Kartei R 11 zu § 1 StAnpG.

b) Die Anwendung des § 1 StAnpG durch den Reichsfinanzhof

Trotz des zunächst deutlichen Widerstandes einzelner Senate des Reichsfinanzhofs gegenüber der Anwendung des § 1 StAnpG in dem von R e i n h a r d t geforderten Sinn [1], konnte sich das Gericht auf Dauer einer Beeinflussung durch die Nationalsozialisten nicht entziehen. Dies zeigt beispielsweise ein Gutachten des großen Senats des Reichsfinanzhofes, das gemäß § 63 AO a.F. auf Ersuchen des Reichsministeriums der Finanzen am 11. Juli 1936 [2] erstellt wurde [3].
Die Richter legten darin dem § 1 StAnpG rückwirkende Kraft sowohl für die Auslegung überkommener Gesetze, als auch für die Würdigung von Sachverhalten bei, deren Zeitpunkt vor dem Inkrafttreten des § 1 StAnpG lag.
Die Entscheidung betraf die Rechtmäßigkeit der Erhebung des sogenannten "Celler Gottespfennigs":
Durch eine Urkunde des Herzogs Georg Wilhelm von Hannover vom 25. Januar 1694 war dem Waisenhaus Celle das Recht verliehen worden, bei der Veräußerung von Grundstücken einen "Gottespfennig, so ohnedem vor den Armen gegeben wird" zu erheben. Das Waisenhaus hatte die Abgabe, die 1/6 % des Veräußerungspreises betrug, seither in der Weise erhoben, daß es im Weigerungsfall den entsprechenden Geldbetrag vor den ordentlichen Gerichten einklagte. Dort wurde der Klage in der Regel stattgegeben, weil das Waisenhaus keine Körperschaft des öffent-

---

1) Vgl. oben, S. 148.

2) RStBl. 36, S. 903.

3) Der I. Senat des Reichsfinanzhofes hatte bereits in einem Urteil vom 7. April 1936 die rückwirkende Kraft des § 1 StAnpG anerkannt (RFH 39, S. 202).

lichen Rechts, sondern als Stiftung eine Rechtspersönlichkeit des Privatrechts und die Abgabe daher begrifflich keine Steuer sei.

Dieser Auffassung trat der große Senat in seinem Gutachten vom 11. Juli 1936 entgegen. Er stufte die Abgabe als Steuer ein und erklärte sie darüber hinaus für unvereinbar mit dem Reichsrecht. Seine Begründung stützte der Reichsfinanzhof im wesentlichen auf § 1 StAnpG:
Nach Auffassung der Richter beanspruchte § 1 StAnpG nach Wortlaut und Zweck für alle Steuergesetze Geltung, also auch für solche, die vor dem 30. Januar 1933 erlassen wurden. Auch stehe der Beurteilung nach § 1 StAnpG nicht entgegen, daß eine Urkunde aus dem Jahr 1694 zu würdigen und Vorschriften des Grunderwerbsteuergesetzes von 1919 und 1927 auszulegen seien. Vielmehr sei aufgrund derjenigen Rechtsanschauungen zu entscheiden, die zur Zeit der Gesetzesanwendung herrschten. Die Erhebung der Abgabe durch das Waisenhaus widerspreche dem Sinn und Zweck des § 33 Grunderwerbsteuergesetz sowie der Volksanschauung und der Entwicklung der Verhältnisse, sie sei mit den gegenwärtigen Verhältnissen im staatlichen Aufbau nicht mehr vereinbar. Für die von dem Waisenhaus auf landesgesetzlicher Grundlage erhobene Grundwechselabgabe sei kein Raum mehr [1)], weil die Hoheitsrechte der Länder durch das Gesetz über den Neuaufbau des Reiches vom 30. Januar 1934 [2)] auf das Reich übergegangen seien und die Steuerhoheit damit ausschließlich beim Reich liege.

Weitere Entscheidungen des Reichsfinanzhofes zeigen, daß auch der dritte Absatz des § 1 StAnpG

---

1) RFH, RStBl. 36, S. 905.

2) RGBl. I, S. 75.

von der Rechtsprechung immer häufiger angewandt wurde. Anders als in den eben erörterten Fällen [1] der Auslegung überkommener Steuergesetze gemäß § 1 StAnpG setzte der Reichsfinanzhof nunmehr schon bei der Würdigung des - unstreitigen - Sachverhalts an, um ein nationalsozialistisch geprägtes Ergebnis zu erzielen. Die darin liegende deutliche Abkehr von anerkannten und für rechtsstaatliches Empfinden unverzichtbaren Prozeßgrundsätzen beschreibt U f f e l m a n n als den Versuch der Rechtsprechung, "sozusagen über ihren eigenen Schatten zu springen" [2].
In einem Urteil vom 22. Mai 1935 [3] hatte der Reichsfinanzhof über die Frage zu entscheiden, wie eine zum Zwecke der Einsparung von Ehestandshilfe vorgenommene Herabsetzung des Gehalts eines Prokuristen von 500 RM auf 499,99 RM steuerrechtlich zu beurteilen sei.

Nach Abschnitt V des Gesetzes zur Vermeidung der Arbeitslosigkeit vom 1. Juni 1933 wollte man die Eingehung der Ehe durch ein "Ehestandsdarlehen" fördern. Die hierfür erforderlichen Summen sollten nach Abschnitt V, § 4 des Gesetzes durch eine Ehestandshilfe aufgebracht werden. Zu dieser Sonderabgabe waren alle ledigen Personen verpflichtet, die Einkünfte i.S.d. Einkommensteuergesetzes bezogen. Gemäß § 8 Abs. 2 betrug die Ehestandshilfe der Lohn- und Gehaltsempfänger "4 vom Hundert bei 300 Reichsmark bis ausschließlich 500 Reichsmark Arbeitslohn" und "5 vom Hundert bei 500 Reichsmark Arbeitslohn und darüber". Der Reichsfinanzhof gelangte unter Anwendung des § 1 StAnpG zu der Auffassung, daß der Prokurist auch weiterhin zur

---

1) Vgl. oben, S. 150 ff.

2) Uffelmann, S. 61.

3) Bd. 38, S. 48.

Abgabe einer Ehestandshilfe i.H.v. 5 % seines Einkommens verpflichtet sei. Zur Begründung wurde ausgeführt, daß "nach den Grundsätzen in § 1 StAnpG Vereinbarungen, die ein Entgelt in wirtschaftlich bedeutungsloser Weise unter die für die steuerliche Bemessung maßgebliche Grenze willkürlich herabsetzen, dem Steuergesetz gegenüber wirkungslos" seien. Eine solche Vereinbarung widerspreche "der Volksauffassung und dem Zweck der Steuergesetze, die eine angemessene Erfüllung der Treupflicht jedes Volksgenossen gebieten [1].

Den Einwand des Prokuristen, durch die Entscheidung würden "die festen Grenzen entgegen den Gesetzen der Rechenkunst und der Logik verwischt" werden, schob der Reichsfinanzhof ohne nähere Begründung beiseite, indem er lediglich erwiderte:

> "Es kommt bei der Auslegung der Steuergesetze nicht allein auf Mathematik und Logik, sondern - und zwar in erster Linie - auf Sinn und Zweck des Gesetzes auf der Grundlage und im Rahmen der nationalsozialistischen Weltanschauung an" 2).

Die Zustimmung des nationalsozialistischen Schrifttums war dem Reichsfinanzhof bei dieser Art Rechtsprechung gewiß. In einer Urteilsanmerkung meinte O t t anerkennend:

> "Als ich diesen Tatbestand zu Gesicht bekam, war mein erster Gedanke der, daß sich der Staat - und insbesondere der Staat Adolf Hitlers - nicht auf diese Weise vom einzelnen zum Narren halten lassen durfte" 3).

---

1) RFH 38, S. 44.

2) RFH 38, S. 48.

3) StW 1935, Sp. 720 f.

Auch die nachfolgenden Entscheidungen lassen erkennen, daß sich die Rechtsprechung des Reichsfinanzhofs schließlich einer "regelrechten Tatbestandsfeststellung des als ob" [1] annäherte, die J a h n [2] bei Inkrafttreten des StAnpG noch für unmöglich gehalten hatte.

Ein Urteil vom 8. März 1938 betraf folgenden Sachverhalt [3]: Eine Aktiengesellschaft, die sämtliche Anteile einer GmbH besaß, hatte einer Kommanditgesellschaft ein befristetes Ankaufsrecht auf 22,8 % des Gesellschaftskapitals der GmbH eingeräumt. Da die KG bei der AG bereits ein Guthaben i.H.v. 57.000 RM unterhielt, das dem vereinbarten Kaufpreis entsprach, verpflichtete sich die AG ihrerseits, 22,8 % des von der GmbH an sie jeweils ausgeschütteten Gewinns als Zinszahlung der KG zukommen zu lassen. Die der KG für das Jahr 1935 zustehenden Zinsen hatten 56.529,30 RM betragen.

Nach § 3 des sogenannten Anleihestockgesetzes vom 4. Dezember 1934 [4] durfte bei Kapitalgesellschaften der für ein Geschäftsjahr bar ausgeschüttete Gewinn 6 % des eingezahlten Kapitals nicht überschreiten. Aus dem überschießenden Betrag war ein "Anleihestock" zu bilden. Er war zu diesem Zweck grundsätzlich an die Deutsche Golddiskontbank in Berlin abzuführen. Die Bank hatte den überwiesenen Betrag alsbald für die Gesellschafter in Anleihen des Reichs anzulegen und den Anleihestock treuhänderisch für die Gesellschafter zu verwalten.

---

1) Vgl. oben, S. 146.

2) Uffelmann, S. 63.

3) RStBl. 1938, S. 370.

4) RGBl. I, S. 1222.

Hinsichtlich der AG-Anteile an der GmbH war eine Gewinnabführung zwar mit Rücksicht auf die Ausnahmeregelung des Art. 3 der VO zur Durchführung und Ergänzung des Anleihestockgesetzes vom 27. Februar 1935 [1] unterblieben. Das Finanzamt hatte jedoch die KG als wirtschaftliche Eigentümerin von 22,8 % des Stammkapitals angesehen und - da insoweit keine Ausnahmeregelungen eingriffen - angeordnet, daß der der KG zustehende Gewinnanteil, soweit er 6 % von 57.000 RM überstieg, an die Deutsche Golddiskontbank abzuführen sei.
Obwohl der Reichsfinanzhof erkannte, daß die Voraussetzungen des Anleihestockgesetzes hinsichtlich der KG-Anteile nicht erfüllt waren, bestätigte er unter Hinweis auf § 1 Abs. 3 StAnpG die Ansicht der Steuerbehörde. In einem solchen Fall müsse "der Sachverhalt so angesehen werden, als wären die Tatbestandsmerkmale erfüllt, an die das Anleihestockgesetz die Gewinnabführungspflicht" knüpfe. Der Sachverhalt sei daher im Streitfall so anzusehen, als hätte die KG bereits bei der Vereinbarung des Ankaufrechts 22,8 % der Geschäftsanteile der GmbH erworben.

Auch in einer Entscheidung vom 16. Mai 1935 gelangte der Reichsfinanzhof unter Heranziehung des § 1 Abs. 3 StAnpG zu einer Tatbestandsfeststellung, die von der objektiven Sachlage abwich. Es ging um Frage, ob Betriebe der öffentlichen Hand einkommensteuerrechtlich genauso zu behandeln seien, wie

---

1) RGBl.I, S. 316.

Betriebe privater Eigentümer. Der Reichsfinanzhof hielt eine Gleichbehandlung für geboten, obwohl der beschwerdeführende öffentliche Betrieb nach den Vorschriften des HGB nicht buchführungspflichtig und daher gemäß § 4 Abs. 1 Satz 5 EStG a.F. einkommensteuerrechtlich begünstigt war. Nach Ansicht des Gerichtes mußte jedoch aufgrund der Regelung des § 1 Abs. 3 StAnpG "der Tatbestand so beurteilt werden", als hätten die im Handelsrecht für die öffentlichen Betriebe vorgesehenen Begünstigungen nicht bestanden [1].

Wie die angeführten Entscheidungen verdeutlichen, hat sich der Reichsfinanzhof auf Dauer einer Anwendung der von den Nationalsozialisten neu geschaffenen Generalklausel des § 1 StAnpG nicht widersetzen können. Es entsteht im Gegenteil der Eindruck, daß die Richter mit fortschreitender Etablierung des nationalsozialistischen Machtsystems mehr und mehr bemüht waren, auch dessen Rechtsanschauungen zu verwirklichen.

---

1) RStBl. 1939, S. 782.

c) Die Besteuerung der Juden

Wie schon für den Bereich des Bürgerlichen Rechts [1] zeigt sich auch im Steuerrecht, daß die Juden von der Anwendung der Generalklauseln im nationalsozialistischen Sinne besonders hart betroffen wurden. Dies wird beispielsweise an der Rechtsprechung des Reichsfinanzhofes zur Frage der "Gemeinnützigkeit" jüdischer Organisationen deutlich.

Die Anerkennung einer juristischen Person als "gemeinnützig" ist für ihre wirtschaftliche Situation in der Regel von größter Wichtigkeit. Sie befreit die Körperschaft von den wichtigsten Steuerpflichten, wie z.B. der Körperschafts-, der Gewerbe- und der Umsatzsteuer. Außerdem können Dritte bei fehlender Gemeinnützigkeit ihre Zuwendungen an die betreffende Organisation nicht als Spende steuerbegünstigend geltend machen. Dies führt meist dazu, daß entsprechende Zahlungen wesentlich reduziert werden oder sogar völlig unterbleiben.

In einer Entscheidung vom 26. Februar 1929 [2] hatte der Reichsfinanzhof über die Gemeinnützigkeit einer jüdischen Gesellschaft zur Verbreitung und Pflege der Thorakenntnisse zu entscheiden. Er bejahte in diesem Fall die Gemeinnützigkeit, weil die Gesellschaft die Aufgabe der Pflege "allgemeiner Kulturgüter" übernommen habe, selbst wenn "an dem Kulturgut auch Nichtdeutsche Anteil" hätten.

---

1) Vgl. oben, S. 51 ff.

2) RStBl. 29, S. 203, vgl. Uffelmann, S. 110.

Spätestens mit seinem Urteil vom 7. April 1936 [1] war der Reichsfinanzhof aber weitgehend dem "neuen Rechtsdenken" erlegen. Er lehnte die Gemeinnützigkeit eines jüdischen Fonds im Sinne des § 9 Abs. 1 Nr. 1 KörpStG von 1925 ab, weil dessen Zweck "lediglich den Interessen nichtarischer Staatsangehöriger" diene und damit nach nationalsozialistischer Weltanschauung nicht anzuerkennen sei. Allerdings versuchte der Reichsfinanzhof, sein Urteil dadurch abzuschwächen, daß er die finanzielle Unterstützung von Juden grundsätzlich als "Mildtätigkeit" im Sinne des § 18 StAnpG ansah. Nach Auffassung der Richter war nach Sinn und Zweck dieser "bereits unter der Herrschaft des nationalsozialistischen Staates ergangenen" Rechtsnorm eine steuerrechtliche Begünstigung jüdischer Organisationen auch weiterhin nicht ausgeschlossen. Eine gegenteilige Auslegung der Vorschrift sei "auch nach den Grundsätzen der nationalsozialistischen Weltanschauung" nicht geboten.

Mit der Änderung des § 18 StAnpG durch das Einführungsgesetz zum Realsteuergesetz vom 1. Dezember 1936 [2] wurde aber schon kurze Zeit später auch diese Möglichkeit der steuerrechtlichen Begünstigung von Juden durch den nationalsozialistischen Gesetzgeber unterbunden. Nach der neuen Regelung war nur noch die Unterstützung bedürftiger deutscher Volksgenossen als "mildtätig" anzusehen. Der Reichsfinanzhof bezeichnete den Eingriff des

---

1) Bd. 39, S. 202.

2) RGBl. 1936 I, S. 977.

Gesetzgebers in einem kurze Zeit später erlassenen Urteil [1] als eine Klarstellung, die lediglich der Rechtsentwicklung folge. Sie liege in der Tatsache, "daß eine Steuerbefreiung wegen Unterstützung von Juden der nationalsozialistischen Weltanschauung" nicht entspreche. Unter Anwendung des § 1 StAnpG gelangte der Reichsfinanzhof schließlich zu einer rückwirkenden Gültigkeit der o.g. Gesetzesänderung [2].

Die wirtschaftliche Benachteiligung der Juden aufgrund einer durch § 1 StAnpG ermöglichten Anwendung der Steuervorschriften im nationalsozialistischen Sinne offenbarte sich ebenso deutlich bei der Besteuerung derjenigen Personen jüdischer Abstammung, die sich durch den Nazi-Terror zur Auswanderung veranlaßt sahen.

Bereits am 8. Dezember 1931 war durch eine Notverordnung [3] des Reichspräsidenten "zur Sicherung von Wirtschaft und Finanzen und zum Schutz des inneren Friedens" eine sogenannte "Reichsfluchtsteuer" eingeführt worden. Dadurch waren Auswanderer - ohne Unterscheidung nach ihrer Rassezugehörigkeit - verpflichtet, ein Viertel ihres Vermögens als letzte, einmalige Abgabe an den Fiskus zu leisten. Mit dieser Regelung sollten in erster Linie wohlhabende Steuerzahler von einer Verlegung ihres Wohnsitzes ins Ausland abgehalten werden [4].

---

1) Urteil vom 10. Dezember 1936, StW 37, Nr. 117.

2) Urteil vom 18. März 1937, StW 38, Nr. 226, vgl. hierzu bereits oben, S. 151.

3) Siebenter Teil, Kapitel III, §§ 1 ff. (RGBl. 1931 I, S. 731).

4) Uffelmann, S. 103.

Der Reichsfinanzhof wandte die Notverordnung nach 1933 jedoch auch auf solche Fälle an, in denen die Auswanderer nicht freiwillig ihren Wohnsitz ins Ausland verlegten, sondern durch Anfeindungen, Repressalien, Drohungen und Gewaltanwendungen gezwungen wurden, das Reich zu verlassen:

In einer Entscheidung vom 27. September 1934 [1] hatte das Gericht über die Rechtsbeschwerde eines nichtarischen Geschäftsmannes zu entscheiden, der bereits Anfang Juni 1933 mit seiner Familie ins Ausland emigriert war. Er bestritt, zur Zahlung der Reichsfluchtsteuer verpflichtet zu sein, weil er seinen Wohnsitz in Deutschland nicht freiwillig aufgegeben habe. Da die ihm von den Nationalsozialisten zugefügten schweren Mißhandlungen bisher keine Sühne gefunden hätten und ihm die Schutzhaft angedroht worden sei, müsse er befürchten, daß er nach seiner Rückkehr rechtlos und unter Umständen weiteren Gefährdungen von Leib und Leben ausgesetzt wäre. Dadurch sei eine Lage gegeben, die dem Ausschluß der freien Willensbestimmung gleichzustellen sei. Es würde nicht dem Sinn und Zweck der Reichsfluchtsteuer entsprechen, einem Steuerpflichtigen, dem der Verbleib in der Heimat unmöglich gemacht werde, eine Steuer in Höhe von einem Viertel seines Vermögens aufzuerlegen.

---

1) RStBl. 34, S. 1225.

Nach Ansicht des Reichsfinanzhofs war dieser Einwand nicht begründet. Der Umstand allein, daß der Steuerpflichtige sich nicht freiwillig im Ausland aufhalte, sondern "durch die Verhältnisse (z.B. Furcht vor Belästigungen und dergleichen) dazu genötigt" werde, stehe - wie bereits am 15. März 1934 [1] seitens des Gerichts entschieden worden war - der Erhebung der Reichsfluchtsteuer nicht entgegen. Einen Ausschluß der freien Willensbestimmung auf den Wohnsitz oder den gewöhnlichen Aufenthalt verneinten die Richter aufgrund folgender Überlegung:

> "Die vom Beschwerdeführer angegebenen Vorgänge haben sich in der ersten Zeit der politischen Umwälzung abgespielt, als die Leidenschaft noch erregt gewesen und einzelne Übergriffe vorgekommen sein mögen, die von den leitenden Stellen keineswegs gebilligt worden sind. Seitdem haben sich die Gemüter aber wieder beruhigt. Nach den vom Beschwerdeführer in der Rechtsbeschwerde selbst mitgeteilten wiederholten Versicherungen von Regierungsmitgliedern und bei den heute in Deutschland bestehenden Verhältnissen ist nicht anzunehmen, daß dem Beschwerdeführer noch irgendwelches Unrecht zugefügt wird".

Die Ausführungen des Reichsfinanzhofs über die Unbedenklichkeit der Rückkehr in das deutsche Reich mußten auch schon zum Zeitpunkt der Urteilsverkündung sehr fragwürdig erscheinen. Die Nationalsozialisten hatten die Juden bereits 1933 durch zahlreiche Gesetze und Verordnungen von der öffent-

---

1) RFH 35, S. 326, 328.

lichen und beruflichen Betätigung ausgeschlossen[1]. Außerdem zielte die Propaganda der NSDAP von Anfang an darauf ab, in breiten Kreisen der Bevölkerung einen Judenhaß zu erzeugen, der Übergriffe wahrscheinlich machte. Es konnte daher kaum ernstlich mit der Rückkehr derjenigen Juden gerechnet werden, die sich seit der nationalsozialistischen Machtübernahme entschlossen hatten, aus dem deutschen Reich zu emigrieren. Die Reichsfluchtsteuer wurde damit zum letzten Mittel, "um diesen Unglücklichen vor dem Verlassen Deutschlands noch einmal so viel an Geldeswert als irgend möglich" [2] abzupressen.

Die Ansicht des Reichsfinanzhofes zur Besteuerung der Juden kommt schließlich komprimiert in einem Urteil vom 20. November 1941 [3] zum Ausdruck, in dem es hieß:

> "Es würde der gesunden deutschen Volksanschauung widersprechen, wenn einem Juden der ermäßigte Steuersatz [§ 34 Abs. 2 Ziff. 4 EStG]zugebilligt würde."

---

1) Vgl. z.B. die §§ 3, 15 des Gesetzes zur Wiederherstellung des Berufsbeamtentums vom 7. April 1933 (RGBl. I, S. 175) i.d.F. vom 29. September 1933, S. 655 , § 4 des Gesetzes gegen die Überfüllung deutscher Schulen und Hochschulen vom 25. April 1933 (RGBl. I, S. 225) sowie § 13 des Reichserbhofgesetzes vom 29. September 1933 (RGBl. I, S. 685).

2) Uffelmann, S. 102.

3) Bd. 51, S. 113 zu § 34 EStG.

2. Die Ausdehnung des § 1 StAnpG auf andere Rechtsgebiete durch die Rechtsprechung

Neben der umfangreichen Anwendung des § 1 StAnpG im Steuerrecht kam es durch die Rechtsprechung auch zu einer Ausdehnung dieser neu geschaffenen Generalklausel auf andere Rechtsgebiete. Als richtungsweisend kann die Entscheidung des sächsischen Oberverwaltungsgerichts vom 18. Januar 1935 [1] angesehen werden.

Anläßlich der Konkretisierung der nach dem Baugesetz von 1900 gewährleisteten sogenannten materiellen Baufreiheit entschieden die Richter, daß bei der Auslegung von Gesetzen "die Volksanschauung, der Zweck und die wirtschaftliche Bedeutung berücksichtigt werden müsse. Die Gesetze seien "nach nationalsozialistischer Weltanschauung" auszulegen. Die im Steueranpassungsgesetz vom 16. Oktober 1934 erlassene Regelung des § 1 StAnpG sei rechtlich nicht auf das Gebiet des Steuerrechts zu beschränken. Sie bedeute vielmehr "die Verkündung eines allgemeinen Rechtsgrundsatzes des heutigen Staates, der auch für alle anderen Gebiete des deutschen Rechtslebens als verbindlich angesehen werden" müsse. Von diesem Gesichtspunkt aus könne es keinem Zweifel unterliegen, daß man auch das Baugesetz heute unter wesentlich anderen Gesichtspunkten auszulegen habe, als zur Zeit seines Erlasses, "denn in den Anschauungen, die für die Beurteilung des Bauwesens gelten", sei "ein grundsätzlicher Wandel eingetreten" [2].

---

1) RVwBl. 1935, S. 117 ff.

2) RVwBl. 1935, S. 118.

Aufgrund der durch § 1 StAnpG ermöglichten Auslegung des Baugesetzes nach nationalsozialistischer Weltanschauung gelangte das sächsische OVG schließlich zu dem Ergebnis, daß nunmehr keine materielle Baufreiheit im weiteren Sinne bestehe, sondern der Grundsatz herrsche, daß ein Bauwerk "die Volksgemeinschaft nicht schädigen" dürfe [1]. Eine solche Auslegung des Gesetzes widerspreche zwar der früheren liberalistischen Staats- und Rechtsauffassung. Mit den Grundsätzen der heutigen nationalsozialistischen Anschauung stehe sie aber nicht nur im Einklang, sondern würde von dieser sogar "unmittelbar gefordert" [2].

Im Schrifttum wurde der Zugrundelegung nationalsozialistischer Rechtsanschauungen durch das sächsische OVG zugestimmt [3]. Allerdings versäumte man es hier nicht, darauf hinzuweisen, daß der Grundsatz der Berücksichtigung nationalsozialistischer Rechtsanschauungen nicht erst seit dem Inkrafttreten des Steueranpassungsgesetzes Geltung beanspruche. Vielmehr sei dieser Grundsatz von maßgebender Seite schon seit dem "Durchbruch der nationalsozialistischen Revolution als für die Rechtsprechung verbindlich bezeichnet worden" [4].

---

1) RVwBl. 1935, S. 119.

2) RVwBl. 1935, S. 119.

3) Vgl. Krüger, Dt. Vw. 1935, S. 37 ff.; DJZ 1935, Sp. 289 f.

4) DJZ 1935, Sp. 289.
Offenbar wurde auf Carl Schmitts "Leitsätze für die Rechtspraxis" (vgl. oben, S.30 f.) angespielt. Nach Ansicht Koellreutters war es zu begrüßen, daß das sächsiche OVG mit dieser Entscheidung "die Geltung oberster Rechtsgrundsätze für das ganze Rechtsgebiet anerkannt" habe. Überhaupt müsse "das gesamte Recht des nationalsozialistischen Staates allein nach den Grundsätzen der nationalsozialistischen Weltanschauung ausgelegt werden" (Beamtenjahrbuch 1935, S. 332 f.).

Immerhin sei es aber erfreulich, daß sich ein oberstes Gericht "überhaupt in so eindeutiger Weise über die entscheidenen Grundlagen der heutigen Rechtsprechung" geäußert habe [1].

Die durch das sächsische OVG mit seiner Entscheidung vom 18. Januar 1935 eingeleitete Ausdehnung des § 1 StAnpG blieb nicht auf das öffentliche Recht [2] beschränkt, sondern erfaßte mehr und mehr auch das Bürgerliche Recht [3]. Dies zeigt sich z.B. in einer Entscheidung des preußischen OVG vom 10. Januar 1936 [4]. Sie betraf die steuerliche Abzugsfähigkeit des Gehaltes, das ein Unternehmer an seine im Betrieb mitarbeitende Ehefrau gezahlt

---

1) DJZ 1935, Sp. 289.

2) Die Verpflichtung der Verwaltungsrichter auf die nationalsozialistische Weltanschauung wurde durch § 7 Satz 2 des Führererlasses vom 3. April 1941 (RGBl. 1941 I, S. 202) wiederholt, indem verordnet wurde, die Mitglieder des Reichsverwaltungsgerichts hätten "ihre Stimme nach ihrer freien, aus dem gesamten Sachstand geschöpften Überzeugung und nach der von nationalsozialistischer Weltanschauung getragenen Rechtsauslegung abzugeben". Vgl. auch Echterhölter, S. 83.

3) Die Zustimmung des nationalsozialistischen Schrifttums hinsichtlich der Ausdehnung der Vorschrift spiegelt sich in der Feststellung Otts wieder (ZAkDR 1938, S. 500): "Die nationalsozialistische Beurteilungsweise, wie sie in § 1 StAnpG dem mit Steuerrecht befaßten Richter und Verwaltungsbeamten ausdrücklich zur Pflicht gemacht wird, ist nicht auf das Steuerrecht beschränkt; sie gilt vielmehr für alle Rechtsgebiete".

4) DJZ 1936, Sp. 515 ff.

hatte. Nach Ansicht des OVG war der Auslegungsgrundsatz des § 1 StAnpG vom 16. Oktober 1934 nicht nur auf Steuergesetze, sondern auf die ganze Rechtsordnung anzuwenden. Dies gelte auch für ältere Gesetze, die der nationalsozialistische Staat vorgefunden und nicht abgeändert habe. Weil jedes Gesetz "Glied der jeweiligen Rechtsordnung" sei, und in "deren Rechtsatmosphäre" stehe, habe die Auslegung auch des BGB nach nationalsozialistischer Weltanschauung zu erfolgen". Einschränkend und im Gegensatz zum sächsischen OVG hob das preußische OVG jedoch hervor, daß dies den Richter aber keineswegs berechtige, sich über ältere Gesetze hinwegzusetzen, die nach seiner Meinung der heutigen Rechtsauffassung nicht mehr entsprechen würden. Denn "nicht dem einzelnen Richter, sondern dem Führer" stehe die Entscheidung darüber zu, welche Gesetze gelten sollen. Daher sei - im Gegensatz zur Ansicht der Gewerbesteuerbehörden - auch unter gebotener Berücksichtigung der nationalsozialistischen Weltanschauung der § 1356 Abs. 2 BGB weiterhin vom Richter anzuwenden und aufgrund einer Einzelfallprüfung die Abzugsfähigkeit des Ehegattengehaltes festzustellen. Trotz dieser Einschränkung bezog sich das preußische OVG in seiner Entscheidung schließlich doch auf § 1 StAnpG. Im Rahmen der Prüfung der "Üblichkeit" der Ehegattenmitarbeit im Sinne des § 1356 Abs. 2 BGB a.F. hob das Gericht hervor, daß auch "die Beurteilung von Tatbeständen" unter Zugrundelegung der nationalsozialistischen Weltanschauung zu erfolgen habe (§ 1 Abs. 3 StAnpG). Es sei also auch bei zeitlich zurückliegenden Tatbeständen zu fragen, "ob und inwieweit nach heutiger Anschauung die Mitarbeit üblich" sei [1].

---

1) DJZ 1936, Sp. 515 f.

Das preußische OVG hatte mit seiner Entscheidung der Anwendung des § 1 StAnpG im Bürgerlichen Recht den Weg geebnet. Es verwundert daher kaum, daß auch das Reichsgericht [1] wenige Monate später der Etablierung der neuen Generalklausel nur noch geringen Widerstand entgegensetzte. Übereinstimmend mit dem Reichsfinanzhof waren die Richter des höchsten Zivilgerichts der Ansicht, daß "§ 1 StAnpG auch auf zwingende Gesetzesvorschriften" des Bürgerlichen Rechts anzuwenden sei. Dies dürfe allerdings "niemals zu einer Entscheidung führen, die dem klaren Willen des Gesetzgebers" widerspreche.

Mit der Ausdehnung der Generalklausel des § 1 StAnpG auf das Bürgerliche Recht schließt sich der durch die mittelbare Wirkung der BGB-Generalklauseln im Steuerrecht geöffnete Kreis [2] und läßt insoweit eine "Wechselwirkung" zwischen dem Bürgerlichen- und dem Steuerrecht erkennen. Die Ausdehnung der jeweiligen Generalklausel ermöglichte es der Rechtsprechung, auch dann nach nationalsozialistischen Rechtsanschauungen zu entscheiden, wenn der Hinweis auf eine Generalklausel des einschlägigen Spezialgesetzes nicht überzeugend genug erschien.

---

1) Urteil vom 30. Juli 1936, Kartei R 26 zu § 1 StAnpG.

2) Vgl. oben, S. 141.

3. Weitere Warnungen im Schrifttum vor einer übermäßigen Anwendung des § 1 StAnpG

Obwohl in der Rechtsprechung des Reichsfinanzhofes und des Reichsgerichts die neu geschaffene Generalklausel des § 1 StAnpG innerhalb weniger Jahre Anerkennung fand [1], wurde in der Literatur noch im Jahre 1939 - zumindest vereinzelt - vor einer zu häufigen Anwendung der Vorschrift gewarnt. Fast im Stile H e d e m a n n s verlangte der Frankfurter Rechtslehrer Friedrich K l a u s i n g Anfang 1939 in einem Aufsatz in der "Zeitschrift der Akademie für Deutsches Recht" nachdrücklich, § 1 StAnpG nur in eng begrenzten Ausnahmefällen anzuwenden [2]:

> "Man darf aber niemals vergessen, daß § 1 StAnpG eine Generalklausel enthält, mit der die bekannte Problematik derartiger Bestimmungen notwendigerweise verknüpft ist. Sie stellt an all diejenigen, die sie anwenden, eine überaus schwierige Aufgabe. Es ist nun einmal so, daß Generalklauseln und sachlich gleichartigen Zwecken dienende allgemeine Rechtsgrundsätze und Rechtsgedanken für die Beurteilung, insbesondere für die richterliche Entscheidung von Fällen, die positiv-gesetzliche Einzelnorm nicht in beliebigem Umfang ersetzen können. Die Berufung auf die Generalklauseln usw. muß psychologisch als Ausnahme empfunden werden, und auch tatsächlich die Ausnahme bilden. Wir haben es hier mit Hilfsmitteln oder Sicherheitsventilen für den Notfall zu tun."

---

1) Vgl. oben, S. 151 ff.

2) ZAkDR 1939, S. 112.

Es kam einer Entlarvung der gesamten nationalsozialistisch beeinflußten Rechtsprechung gleich, wenn K l a u s i n g im folgenden erklärte, daß "ein meist gefühlsmäßig gefundenes, aber keineswegs immer richtiges Ergebnis" auch im Steuerrecht "nicht allzu leichtherzig mit Hilfe der 'wirtschaftlichen Betrachtungsweise' und der anderen Gesichtspunkte und Richtlinien des § 1 StAnpG" gerechtfertigt werden dürfe [1]. Er lehnte damit die von den Nationalsozialisten geforderte strikte Beachtung der Generalklausel des § 1 StAnpG ab, weil sie nach seiner Ansicht oftmals zu falschen, d.h. mit den übrigen Steuerrechtsvorschriften nicht im Einklang stehenden Ergebnissen führte.

K l a u s i n g richtete sich auch ausdrücklich gegen die durch § 1 StAnpG vorgeschriebene Zugrundelegung nationalsozialistischer Rechtsgrundsätze im Steuerrecht. Es dürfe "nicht übersehen werden", so meinte er, daß die Anwendung des § 1 StAnpG durch die in ihm hervorgehobene "Notwendigkeit, nach nationalsozialistischer Weltanschauung und (gesunder) Volksanschauung zu urteilen, eine weitere Komplizierung' erfahre [2]. Dadurch entstehe die Gefahr, daß "sich in die steuerliche Beurteilung auch solcher Fälle eine weltanschaulich-politische und damit zugleich ethische Mißbilligung" einmenge, "für deren sachgemäße und gerechte Entscheidung eine derartige Qualifizierung nicht am Platz" sei [3].

---

1) ZAkDR 1939, S. 112.

2) ZAkDR 1939, S. 113.

3) ZAkDR 1939, S. 113.

Es ist beachtenswert, daß K l a u s i n g hier unverhüllt der durch § 1 StAnpG vorgeschriebenen Berücksichtigung der nationalsozialistischen Weltanschauung im Steuerrecht widersprach und sie sogar als fehl am Platz bezeichnete. Eindringlich wiederholte er im Anschluß seine Forderung, § 1 StAnpG möglichst restriktiv und "nur mit verantwortungsvoller Vorsicht und sicherem Takt" [1] anzuwenden. Schließlich ließ K l a u s i n g seinen vom Standpunkt der Staatsführung deutlich abweichenden Ausführungen eine Rechtfertigung folgen, zu der er sich offenbar veranlaßt sah, um den Abdruck seines Aufsatzes überhaupt zu ermöglichen bzw. späteren Anfeindungen vorzubeugen [2]:

> "Wer die Dinge sieht, wie sie wirklich sind und angesichts menschlicher Unvollkommenheit auch immer bleiben werden, wird meine Warnung nicht mißverstehen und in ihr namentlich auch nicht den Ausdruck mangelnder Aufgeschlossenheit gegenüber neuen fruchtverheißenden Entwicklungen in Rechtslehre und praktischer Rechtspflege erblicken. Wie der Richter, dessen Urteil über den Einzelfall hinaus richtungsgebend wirken soll, hat auch der Vertreter der Rechtswissenschaft, deren Erkenntnisse und Lehren für die Öffentlichkeit bestimmt sind, eine besondere rechtspolitische Verantwortung gegenüber allgemeinen Grundsätzen materiell-rechtlichen, weltanschaulichen und methodischen Charakters. Die Rechtswissenschaft muß bekannte Gefahren, die mit der Anwendung von Generalklauseln usw. in der Alltagsarbeit des Rechtslebens untrennbar verknüpft sind, immer wieder aufzeigen und auf diese Weise mit darüber wachen, daß diese tiefsten und feinsten Beurteilungsmaßstäbe nicht durch unangemessenen Gebrauch entwertet werden."

---

1) ZAkDR 1939, S. 114.

2) ZAkDR 1939, S. 114.

Die Ausführungen K l a u s i n g s zeigen, daß auch noch zu einer Zeit, in der sich der Nationalsozialismus in Deutschland fest etabliert hatte, die Äußerung und Publikation von Kritik an dem eingeschlagenen Weg der Umgestaltung der Rechtsordnung mit Hilfe von Generalklauseln durchaus möglich war. Gleichzeitig stellt sich die Frage, warum nicht auch andere Vertreter der Rechtswissenschaft und der Rechtsprechung den Willen und den Mut aufbrachten, ihrer "rechtspolitischen Verantwortung" zumindest in der von K l a u s i n g aufgezeigten Weise gerecht zu werden.
Der Rechtsprechung der nationalsozialistischen Zeit wäre dadurch manche auf Generalklauseln gestützte Entscheidung erspart geblieben, deren Existenz dem Ansehen und der Glaubwürdigkeit der deutschen Justiz noch heute Schaden zufügt.

V. Die Beeinflussung des Zivilprozeßrechts durch Generalklauseln

Das Bestreben der Nationalsozialisten, eine breite Anpassung der überkommenen Rechtsordnung an die nationalsozialistische Weltanschauung zu erreichen, machte auch vor dem Prozeßrecht nicht halt [1]. Anders als das materielle Bürgerliche Recht war das Zivilprozeßrecht allerdings schon lange vor der Machtübernahme durch die Nationalsozialisten als veränderungsbedürftig angesehen worden.

Die Civilprozeßordnung vom 30. Januar 1877 wurde bereits 1909 erneuert. Die Novelle schränkte die dem liberalistischen Staatsgedanken entsprechende Parteiherrschaft ein. Neben anderen Änderungen war es dem Richter im amtsgerichtlichen Verfahren von nun an möglich, die Verhandlung durch Ladung der Parteien und von Zeugen vorzubereiten (§ 501 ZPO). Da sich eine Beschleunigung des Verfahrens nicht in dem erhofften Umfang einstellte, kam es im Zuge der Emmingerischen-Justizreform vom 23. Februar 1924 zu einer weiteren Stärkung der richterlichen Funktionen im Zivilprozeß. Unter anderem wurde die Parteiherrschaft über Fristen und Termine aufgehoben, die Vorbereitungspflicht des Richters gemäß § 272 b ZPO auf das landgerichtliche Verfahren ausgedehnt und die richterliche Fragepflicht durch die

---

1) Besonders die Umgestaltung des Strafprozesses war für die Festigung des totalitären nationalsozialistischen Staates von erheblicher Bedeutung. Durch die Beschneidung von Angeklagtenrechten und der Schaffung einer strafrechtlichen Sondergerichtsbarkeit sollten mißliebige Personen dauerhaft mundtot gemacht werden. Ähnlich wie in anderen Rechtsgebieten beschränkten sich die Nationalsozialisten im Strafprozeßrecht für die Realisierung ihrer Ziele auf den offenbar ausreichenden Erlaß einer Vielzahl von Einzelregelungen, ohne im Ergebnis die häufig angekündigte Gesamtreform des Strafprozesses durch Schaffung einer komplett neuen Strafprozeßordnung vorzunehmen (vgl. zu Einzelheiten Sellert, S. 62 ff.).

Neufassung des § 139 ZPO erweitert [1].

Allerdings erwiesen sich auch diese Neuerungen als nicht ausreichend, um die Mißstände zu beseitigen. Es wurde daher schon 1931 ein neuerlicher Änderungsentwurf durch das Reichsjustizministerium erstellt, der weitere Maßnahmen zur Beschleunigung des Prozeßablaufes enthielt [2]. Da das Gesetzgebungsverfahren bis zum 30. Januar 1933 noch nicht abgeschlossen war, blieb es den Nationalsozialisten überlassen, das Reformwerk nach ihrer Machtübernahme zu vollenden.

1. Die Umgestaltung des Zivilprozeßrechts durch den nationalsozialistischen Gesetzgeber

Die Nationalsozialisten waren an einer raschen Durchführung der bereits eingeleiteten Zivilprozeßreform interessiert, weil mit ihr die der liberalen Epoche entstammende Parteiherrschaft weiter eingeschränkt werden sollte. Man nutzte jedoch die Zeit bis zum Inkrafttreten des Änderungsgesetzes am 1. Januar 1934, um noch Veränderungen vorzunehmen, die eine noch umfassendere Verwirklichung der nationalsozialistischen Weltanschauung [3] im Zivilprozeß ermöglichen sollten. Um dieses Ziel zu erreichen,

---

1) Vgl. zu den Auswirkungen der Emmingerischen Justizreform auch Jauernig, ZPO, S. 97.

2) Infolge der Wirtschaftskrise war die Zahl der zivilprozessualen Streitigkeiten erheblich angestiegen und die Gerichte stark überlastet.

3) Der Sinn des Zivilprozesses wurde dadurch nicht mehr im Rechtsschutz des einzelnen, sondern in der Sicherung "der Lebensordnung des deutschen Volkes" (de Boor, Reform, S. 3) gesehen.

nahm man sich allerdings keine umfangreiche Neufassung einzelner Vorschriften des Gesetzentwurfes vor. Die Nationalsozialisten stellten dem "Gesetz zur Änderung des Verfahrens in Bürgerlichen Rechtsstreitigkeiten" vom 27. Oktober 1933 [1] als wesentliche Änderung lediglich einen Vorspruch voran, der folgenden Wortlaut hatte:

> "Eine volkstümliche Rechtspflege ist nur in einem Verfahren möglich, das dem Volke verständlich ist und einen ebenso sicher wie schleunig wirkenden Rechtsschutz verbürgt.
>
> Die Parteien und ihre Vertreter müssen sich bewußt sein, daß die Rechtspflege nicht nur ihnen, sondern zugleich und vornehmlich der Rechtssicherheit des Volksganzen dient. Keiner Partei kann gestattet werden, das Gericht durch Unwahrheiten irrezuführen oder seine Arbeitskraft durch böswillige oder nachlässige Prozeßverschleppung zu mißbrauchen. Dem Rechtsschutz, auf den jeder Anrecht hat, entspricht die Pflicht, durch redliche und sorgfältige Prozeßführung dem Richter die Findung des Rechts zu erleichtern.
>
> Aufgabe des Richters ist es, durch straffe Leitung des Verfahrens und in enger Fühlung mit den Parteien dahin zu wirken, daß jede Streitsache nach gründlicher Vorbereitung möglichst in einer einzigen Verhandlung aufgeklärt und entschieden wird. Er hat Vertagungen, die nicht sachlich dringend geboten sind, zu vermeiden und zu verhindern, daß ein Verfahren durch verspätetes Vorbringen verschleppt wird.
>
> Nur so gelangt man zu einem lebendigen Verfahren mit voller Mündlichkeit und Unmittelbarkeit, das dem Richter eine sichere Findung der Wahrheit ermöglicht und dessen Verlauf die Parteien mit Verständnis und Vertrauen verfolgen können." 2)

---

1) RGBl. I, S. 780.

2) RGBl. I, S. 780.

Mit diesen "grundlegenden Sätzen" [1] gaben die Nationalsozialisten die gegenüber der Weimarer Zeit geänderte Richtung der Prozeßrechtsreform an: Man wollte ein "schleuniges Verfahren" schaffen, das sich durch die Einführung der Inquisitionsmaxime sowie die "Auflockerung zahlreicher formaler Bedingungen und Bestimmungen" deutlich von dem früheren "liberalen Prozeß" unterscheiden sollte [2].

Schon bald nach dem Inkrafttreten der ZPO-Novelle wurde im Schrifttum auf die Bedeutung des Vorspruches für das Zivilprozeßrecht hingewiesen. Er sei wichtiger als die übrigen Regelungen des Änderungsgesetzes, weil man in ihm "die persönliche Auffassung des Führers" erkennen könne, "der dem Gesetz seine Unterschrift gegeben" habe [3]. Der Vorspruch sollte folglich nicht nur dazu dienen, die Ziele der Prozeßreform zu beschreiben. Seine eigentliche Aufgabe bestand darin, die nationalsozialistische Weltanschauung auch in das Zivilprozeßrecht einfließen zu lassen. Damit ergibt sich eine Parallele zur Umgestaltung des Steuerrechts und des materiellen Zivilrechts durch die Nationalsozialisten. Im Steuerrecht wurde dem zu großen Teilen aus der Weimarer Zeit übernommenen Gesetzeswerk eine Generalklausel vorangestellt, die die Richter zur Beachtung der nationalsoizialistischen Weltanschauung verpflichtete [4]. Im Bürgerlichen Recht hatte man zunächst erwogen, dem BGB einen Vorspruch voranzustellen, der die Berücksichtigung der nationalsozialistischen Ziele fördern sollte [5]. Von

---

1) Frhr. v. Richthofen, DR 1934, S. 484.
2) Löwisch, DGWR 1939, S. 204.
3) Frhr. v. Richthofen, DR 1934, S. 484.
4) Vgl. oben, S. 143.
5) Vgl. oben, S. 42.

dieser Überlegung wurde allerdings wieder Abstand genommen, weil die bereits bestehenden Generalklauseln die gleiche Funktion erfüllen konnten.
Der Vorspruch zur ZPO-Novelle erlangte jedoch keine dem § 1 StAnpG oder den BGB-Generalklauseln vergleichbare Bedeutung [1]. Dies lag vor allem daran, daß seine Formulierungen weit weniger klar als beispielsweise § 1 StAnpG die Zugrundelegung der nationalsozialistischen Weltanschauung bei der Anwendung der ZPO-Vorschriften forderten.

Es verwundert daher nicht, daß bereits kurze Zeit nach dem Inkrafttreten der ZPO-Novelle Stimmen laut wurden, die eine stärkere Berücksichtigung der nationalsozialistischen Rechtsanschauungen im Zivilprozeßrecht forderten [2]. Mit diesem Verlangen stellte sich erneut die Frage, ob das nationalsozialistische Gedankengut durch die Änderung einzelner Verfahrensvorschriften oder über eine einseitige Auslegung von Generalklauseln Verbreitung finden sollte. Für die zweitgenannte Möglichkeit trat der Osterholz-Scharmbecker Amtsgerichtsrat E n g e l h a r d t ein [3]. Er befürwortete es, "in die Zivilprozeßordnung ähnliche Bestimmungen aufzunehmen, wie sie in den §§ 242, 138 usw. BGB" bereits enthalten seien. Dies hätte einerseits den Vorteil, "daß der Richter auf die leitenden Ideen der Prozeßordnung besonders hingewiesen" werde.

---

1) Vgl. dazu auch unten, S. 182 ff.

2) Vgl. z.B. Freisler, Dt. Justiz 1934, S. 626 f.; nach Ansicht Engelhardts (DR 1935, S. 590) konnte der Zivilprozeßrichter seine "verantwortungsvolle Stellung" nur ausfüllen, wenn er sein Verhalten und seine Entscheidungen auf der nationalsozialistischen Weltanschauung aufbaute. Gegenüber den Parteien müsse er "seine Machtbefugnisse zur Erreichung nationalsozialistischer Gemeinschaftsziele ausnutzen und seine Pflichten auf sittliche Grundbegriffe zurückführen, die ein völkisches Zusammenleben stärken".

3) DR 1935, S. 586 ff.

Andererseits seien Generalklauseln erforderlich, um eine Auslegung einzelner Vorschriften der ZPO zu ermöglichen, die zwar nach nationalsozialistischer Rechtsauffassung geboten wäre, aber "in zu krassem Widerspruch zu Wortlaut und Rechtsgedanken" der Rechtsnorm stehen würde. Durch den Rückgriff auf Generalklauseln könne auch in solchen Fällen "dem Rechtsgefühl Genüge getan" werden [1].
Trotz seiner eindeutigen Parteinahme für die Aufnahme "großer Generalklauseln" in die ZPO äußerte Engelhardt Zweifel, ob eine Umgestaltung des Zivilprozesses auf diesem Weg letztlich zu realisieren war. Zwar würde man sich durch die Zugrundelegung der nationalsozialistischen Rechtsanschauungen mehr als bisher auf die Beachtung einer einheitlichen Weltanschauung durch die Richter verlassen können. Die Ansichten darüber, was nationalsozialistisch sei, würden aber auch in Zukunft noch "des öfteren verschieden" sein [2] und daher den Erfolg des Vorhabens in Frage stellen. Ebenso skeptisch beurteilte Deinhardt [3] die Chancen für eine Umgestaltung des Zivilprozeßrechts durch die Anwendung von Generalklauseln. Nach seiner Ansicht war "mit Worten vom gesunden Volksempfinden in Gesetzen allein" noch nicht alles Erforderliche getan.

---

1) Die Schaffung neuer Generalklauseln wurde auch im Zwangsvollstreckungsrecht für notwendig gehalten. Da die einzelnen Schuldnerschutzmaßnahmen notwendig Lücken lassen müßten, forderte Volkmar (NS-Handbuch, S. 1524) die Einführung einer Generalklausel, die es dem Vollstreckungsgericht ermöglichen sollte, "Vollstreckungen Einhalt zu gebieten, wenn sie infolge ganz besonderer Umstände als ein jedem gesunden Volksempfinden gröblich widersprechender Mißbrauch formalen Rechts" erschienen.

2) DR 1935, S. 587.

3) DGWR 1940, S. 229.

Einer "Gleichschaltung" des Zivilprozeßrechts durch die Aufnahme von Generalklauseln wurde somit in der Literatur wenig Chancen eingeräumt. Dementsprechend häufig wurde hier die Forderung erhoben, das nationalsozialistische Gedankengut durch eine umfangreiche Änderung der ZPO-Vorschriften durchzusetzen [1]. Diesem Verlangen entsprach der nationalsozialistische Gesetzgeber aber nur teilweise. Der ZPO-Novelle von 1933 folgten in den Jahren bis zum Ausbruch des 2. Weltkrieges lediglich Einzeländerungen [2]. Sie führten beispielsweise zu einer Ausdehnung des Vollstreckungsschutzes [3]. Außerdem bemühten sich

---

1) Vgl. hierzu Kisch, DJZ 1935, S. 1 ff.; Schneider, Dt. Rechtswissenschaft, Bd. 1 (1936), S. 159, nannte fünf Richtlinien, nach denen das neue Verfahrensrecht gestaltet werden müsse:
"1. Volksverbundenheit, denn nur dann können die Lebensbeziehungen innerhalb der Gemeinschaft richtig erfaßt werden.
2. Vollständigkeit: Es muß Aufgabe des Verfahrens sein, möglichst endgültig zu schlichten und nicht verschiedene Streitpunkte in mehrere Verfahren aufzuspalten.
3. Umfassende Stärkung der Stellung des Richters, denn nur der nach jeder Richtung unabhängige Richter kann seine hohe Aufgabe erfüllen.
4. Schnelligkeit: Jede Störung der Gemeinschaft soll im Interesse der Gemeinschaft wie des einzelnen selbst möglichst rasch beendet werden.
5. Sicherheit: Das Verfahren muß so beschaffen sein, daß es die Rechtsordnung gewährleisten kann."

2) Der von Baumbach erhobenen Forderung nach einer Abschaffung des gesamten Zivilprozeßverfahrens in seiner damaligen Form und Übernahme der Streitsachen durch die freiwillige Gerichtsbarkeit (ZAkDR 1938, S. 583 f.) wurde in der Literatur heftig widersprochen (vgl. de Boor, ZAkDR 1938, S. 834 ff.; Bull, ZAkDR 1938, S. 629; Roquette, JW 1938, S. 3096).

3) Vgl. z.B. Gesetze und Verordnungen vom 14. Februar 1933 (RGBl. I, S. 63), 26. Mai 1933 (RGBl. I, S. 298 und 302), 22. März 1934 (RGBl. I, S. 231), 24. Oktober 1934 (RGBl.I, S. 1070), 13. Dezember 1934 (RGBl. I, S. 1234), 24. April 1937 (RGBl. I, S. 553), 5. April 1938 (RGBl. I, S. 371), 7. April 1938 (RGBl. I, S. 378).

die Nationalsozialisten, eine weitere Beschleunigung und größere Unmittelbarkeit des Zivilverfahrens zu erreichen [1].

Mit Kriegsbeginn kam es zu einer intensiveren Änderungstätigkeit im Zivilprozeßrecht. Durch den Erlaß von vier Vereinfachungsverordnungen [2] wurden die Rechtsmittel der Parteien erheblich eingeschränkt [3]. Als weiteres Resultat der Verordnungen waren die Amtsgerichte bis zu einem Streitwert von 1500 RM nicht mehr an die Vorschriften der ZPO gebunden, der Amtsrichter mußte nicht einmal mehr eine mündliche Verhandlung durchführen [4]. Durch das "Gesetz über die Mitwirkung des Staatsanwaltes in bürgerlichen Rechtssachen" vom 15. Juli 1941 [5] sollten die "Gemeinschaftsbelange des Volkes auch in zwischenpersönlichen Rechtsbeziehungen" Beachtung finden [6]. Nach § 1 des Gesetzes war der Staatsanwalt berechtigt, die "vom Standpunkt der Volksgemeinschaft im Verfahren und bei der Entscheidung zu berücksichtigenden Umstände" geltend zu machen. Zu diesem Zweck durfte er an allen Verhandlungen teilnehmen, Tatsachen und Beweismittel vorbringen und sich über die zu erlassende Entscheidung gutachterlich äußern [7]. Mit den Regelungen des

---

1) Vgl. z.B. die Verfügung des Reichsjustiministers vom 11. November 1935 (Dt. Justiz 1935, S. 1654).

2) Vom 1. September 1939 (RGBl. I, S. 1658), 18. September 1940 (RGBl. I, S. 1253), 16. Mai 1942 (RGBl. I, S. 333), 12. Januar 1943 (RGBl. I, S. 7).

3) Vgl. ausführlich Wagner, S. 312 m.w.N.

4) Baumbach, ZPO, 17. Aufl. 1943, Anm. 3 b zu Anhang § 347.

5) RGBl. I, S. 383.

6) Ritter, DGWR 1942, S. 47.

7) Ritter, DGWR 1942, S. 47.

Staatsanwaltsmitwirkungsgesetzes wurden die Befugnisse des weisungsgebundenen Staatsanwaltes gegenüber früher wesentlich erweitert [1] und somit seine Stellung als "Verbindungsmann" [2] der nationalsozialistischen Staatsführung zum Zivilgericht erheblich gestärkt [3]. Schließlich ergingen zwei Kriegsmaßnahmeverordnungen, die den Bereich des Zivilprozeßrechts betrafen [4]. § 1 der Verordnung vom 12. Mai 1943 lautete:

> "Die Gerichte haben die Bearbeitung bürgerlicher Rechtssachen zurückzustellen, soweit deren Erledigung während des Krieges nicht dringlich ist. Die Entscheidung über die Zurückstellung ist unanfechtbar."

Das Vorliegen von Kriegsdringlichkeit war damit ganz allgemein zur Voraussetzung für das Tätigwerden der Zivilgerichte geworden. Da der Reichsjustizminister bestimmte, daß Kriegsdringlichkeit nur dann anzunehmen sei, wenn eine Sache von unmittelbarer Bedeutung für den Kriegseinsatz war, wurde durch die Verordnung die Rechtsverfolgung auf vielen Gebieten fast völlig ausgeschlossen. Dies führte im Ergebnis zu einem weitgehenden Stillstand der Rechtspflege in Zivilsachen während der letzten Kriegsjahre [5].

---

1) Vor 1933 besaß der Staatsanwalt im Zivilprozeß ein Mitwirkungsrecht im wesentlichen nur bei Ehe- und Familiensachen (§§ 607, 632, 634, 640 ZPO) sowie bei der Entmündigung (§§ 646, 652 ZPO).

2) Wagner, S. 309.

3) Ausführlich Wagner, S. 309, 315; vgl. auch Daut, S. 196 ff.

4) Kriegsmaßnahmeverordnungen vom 12. Mai 1943 (RGBl. I, S. 290) und 27. September 1944 (RGBl. I, S. 229).

5) Vgl. Wagner, S. 313.

2. Die Berücksichtigung der nationalsozialistischen Rechtsanschauungen in der Rechtsprechung und Literatur zum Zivilprozeßrecht

Durch die von den Nationalsozialisten vorgenommenen Änderungen kam es zwar in Teilbereichen des Zivilprozeßrechts zu einer Verankerung der nationalsozialistischen Rechtsanschauungen. Dennoch blieben weite Teile der ZPO bis 1945 gegenüber der Weimarer Zeit völlig unverändert. Es kam daher erneut der Rechtsprechung die Aufgabe zu, der nationalsozialistischen Weltanschauung in einem Gesetz Beachtung zu verschaffen, das unter anderen Voraussetzungen erlassen und nur bruchstückhaft an die geänderten Verhältnisse angepaßt worden war.

a) Die Bedeutung des Vorspruchs der ZPO-Novelle von 1933

Das Reichsgericht nahm in einer Entscheidung vom 1. Juni 1934 unmittelbar Bezug auf den Vorspruch der ZPO-Novelle von 1933 [1].
Die Klägerin hatte Klage auf Feststellung erhoben, daß den Beklagten kein Fischereirecht an einem See zustehe. Die Beklagten hatten sich u.a. auf die gesetzliche Vermutung des § 8 Abs. 2 des preußischen Fischereigesetzes vom 11. Mai 1916 gestützt. Nach dieser Bestimmung sprach für den, der ein Fischereirecht bis zum 1. Mai 1914 mindestens 30 Jahre lang als sein eigenes ausgeübt hatte, die grundsätzliche Vermutung, daß es ihm tatsächlich zustehe. Nach Ansicht des Berufungsgerichts hatten die Beklagten die Voraussetzungen der gesetzlichen Vermutung nicht ausreichend bewiesen. Allerdings hatte das Berufungsgericht auf einen "Beweis durch Parteivernehmung" verzichtet. Diese Möglichkeit der Beweis-

---

1) RGZ 144, S. 321 ff.

führung war durch die ZPO-Novelle (§§ 445 ff.) eingeführt worden und an die Stelle des Beweises durch Eid getreten. Das Berufungsgericht hätte gemäß § 448 ZPO auch ohne Antrag und ohne Rücksicht auf die Beweislast die Vernehmung der Parteien über die streitigen Tatsachen anordnen können, um sich von ihrer Wahrheit zu überzeugen. Das Reichsgericht schloß aus dem Umstand, daß der Berufungsrichter die Möglichkeit der Parteivernehmung mit keinem Wort erwähnte, daß er an die Vorschrift des § 448 ZPO nicht gedacht habe. Außerdem hob es die Bedeutung der neu geschaffenen Regelungen über den "Beweis durch Parteivernehmung" hervor:

> "Die neuen Vorschriften gewinnen erhöhte Bedeutung durch die ebenfalls neu aufgestellte Vorschrift in § 138 Abs. 1 ZPO, wonach die Parteien ihre Erklärungen über tatsächliche Umstände vollständig und der Wahrheit gemäß abzugeben haben. Vollkommener als die früheren Bestimmungen über den Beweis durch Eid, an dessen Stelle sie getreten sind, sollen sie an ihrem Teile dazu dienen, eine 'sichere Findung der Wahrheit' zu ermöglichen, 'in enger Fühlung des Richters mit den Parteien und in einem lebendigen Verfahren mit voller Mündlichkeit und Unmittelbarkeit' (vgl. die Eingangsworte zu dem Gesetz vom 27. Oktober 1933)" 1).

Das Reichsgericht hatte damit zwar ausdrücklich auf den von den Nationalsozialisten eingefügten Vorspruch der ZPO-Novelle verwiesen. Dennoch diente dieser Hinweis nicht der Berücksichtigung typisch nationalsozialistischer Rechtsanschauungen, die im Gegensatz zu den übrigen Bestimmungen der ZPO standen. Das Reichsgericht unterstrich mit seinem Hinweis lediglich die Bedeutung der bereits vor 1933 beschlossenen Änderungen der ZPO, die seit dem Inkrafttreten der Novelle von der Rechtsprechung zu berücksichtigen waren.

---

1) RGZ 144, S. 323.

Auch das OLG Naumburg vermied in einem Urteil vom 16. Oktober 1935 die Berücksichtigung der nationalsozialistischen Weltanschauung im Zivilprozeßrecht [1]. Es hatte über die Zulässigkeit einer Klage zu entscheiden, mit der der Kläger die Feststellung der persönlichen Schuldnerschaft des Beklagten für mehrere Hypothekenforderungen i.H.v. insgesamt 150.000 RM begehrte. Der Kläger hatte die Hypotheken beim Amtsgericht zur Aufwertung gegen den Beklagten angemeldet und für die persönliche Schuld eine Aufwertung von mehr als 25 % gefordert [2]. Der Beklagte bestritt, persönlicher Schuldner der Forderungen zu sein. Die Aufwertungsstelle hatte dem Kläger daraufhin aufgegeben, Klage auf Feststellung der persönlichen Schuldnerschaft des Beklagten zu erheben und gedroht, bei Nichtbefolgung der Anordnung die Aufwertungsansprüche zurückzuweisen.
Das für die Feststellungsklage erstinstanzlich zuständige Landgericht bejahte zwar die Eigenschaft des Beklagten als persönlichen Schuldner der Hypotheken, wies die Klage aber wegen fehlenden Rechtsschutzbedürfnisses ab. Weil es sich entgegen der Annahme des Klägers um Darlehenshypotheken handele, für die eine höhere als die bereits erfolgte dingliche Aufwertung von 25 % nicht in Frage komme, müsse der Kläger, selbst wenn er vor den ordentlichen Gerichten obsiege, vor der Aufwertungsstelle unterliegen, meinte das Landgericht [3]. Im Ergebnis sei

---

1) Die Entscheidung ist wiedergegeben bei Reitzenstein, DJZ 1936, S. 67 f.

2) Nach dem Aufwertungsurteil des Reichsgerichts(vgl.oben,S.13 ff.) hatte auch der Gesetzgeber auf die immense Geldentwertung reagiert und das Aufwertungsgesetz vom 16. Juli 1925 (RGBl. I, S. 117) erlassen. Um nicht allein dem Hypothekengläubiger die Nachteile der Geldentwertung aufzulegen, wurden gemäß § 4 des Gesetzes Hypotheken "auf 25 vom Hundert des Goldmarkwertes" aufgewertet. Für diese Aufwertung war nach § 2 Abs. 1 der Verordnung über die Einrichtung und das Verfahren der Aufwertungsstellen vom 21. Juli 1925 das Amtsgericht zuständig, in dessen Bezirk das Grundbuch geführt wurde.

3) DJZ 1936, Sp. 67 f.

daher für eine Klage auf Feststellung der persönlichen Schuldnerschaft hier kein Raum. Eine gegenteilige Ansicht würde nichts anderes als eine rein äußerliche, formalrechtliche Auffassung bedeuten, die lediglich am Buchstaben des Gesetzes hafte. Es widerspreche nationalsozialistischer Rechtsauffassung, lediglich aus formalrechtlichen Gründen die prozessuale Durchführung eines Anspruchs zu ermöglichen, der dem Beklagten nichts nütze. Die Herbeiführung eines Staatsaktes ohne Zweck und Nutzen müsse als eine unzulässige Rechtsausübung angesehen werden. Ihre Zulassung würde eine Überbetonung und Überspitzung des gesetz- und paragraphenmäßigen Rechts bedeuten, die von der heutigen Staatsführung völlig abgelehnt werde.

Das OLG Naumburg trat der auf nationalsozialistische Rechtsanschauungen gestützten Ablehnung des Rechtsschutzinteresses durch das Landgericht entgegen:

> "Das Rechtsschutzbedürfnis kann nicht aus den vom Landgericht angeführten Gründen verneint werden. Der Kläger hat ein Recht darauf, die von ihm geltend gemachte Aufwertungsforderung zur Entscheidung der zuständigen Stelle zu bringen. Er muß daher in der Lage sein, die Voraussetzungen hierfür durch Anrufung des ordentlichen Gerichts auf Feststellung des persönlichen Schuldners zu schaffen, zumal, wenn ihm von der Aufwertungsstelle angedroht wird, daß sein Aufwertungsantrag abgewiesen werde, wenn er dies nicht in der gesetzlichen Frist tue. Bei der Feststellung des persönlichen Schuldners ist es aber nicht Sache des ordentlichen Gerichts, zugleich eine Entscheidung über die Höhe der Aufwertung zu treffen und damit in die Zuständigkeit der Aufwertungsstelle einzugreifen, deren Entscheidung einem besonderen Rechtsmittelverfahren unterliegt" 1).

---

1) DJZ 1936, Sp. 67 f.

Mit dieser Entscheidung unterstrich das OLG Naumburg seine ablehnende Haltung gegenüber einer übereifrigen Verwirklichung nationalsozialistischer Rechtsanschauungen im Zivilprozeßrecht. Das Gericht hatte diesen Standpunkt bereits wenige Tage zuvor mit den Worten umschrieben [1]:

> "Vor ganz klaren und eindeutigen Verfahrensvorschriften muß das an sich begrüßenswerte Bestreben nach Rechtserneuerung schlechthin haltmachen, wenn nicht eine völlige, gerade mit den Grundsätzen des Dritten Reiches unvereinbare Rechtsunsicherheit eintreten soll."

Diese Begründung des OLG Naumburg schien sogar mit dem Vorspruch der ZPO-Novelle von 1933 in Einklang zu stehen, in dem gefordert worden war, daß die Rechtspflege "der Rechtssicherheit des Volksganzen" dienen solle [2]. Allerdings verstanden die Nationalsozialisten den Begriff der Rechtssicherheit in einem anderen Sinne, als die Juristen der Weimarer Zeit. Nach der nationalsozialistischen Rechtsanschauung konnten sich die Gerichte durchaus über klare und eindeutige Vorschriften in Gesetzen hinwegsetzen. Der Anspruch auf Schutz durch die Gesetze bestand für die einzelnen Mitglieder der Volksgemeinschaft nur so lange, wie sie sich als "wirkliche Volksgenossen" verhielten. Wer die Volksgemeinschaft bekämpfte, wer den nationalsozialistischen Staat "und damit die Gemeinschaft" verriet, stellte sich nach Ansicht der Nationalsozialisten aber außerhalb der Gesetze der Volksgemeinschaft. Er verwirkte damit auch seinen Anspruch auf Schutz durch die bestehenden Gesetze [3]. Das OLG hatte die nach 1933 entstandene Mehrdeutigkeit des Begriffs der Rechtssicherheit ausgenutzt. Es konnte seine

---

1) Urteil vom 9. Oktober 1935, DJZ 1936, Sp. 68 ff.

2) Vgl. oben, S. 175.

3) Göring, S. 8 f.

Entscheidung damit vordergründig auf die "Grundsätze des Dritten Reiches" stützen, obwohl es die Durchsetzung der nationalsozialistischen Rechtsanschauungen mit ihr gerade verhindert hatte. Diese Haltung des OLG Naumburg steht allerdings in Widerspruch zu denjenigen Entscheidungen des Gerichts, die den Bereich des materiellen Zivilrechts betrafen. Dort hatte sich das OLG nachdrücklich für eine Berücksichtigung der nationalsozialistischen Weltanschauung eingesetzt [1]. Offenbar erschien den Richtern das gut durchdachte Zivilprozeßrecht weniger als das Bürgerliche Recht geeignet, die nationalsozialistische Weltanschauung einfließen zu lassen, ohne gleichzeitig das Funktionieren des Gesamtsystems in Frage zu stellen.

b) Die Funktion der Generalklauseln der ZPO

Die von den Nationalsozialisten 1933 übernommene Zivilprozeßordnung enthielt in den §§ 328 Abs. 1 Nr. 4 [2] und 1041 Ziff. 2 ZPO [3] zwei Vorschriften, die ausdrücklich auf das Merkmal der Sittenwidrigkeit Bezug nahmen und denen damit Generalklauselcharakter zukam. Grundsätzlich bot sich damit - ähnlich wie für die Generalklauseln des BGB - die Möglichkeit, über dieses Tatbestandsmerkmal nationalsozialistische Rechtsanschauungen einfließen zu lassen und durch eine Ausdehnung ihres Anwendungsbereiches eine Gleichschaltung des Zivilprozeßrechts voranzutreiben.

---

1) Vgl. oben. S. 54 ff.

2) Die Vorschrift hat folgenden Wortlaut:
Die Aufhebung des Schiedsspruchs kann beantragt werden:
...2. wenn die Anerkennung des Schiedsspruchs gegen die guten Sitten oder die öffentliche Ordnung verstoßen würde;

3) Die Vorschrift lautet:
Die Anerkennung des Urteils eines ausländischen Gerichts ist ausgeschlossen: ... 4. wenn die Anerkennung des Urteils gegen die guten Sitten oder gegen den Zweck eines deutschen Gesetzes verstoßen würde.

Allerdings waren die o.g. Vorschriften in das übrige Normengefüge fester eingegliedert und ihr Anwendungsbereich tatbestandlich enger gefaßt, als dies bei den Generalklauseln des Bürgerlichen Rechts der Fall war. Es war somit fraglich, ob die §§ 328 I Nr. 4 und 1041 Ziff. 2 ZPO als Einbruchstellen der nationalsozialistischen Weltanschauung ebenso gut geeignet sein würden, wie beispielsweise die §§ 138 und 826 BGB.

aa) § 1041 Ziff. 2 ZPO

Nach § 1041 Ziff 2 ZPO war die Beseitigung eines im schiedsgerichtlichen Verfahren ergangenen Schiedsspruches im Wege der Aufhebungsklage u.a. dann möglich, wenn dessen Anerkennung gegen die guten Sitten verstieß. Im Gegensatz zum materiellen Recht [1] berücksichtigte das Reichsgericht die nationalsozialistische Weltanschauung bei der Prüfung der Sittenwidrigkeit i.S.d. § 1041 Ziff. 2 ZPO nur zurückhaltend.
In einer Entscheidung vom 9. März 1934 [2] vertrat das Reichsgericht zwar die Auffassung, daß der Gesetzgeber mit der Bestimmung des § 1041 Ziff. 2 ZPO "gerade den weit gefaßten Begriff des Verstoßes gegen die guten Sitten, so wie er dem Bürgerlichen Recht zugrunde" liege, unter die Aufhebungs- bzw. Versagungsgründe der §§ 1041, 1042 ZPO habe einreihen wollen. Die im Vergleich zum materiellen Zivilrecht obligatorische Erläuterung, daß sich das Vorliegen des Sittenverstoßes nach dem "gesunden Volksempfinden" bzw. nach nationalsozialistischen Rechtsanschauungen richte, findet sich in den Entscheidungsgründen allerdings nicht.

---

1) Vgl. oben, S. 79 ff.

2) JW 1934, S. 1354.

In späteren Entscheidungen griff das Reichsgericht bei der Anwendung des § 1041 Ziff 2 ZPO dann jedoch auf nationalsozialistische Terminologie zurück. Dies soll anhand einer Entscheidung vom 24. März 1936 gezeigt werden [1]:
Die Firma "P und B GmbH" hatte sich am 11. Mai 1931 mit anderen Herstellern von Drahterzeugnissen zu einem Drahtverband zusammengeschlossen. Seine Aufgabe bestand darin, die Anpassung der Produktion aller Mitglieder am Gesamtabsatz durch die Festlegung einzelner Beteiligungsquoten festzulegen. Ebenfalls am 11. Mai 1931 trat die "P und B GmbH" ihre gesamte Verarbeitungsquote i.H.v. 761 t pro Jahr an den Kaufmann N ab, um sich aus ihren wirtschaftlichen Schwierigkeiten zu befreien. N verpflichtete sich im Gegenzug, die Quote bestmöglich zu verkaufen. Aus dem Erlös sollten bestimmte Gläubiger des N sowie der "P und B GmbH" befriedigt und der Rest an die GmbH ausgezahlt werden. Nachdem N erfolglos die Zuteilung der abgetretenen Quote bei dem Drahtverband beantragt hatte, erhob er, gestützt auf § 326 BGB, Schadensersatzklage vor dem Verbandsschiedsgericht. Das Schiedsgericht verurteilte den Drahtverband daraufhin am 10. November 1933 zur Zahlung von 25.000 RM.

Das angerufene Berufungsgericht wies unter Aufhebung des Schiedsspruches den Antrag auf dessen Vollstreckbarerklärung zurück. Die Anerkennung des Schiedsvertrages verstieß nach seiner Ansicht gegen die guten Sitten, weil er einen auf unsittlicher Grundlage beruhenden Anspruch des Antragstellers gutheiße (§ 1041 Ziff. 2 ZPO). Das Berufungsgericht war davon ausgegangen, der Kaufmann N sei verpflichtet gewesen, anstelle der GmbH die ihr gegenüber dem Drahtverband obliegenden Verpflichtungen zu erfüllen. Er

---

1) HRR 1936, Nr. 911.

habe aber stattdessen beabsichtigt, die Quote anderweitig zu veräußern. Es liege auf der Hand, daß der Verband nur pflichtgemäß gehandelt habe, wenn er ein solches Ansinnen abgelehnt habe. Ein "Schacher mit der Quote", wie er hier beabsichtigt gewesen sei, verstoße grundlegend gegen den Zweck des Verbandes, demgegenüber der N als Mitglied zur Treue verpflichtet gewesen sei. Hinzu komme, daß die GmbH ihre Quote bereits in dem Augenblick an den N abgetreten habe, als ihre Mitgliedschaft in dem Drahtverband wirksam wurde. Sie habe die Zugehörigkeit zu dem Verband somit nicht erstrebt, um "treu und redlich" ihre Verbandspflichten zu erfüllen, sondern ausschließlich, um sich mit ihrer Beteiligung "irgendwelche Vorteile" zu verschaffen. Auch sei sie am 11. Mai 1931 schon wirtschaftlich zusammengebrochen gewesen, so daß sie nicht mehr in der Lage gewesen sei, ihre Verpflichtungen gegenüber dem Drahtverband zu erfüllen. Aus diesem sittenwidrigen Verhalten suche der N mit dem schiedsgerichtlich erhobenen Anspruch Vorteile für sich zu erlangen. Damit verstoße auch der N selbst gegen die ihm dem Verband gegenüber obliegende Treupflicht. Das Begehren des N sei daher unsittlich. Sein Antrag auf Vollstreckbarerklärung des Schiedsspruches müsse deshalb abgelehnt werden.

Diese Erwägungen wurden durch das Reichsgericht als unhaltbar zurückgewiesen. Nach seiner Ansicht war das Berufungsgericht nicht nur an die tatsächlichen Feststellungen des Schiedsgerichts, sondern auch an dessen Vertragsauslegung sowie die Beurteilung der sich aus ihm ergebenden Vertragsfolgen gebunden. Es müsse daher davon ausgehen, daß sich der Anspruch des N auf Zuteilung der Quote gemäß § 326 BGB in einen Schadensersatzanspruch verwandelt habe. Es sei somit nur noch zu prüfen, ob der Antragsteller, der N, trotzdem sittenwidrig handele, wenn er einen solchen

Schadensersatzanspruch geltend machte. Diese Frage war nach Ansicht des Reichsgerichts hier zu verneinen, weil die Übertragung von Quoten an sich nicht sittenwidrig, sondern vielmehr allgemein üblich und in vielen Fällen durchaus wünschenswert sei. Von einem "Quotenschacher" und damit von einer "dem gesunden Rechtsempfinden des deutschen Volkes widersprechenden" und "das allgemeine Wohl aus Eigennutz schädigende Handlungsweise" könne daher nicht gesprochen werden.
Das Reichsgericht hatte für die Bestimmung des Begriffs der Sittenwidrigkeit i.S.d. § 1041 Ziff. 2 ZPO somit zwar auf die nationalsozialistische Terminologie und auf den Grundsatz "Gemeinnutz geht vor Eigennutz" zurückgegriffen. Es verneinte aber gleichwohl das Vorliegen der Sittenwidrigkeit. Der Sache nach wurde die Vorschrift hier also nicht als Einfallstor genutzt, um nationalsozialistische Rechtsanschauungen in die Entscheidung einfließen zu lassen.

Auch in späteren Jahren kam § 1041 Ziff. 2 ZPO nicht die Funktion einer bedeutenden Einbruchstelle der nationalsozialistischen Weltanschauung in das Zivilprozeßrecht zu. Hierfür war aber weniger eine restriktive Anwendung der Vorschrift durch das Reichsgericht verantwortlich. Der entscheidende Grund dafür ergab sich vielmehr aus der nationalsozialistischen Weltanschauung selbst. Gegen eine Ausdehnung des § 1041 Ziff. 2 ZPO sprach die Tatsache, daß der nationalsozialistische Staat der Schiedsgerichtsbarkeit generell ablehnend gegenüber stand. Eine Nutzung der Vorschrift als Einbruchstelle nationalsozialistischer Rechtsanschauungen hätte die Vorschrift indirekt aufgewertet. Die Skepsis der Nationalsozialisten war bereits in der ZPO-Novelle von 1933 zum Ausdruck gekommen und auch dem Reichsgericht nicht verborgen geblieben. Es hatte schon 1934 den Zweck der Änderung der Vorschriften des schiedsgerichtlichen Verfahrens [1] allgemein darin gesehen, entsprechend der Ziele des "nationalsozialistischen als eines totalen Staates" die Schiedsgerichtsbarkeit auf ein Mindestmaß zu begrenzen [2]. Im Schrifttum wurde diese Ansicht bekräftigt: Der nationalsozialistische Staat hätte "das Schiedsgericht aus dem deutschen Recht schon gänzlich beseitigt, wenn nicht internationale Bindungen die grundsätzliche Zulassung von Schiedsgerichten nötig" machten [3].

bb) § 328 I Nr. 4 ZPO

Neben § 1043 Ziff. 2 ZPO wurde auch in § 328 Abs. 1 Nr. 4 ZPO auf die guten Sitten verwiesen. Nach dieser Vorschrift war die Anerkennung des Urteils eines ausländischen Gerichts durch die deutsche Rechtspflege u.a. dann ausgeschlossen, wenn eine solche Anerkennung gegen die guten Sitten verstieß.

Andeutungsweise findet sich die Zugrundelegung nationalsozialistischer Ansichten in einer § 328 Abs. 1 Nr. 4 ZPO betreffenden Entscheidung des OLG Hamburg aus dem Jahr 1935 [4]. Das Gericht prüfte hier die Frage, ob die von einem mexikanischen Gericht ausgesprochene Ehescheidung zwischen einer Deutschen und einem Bürger der USA von den deutschen Gerichten anerkannt werden könne. Die Frau war durch ihre Heirat in den USA staatenlos geworden und nach der

---

1) Art. 1, X. Abschnitt des Gesetzes zur Änderung des Verfahrens in bürgerlichen Rechtsstreitigkeiten vom 27. Oktober 1933 (RGBl. I, S. 785), die Änderungen betrafen die §§ 1025 und 1027 ZPO.

2) JW 1934, S. 1352 f.; auch im absoluten Territorialstaat des 17. und 18. Jahrhunderts hatte man die Schiedsgerichtsbarkeit beschränkt, vgl. Sellert, "Schiedsgericht", in: HRG IV (im Erscheinen).

3) Kunze, JW 1934, S. 1352.

4) JW 1935, S. 3488 f.

Trennung von ihrem Mann nach Deutschland zurückgekehrt. Nach Auffassung des OLG Hamburg war die Anerkennung des ausländischen Scheidungsurteils gemäß § 328 Abs. 1 Nr. 4 ZPO ausgeschlossen.
Obwohl die Ehefrau zum Zeitpunkt des Urteilserlasses nicht die deutsche Staatsangehörigkeit besaß, sei die Vorschrift anzuwenden, weil sie "nicht den einzelnen Deutschen (als individuellen Rechtsträger) schützen" wolle, sondern "die sittlichen Belange der deutschen Volksgesamtheit im Auge" habe. Zu diesen Belangen gehöre "auch die Verhütung frivoler Entscheidungen". Auf eine solche lief aber nach Ansicht des Gerichts "die Machenschaft" des Ehemanns hinaus, weil er die Scheidungsklage vor einem auswärtigen Gericht erhoben habe, zu dem "beide Parteien keinerlei Beziehung" gehabt hätten. Die Ehe sei dort mittels eines summarischen Versäumnisverfahrens geschieden worden, ohne daß die Ehefrau "sich durch einen gerichtsansässigen Anwalt" habe "verteidigen" [1)] können. Ein solches Verfahren sei, so urteilte das OLG, mit der "deutschen Auffassung von der Ehe" nicht vereinbar. Der deutsche Richter könne das auf diese Weise erwirkte ausländische Scheidungsurteil nicht anerkennen, weil er sich dadurch "einer Beihilfe zu anstößigem Tun schuldig machen" würde. Es handele sich hierbei "um eine Frage des deutschen Rechtsgewissens" [2)].
Das OLG Hamburg hatte in seinem Urteil zwar nicht ausdrücklich auf den Nationalsozialismus als Maßstab für die Prüfung der Sittenwidrigkeit i.S.d. § 328 Abs. 1 Nr. 4 ZPO verwiesen. Seine Hinweise auf die "Belange der deutschen Volksgesamtheit", die "deutsche Auffassung von der Ehe" sowie das "deutsche Rechtsgewissen" lassen jedoch national-

---

1) JW 1935, S. 3489.

2) JW 1935, S. 3489.

sozialistischen Einfluß erkennen. Auch das gefundene Ergebnis, die Versagung der Anerkennung des ausländischen Scheidungsurteils, entsprach den Interessen der Nationalsozialisten. Die Ehe war ein für die Durchsetzung ihre bevölkerungs- und rassepolitischen Ziele wichtiges Rechtsinstitut. Es mußte ihnen daher ein Dorn im Auge sein, wenn nicht sie selbst bzw. von ihnen beeinflußte deutsche Richter, sondern ausländische Gerichte über den Fortbestand oder die Auflösung von Ehen entschieden, und die deutsche Justiz an diese Entscheidung gebunden war.

Das OLG Hamburg schloß sein Urteil schließlich mit einem ungewöhnlichen Eingeständnis ab. Man wollte "nicht verkennen", so bemerkte das Gericht, "daß der hier eingenommene Standpunkt einer Kritik begegnen" könne. Anders als im Bereich des materiellen Zivilrechts, in dem die Zugrundelegung der nationalsozialistischen Rechtsanschauungen schon fast selbstverständlich geworden war, zweifelte das Gericht hier offenbar an der Überzeugungskraft seiner Argumentation. Tatsächlich wurde der Ansicht des OLG in einer Urteilsanmerkung durch den Berliner Ministerialrat J o n a s [1] sogleich widersprochen. Er stimmte dem Gericht zwar darin zu, daß die "Verhütung frivoler Entscheidungen zu den Belangen der deutschen Volksgemeinschaft" gehöre. Die Anerkennung des ausländischen Scheidungsurteiles hielt J o n a s aber dennoch aufgrund folgender Überlegung für erforderlich:

---

1) JW 1936, S. 283.

"Wenn der deutsche Gesetzgeber durch seine internationalrechtlichen Normen ein Statusverhältnis dem ausländischen Recht unterstellt hat, so hat er sich damit an der Sache gewissermaßen für desinteressiert erklärt. Dann kann aber auch nicht hernach im Einzelfalle ein Gericht das aus dem ausländischen Recht folgende Ergebnis mit der Begründung ablehnen, daß es unseren sittlichen Anschauungen nicht entspreche" 1).

In der Rechtsprechung der folgenden Jahre bestätigte sich die von J o n a s geforderte einschränkende Anwendung des § 328 Abs. 1 Nr. 4 ZPO. Zwar erkannte das Landgericht Berlin in einem Urteil vom 19. Juni 1937 [2] die Bedeutung nationalsozialistischer Rechtsanschauungen für die Anwendung der Vorschrift noch indirekt an, indem es befand, daß "auch das jetzige Deutschland" [3] an dem Fortbestehen zerrütteter Ehen kein Interesse habe. Der überwiegende Teil der Rechtsprechung verzichtete jedoch darauf, einen Verstoß gegen die guten Sitten i.S.d. § 328 Nr. 4 ZPO in Zusammenhang mit der nationalsozialistischen Rechtsanschauung zu bringen [4].

---

1) JW 1936, S. 283.

2) JW 1937, S. 3044.

3) JW 1937, S. 3045.

4) Vgl. z.B. KG, Beschluß vom 11. Februar 1938, JW 1938, S. 870 f.; RG, DR 1941, S. 1744 f.; KG, JW 1937, S. 1977; OG Danzig, JW 1934, S. 1916 f.; ebenso Maßseller, JW 1935, S. 403.

cc) Die Anwendung "kleiner Generalklauseln" im Zivilprozeßrecht

Ebenso wie im Familienrecht bestand im Zivilprozeßrecht die Möglichkeit, einzelne, in ihrem Wortlaut weit gefaßte Vorschriften der ZPO als "kleine Generalklauseln" zu nutzen und auf diese Weise die nationalsozialistische Weltanschauung zu berücksichtigen. Ein entsprechendes Bemühen läßt sich beispielsweise im Zwangsvollstreckungsrecht nachweisen. In einer Entscheidung vom 3. September 1938 [1] lehnte das Berliner Amtsgericht Schöneberg die von einer jüdischen Gläubigerin begehrte Anordnung der freihändigen Übereignung eines gepfändeten Konzertflügels gemäß § 825 ZPO auf eine ebenfalls jüdische Firma ab. Nach Ansicht des Gerichts konnte bereits aufgrund der Tatsache, daß es sich um ein jüdisches Unternehmen handelte, dem Antrag nicht stattgegeben werden. Da es schon allgemein als ehrlos gelte, mit Juden Geschäfte abzuschließen, "würde es vollends im Volke nicht verstanden werden, wenn ein deutsches Gericht es nicht nur zulassen, sondern sogar ausdrücklich anordnen würde, daß Pfandstücke, also in staatliche Verstrickung geratene Gegenstände, unter Ausschaltung deutscher Kaufinteressenten einem Juden übereignet" würden. In diesem Übereignungsverbot lag eine krasse Ungleichbehandlung der Juden gegenüber möglichen arischen Interessenten. Das Ziel einer wirtschaftlichen Benachteiligung der Juden war damit für das Amtsgericht Anlaß gewesen, um § 825 ZPO als Einbruchstelle der nationalsozialistischen Weltanschauung zu nutzen.

---

1) JW 1938, S. 2910.

Auch andere Vorschriften der ZPO sollten nach dem Willen der Nationalsozialisten als "kleine Generalklauseln" dienen. Dies zeigt z.B. die breite Diskussion über die Frage, ob nach den überkommenen Vorschriften der ZPO eine "Klage auf Feststellung der arischen oder sonstwie bestimmten rassischen Abstammung" zulässig sei. Aus nationalsozialistischer Sicht bestand hieran ein großes Interesse, weil die Frage der Rassezugehörigkeit für die Anwendbarkeit einer Vielzahl von Vorschriften bedeutsam war, die im Zuge der Rassengesetzgebung erlassen worden waren. Der Streit konzentrierte sich auf die Frage, ob die rassische Abstammung als "Rechtsverhältnis" i.S.d. § 256 ZPO anzusehen sei. Vor 1933 hatte die überwiegende Auffassung in Rechtsprechung und Literatur darunter eine durch die Rechtsordnung geregelte Beziehung "einer Person zu einer anderen Person oder zu einem Sachgut (Rechtsobjekt)" verstanden [1)]. Nach Ansicht des geschäftsführenden Direktors des Reichsausschusses für Volksgesundheit, R u t t k e [2)], war die rassische Abstammung ein dem Familienstand vergleichbares Rechtsverhältnis und damit die Feststellungsklage zulässig. Demgegenüber qualifizierte der Königsberger Rechtsanwalt R o q u e t t e [3)] die rassische Abstammung nicht als Rechtsverhältnis i.S. d. § 256 ZPO, sondern als bloße biologische Tatsache, die einer gerichtlichen Nachprüfung entzogen sei. Dieser Auffassung schloß sich Albrecht Frhr. v. S c h e u r l [4)], ein Mitarbeiter des Reichsrechtsamtes der NSDAP, zwar z.T. an. Er hielt aber dennoch

---

1) Gaupp/Stein/Jonas, 14. Aufl., § 256, Anm. II 1)m.w.N.

2) JW 1935, S. 1389, Fn. 11.

3) JW 1935, S. 2477.

4) JW 1936, S. 226.

eine Klage auf Feststellung der "blutsmäßigen Abstammung" als Vorfrage der Rassezugehörigkeit für zulässig. Auf sie seien die Vorschriften der §§ 640 - 643 ZPO a.F., welche die Klage auf Feststellung des Familienstandes ehelich geborener Kinder betrafen, analog anzuwenden [1]. Dies gelte sowohl für die Feststellung der blutsmäßigen Abstammung ehelicher, als auch unehelicher Kinder. Nicht anwendbar sei dagegen in beiden Fällen § 644 ZPO a.F. Nach dieser Regelung war abweichend von §§ 640 - 643 ZPO a.F. für die Feststellung des Familienstandes unehelich geborener Kinder die Verhandlungsmaxime vorgeschrieben, sowie Anerkenntnis, Geständnis und Versäumnisurteil zugelassen. Die abschließend aufgeworfene Frage, ob ein Einschreiten des Gesetzgebers erforderlich sei, um die Zulässigkeit der Klage auf Feststellung der rassischen Abstammung zu regeln, wurde von Scheurl mit folgender Begründung verneint [2]:

> "Gerade der vorliegende Fall beweist, wie Wissenschaft und Rechtsprechung von sich aus mit eigener Kraft den neuen Erfordernissen gerecht werden können. Hierzu müssen wir Rechtswahrer aber vor allem uns selbst erziehen. Und diese wichtige Aufgabe würde dem Rechtswahrer abgenommen werden, wenn jedes Mal der Gesetzgeber fürsorglich mit einem Reichsgesetzblatt in der Hand herbeieilen müßte. Das Gesetz ist heute der Plan des Führers, nicht eine Krücke für die Hilfslosigkeit des Rechtswahrers vor einer neuen Situation."

Die Ansicht v. Scheurls blieb jedoch nicht unwidersprochen. So hielt der Münchener Referendar Paul Fischer [3] auch eine Klage auf Fest-

---

1) JW 1936, S. 237.

2) JW 1936, S. 237.

3) JW 1936, S. 238.

stellung der blutsmäßigen Abstammung für unzulässig. Ebenso wie die rassische Abstammung stelle die blutsmäßige Abstammung lediglich eine biologische Tatsache dar. Sie sei darüber hinaus von der Frage der rassischen Abstammung kaum zu trennen und könne daher nicht als Rechtsverhältnis im gesetzestechnischen Sinne angesehen werden. Wollte man die blutsmäßige Abstammung zum Gegenstand einer Feststellungsklage machen, so liefe das auf die Untersuchung der Frage hinaus, "ob ein Mensch aus der geschlechtlichen Verbindung zweier Eltern" stamme oder nicht. Dies festzustellen sei aber nach dem damaligen Stand der Wissenschaft unmöglich, so daß die Gerichte um eine Entscheidung angegangen würden, die sie selbst unter Zuhilfenahme medizinischer Sachverständiger nicht einwandfrei fällen könnten [1]. Selbst wenn diese Schwierigkeiten nicht bestünden, war nach Ansicht F i s c h e r s [2] die von S c h e u r l vorgeschlagene analoge Anwendung der §§ 640 - 643 ZPO a.F. nicht ohne Einbeziehung des § 634 ZPO a.F. denkbar. Es sei "nicht einzusehen", warum die §§ 640 ff. ZPO "nur insoweit analog herangezogen werden sollten, als sie gerade für die Erreichung des angestrebten Zieles geeignet" erschienen. Die Nichtanwendung des § 644 ZPO wäre "eine völlig neuartige Methode der Auslegung und Rechtsfindung, die den Rahmen der bisher bestehenden Bindung an das Gesetz" sprengen würde. Es könne keine Rede davon sein, daß der § 644 ZPO kraft Derogation außer Kraft gesetzt worden [3] sei, ebensowenig sei "natürlich eine neue ZPO durch Gewohnheitsrecht entstanden" [4].

---

1) JW 1936, S. 239.

2) JW 1936, S. 239.

3) Dies hatte Vollhardt, JW 1935, S. 2475 f. angenommen.

4) Fischer, JW 1936, S. 239.

Auch innerhalb der Rechtsprechung wurde die Frage, ob eine Klage auf "Feststellung der blutsmäßigen Abstammung" zulässig sei oder nicht, zunächst unterschiedlich beantwortet. In einer Entscheidung des Jahres 1937 hatte beispielsweise das Kammergericht die Zulässigkeit einer entsprechenden Abstammungsklage verneint [1]. Es ging um folgenden Sachverhalt: Der 1901 als uneheliches Kind geborene Kläger begehrte die Feststellung, daß der Beklagte sein Erzeuger sei. Zur Begründung trug er vor, seine unverheiratete Mutter habe während der Empfängniszeit nur mit dem Beklagten geschlechtlich verkehrt. Außerdem habe er an der Feststellung seiner Abstammung ein rechtliches Interesse, da er städtischer Angestellter sei und man von ihm den Nachweis der arischen Abstammung verlange. Diesen Nachweis könne er aber nur erbringen, wenn sein Vater und damit seine väterlichen Ahnen feststünden. Das erstinstanzlich zuständige Landgericht hatte daraufhin die Mutter des Beklagten als Zeugen vernommen und schließlich durch Urteil vom 10. September 1936 dem Klageantrag entsprechend festgestellt, daß der Beklagte Erzeuger des Klägers sei.

Das Kammergericht wies demgegenüber die Feststellungsklage als unzulässig ab, weil die blutsmäßige Abstammung des Klägers vom Beklagten kein "Rechtsverhältnis" i.S.d. § 256 ZPO sei [2]. In der Begründung schloß es sich ausdrücklich der von R o q u e t t e und F i s c h e r vertretenen Auffassung an, wonach die blutsmäßige Abstammung lediglich als biologische Tatsache anzusehen sei, was für § 256 ZPO aber nicht ausreiche [3].

---

1) JW 1938, S. 245.

2) JW 1938, S. 245.

3) Vgl. oben, S. 199.

Das Reichsgericht hob die Entscheidung schließlich durch ein Urteil vom 14. Oktober 1937 wieder auf und verwies die Sache an das Kammergericht zurück[1]. Nach Ansicht des Reichsgerichts war zwar die "rassische Abstammung", d.h. "die Rassezugehörigkeit eines Menschen", kein Rechtsverhältnis i.S.d. § 256 ZPO. Gleichwohl sei aber die "blutsmäßige Abstammung des einen vom anderen", d.h. "das Verhältnis des unehelichen Kindes zu seinem Erzeuger" als Rechtsverhältnis i.S.d. § 256 ZPO anzusehen [2]. Insoweit stimmte das Reichsgericht mit der Auffassung Frhr. v. S c h e u r l s überein, der sich bereits 1936 für die Zulassung der Abstammungsklage ausgesprochen hatte [3].

In einem anderen Punkt widersprach das Reichsgericht allerdings auch der von v. S c h e u r l vertretenen Ansicht. Dieser hatte gefordert, auf die Abstammungsklage die §§ 640 - 643 ZPO und damit die Grundsätze des Offizialverfahrens anzuwenden sowie der ergehenden Entscheidung Rechtskraftwirkung gegenüber Dritten zuzuschreiben [4]. Einzelne Instanzgerichte hatten diesem Verlangen auch tatsächlich entsprochen [5]. Das Reichsgericht lehnte demgegenüber die Anwendung der §§ 640 - 643 ZPO auf die Abstammungsklage ab, weil die "Anwendung prozessualer Vorschriften auf einen Fall, für die sie nicht vorgesehen" seien, "nicht angängig" sei [6].

---

1) JW 1938, S. 245 ff.

2) JW 1938, S. 246.

3) Vgl. oben, S. 197 f.

4) Vgl. oben, S. 198.

5) Vgl. die Nachweise in RG JW 1938, S. 246.

6) RG JW 1938, S. 247.

Auch der Ansicht v. S c h e u r l s , daß es keiner Regelung der Abstammungsklage durch den nationalsozialistischen Gesetzgeber bedürfe, wurde von den Richtern widersprochen. Die Zulassung der Klage auf Feststellung der blutsmäßigen Abstammung sei lediglich als ein "Notbehelf" [1] anzusehen. Sie sei jedoch geboten, "um im Interesse des unehelichen Kindes eine Lücke auszufüllen", die der Gesetzgeber durch eine "zu erwartende grundlegende Regelung" schließen werde [2].

Obwohl das Reichsgericht seine Entscheidung damit ausdrücklich als Ausnahme qualifizierte, die allenfalls für eine Übergangslösung die Klage auf Feststellung der blutsmäßigen Abstammung gemäß § 256 BGB ermöglichen sollte, wurde sie in der Praxis zur Regel. Die von seiten des Reichsgerichts erwartete Neuregelung der Abstammungsklage durch den nationalsozialistischen Gesetzgeber blieb aus. Diesen Umstand nahm das Reichsgericht aber nicht etwa zum Anlaß, um in späteren Entscheidungen den Anwendungsbereich des § 256 BGB wieder zu begrenzen und die Abstammungsklage für unzulässig zu erklären. Im Gegenteil, das Gericht hielt es bereits am 15. Juni 1939 [3] "für geboten", seine bisherige Rechtsprechung bezüglich der Klage auf Feststellung der blutsmäßigen Abstammung "in einem wesentlichen Punkte" [4] zu ändern: Von nun an sollten auch die Sondernormen der §§ 640 - 643 ZPO auf die Abstammungsklage analog angewandt werden. Zur Begründung führte das Reichsgericht aus, daß eine "auf das gewöhnliche Prozeßverfahren verwiesene Feststellungs-

---

1) JW 1938, S. 247.

2) JW 1938, S. 247.

3) RGZ 160, S. 293 ff.

4) RGZ 160, S. 294.

klage" insbesondere wegen der Geltung des Verhandlungs- statt des Untersuchungsgrundsatzes "in ihrem praktischen Wert stark beeinträchtigt" sei [1]. Die "Werteinbuße" sei besonders gravierend, da die Bedeutung der Abstammung, die "durch die nationalsozialistische Weltanschauung erst geschaffen" worden bzw. "dem Volk zu Bewußtsein gekommen" sei, ganz überwiegend auf dem Gebiet des öffentlichen Rechts liege und über die Beziehungen der an dem Rechtsstreit unmittelbar Beteiligten weit hinausgehe. Durch "zahlreiche Äußerungen im Schrifttum" und durch "die Erfahrung in der Rechtsprechung" sei immer deutlicher geworden, "daß dem in großem Umfang bestehenden Bedürfnis nach einer bejahenden oder verneinenden Entscheidung über die blutsmäßige Abstammung von Personen untereinander eine im ordentlichen Verfahren durchzuführende Feststellungsklage nicht" genüge [2]. Nach dem "Eindringen der nationalsozialistischen Gedanken in die Rechtsordnung" [3] sei die Anwendung der §§ 640 - 643 ZPO [4] somit notwendig, um den Weg zu solchen Entscheidungen zu bahnen, "wie sie die rassen- und bevölke-

---

1) RGZ 160, S. 294.

2) RGZ 160, S. 295. Die Vorteile, die dadurch entstanden, daß die Klage auf Feststellung der blutsmäßigen Abstammung in das sog. Statusverfahren der §§ 640 ff. ZPO verwiesen wurde, umschrieb das Reichsgericht wie folgt (RGZ 160,S.298 f.): "Dadurch wird die Mitwirkung der Staatsanwaltschaft ermöglicht (§ 640 Abs. 1, § 607 ZPO), die Wirkung des Anerkenntnisses beseitigt (§ 640 Abs. 1, § 617 Abs. 1, 3 ZPO), ebenso die Erledigung des Rechtsstreits durch ein Versäumnisverfahren nach § 618 ZPO eingeschränkt. Ferner gilt der Ermittlungsgrundsatz, wie ihn § 622 ZPO, und zwar dessen zweiter Absatz, enthält."

3) RGZ 160, S. 297.

4) RGZ 160, S. 296.

rungspolitischen Belange des Volkes" erforderten[1].

Da das Reichsgericht auch den Ruf nach einem Eingreifen des nationalsozialistischen Gesetzgebers nicht wiederholte, schloß es sich mit dieser Entscheidung endgültig der Auffassung an, die der Mitarbeiter des Reichsrechtsamtes der NSDAP, Frhr. v. S c h e u r l , bereits drei Jahre zuvor vertreten hatte.
Damit war auch die "kleine Generalklausel" des § 256 ZPO endgültig zu einer Einbruchstelle der nationalsozialistischen Weltanschauung in die Zivilprozeßordnung geworden. Da es die Vorschrift den Nationalsozialisten letztlich ermöglichte, gerichtlich zu prüfen, ob eine bestimmte Person "Arier" oder Jude war, wurde § 256 ZPO für die Verwirklichung der Rassenlehre ebenso bedeutsam, wie beispielsweise die §§ 138, 242, 826 BGB.

---

1) Die Anwendung des § 644 ZPO (vgl. hierzu die Ansicht Fischers, oben, S.199) verneinte das Reichsgericht mit der Begründung, die Vorschrift beziehe sich nur auf die Feststellung der rein vermögensrechtlichen Beziehung zwischen dem unehelichen Kind und dem als sein Erzeuger geltenden Manne, und habe daher für die Feststellung der "blutsmäßigen Zusammengehörigkeit keinerlei Bedeutung" (RGZ 160, S. 296).

VI. Zusammenfassung

Die Bedeutung der Generalklauseln für die Umgestaltung der Rechtsordnung in der nationalsozialistischen Zeit läßt sich wie folgt zusammenfassen:

1. Der Plan der Nationalsozialisten, die Generalklauseln als Einbruchstellen der nationalsozialistischen Weltanschauung in die überkommene Rechtsordnung zu nutzen, wurde von der Rechtsprechung in weiten Teilen verwirklicht. Insbesondere die nationalsozialistische Rassenlehre wurde von den Gerichten für die Auslegung der Generalklauseln herangezogen, so daß die Juden von der geänderten Rechtsanwendung besonders hart betroffen waren. Demgegenüber war die Rechtsprechung uneinheitlich, wenn über die Auswirkungen der nationalsozialistischen Weltanschauung auf Rechtsverhältnisse zu entscheiden war, an denen ausschließlich deutschstämmige Personen beteiligt waren.
Die einseitige Anwendung der Generalklauseln führte oftmals zu Ergebnissen, die in Widerspruch zu Grundprinzipien der bestehenden Gesetze standen. Da für die gerichtlichen Entscheidungen letztlich das Parteiprogramm der NSDAP bzw. der "Führerwillen" maßgebliche Bedeutung erlangten, wurde darüber hinaus die bei Erlaß der früheren Gesetze beabsichtigte Trennung von Recht und Moral [1] aufgehoben. Durch die Ausdehnung der bestehenden Generalklauseln auf andere Rechtsgebiete gelang es der Rechtsprechung schließlich, die nationalsozialistische Weltanschauung auch dort zu berücksichtigen, wo der Gesetzgeber eine enge Bindung des Richters an den Wortlaut des Gesetzes beabsichtigt hatte.

---

1) Vgl. oben, S. 6.

2. Im Schrifttum wurde die Zugrundelegung der nationalsozialistischen Weltanschauung durch die Rechtsprechung überwiegend begrüßt. Sofern sich die Gerichte außerstande sahen, das "neue Rechtsdenken" bei der Anwendung der Generalklauseln zu berücksichtigen, oder hinter den in sie gelegten Erwartungen zurückblieben, bemühte man sich, im Schrifttum aufzuzeigen, wie die Entscheidungen unter Beachtung nationalsozialistischer Rechtsgrundsätze hätten ausfallen sollen. Warnende oder gar ablehnende Meinungen wurden in der Literatur nur vereinzelt geäußert. Das lag vor allem daran, daß die Nationalsozialisten die Veröffentlichung von Beiträgen i.d.R. nur dann gestatteten, wenn sie "auf dem Boden nationalsozialistischer Rechtsauffassung" [1)] standen [2)].

3. Der nationalsozialistische Gesetzgeber zog aus dem Handeln von Rechtsprechung und Literatur unterschiedliche Konsequenzen. Auf der einen Seite griff er bei der Erarbeitung einzelgesetzlicher Bestimmungen auf Erfahrungen zurück, die bei der Anwendung der Generalklauseln gesammelt worden waren.

---

1) Coblitz, DR 1936, S. 246.

2) Bereits im Oktober 1933 hatten die Nationalsozialisten auf dem Deutschen Juristentag, der 4. Reichstagung des Bundes Nationalsozialistischer Deutscher Juristen, in Leipzig "zum Zwecke der Reinhaltung des Rechtsschrifttums" mit den rechts- und staatswissenschaftlichen Verlegern eine "interne Vereinbarung" getroffen (Coblitz, DR 1936, S. 243). Am 18. April 1934 ordnete der Reichsführer des Juristenbundes, Hans Frank, in einer Verfügung die Begutachtung der juristischen Literatur hinsichtlich ihrer weltanschaulichen und politischen Unbedenklichkeit an. Im Februar 1935 wurde schließlich "für alle Fragen der juristischen Literatur" das "Amt für Rechtsschrifttum" im Reichsrechtsamt errichtet (vgl. ausführlich Coblitz, DR 1936, S. 242 ff.).

Sofern die Rechtsprechung die Berücksichtigung der nationalsozialistischen Weltanschauung abgelehnt hatte, wurde diesen Rechtsgrundsätzen in einem Spezialgesetz Geltung verschafft. Aber auch die Anerkennung nationalsozialistischer Rechtsgrundsätze durch die Rechtsprechung führte z.T. zum Erlaß von Spezialgesetzen, in denen die entsprechende Regelung positivrechtlich verankert wurde.
Auf der anderen Seite nutzten die Nationalsozialisten den Spielraum der Generalklauseln auch weiterhin, indem sie in solche Rechtsgebiete Generalklauseln einfügten, in denen man bisher ohne entsprechende Vorschriften ausgekommen war. Die Generalklauseln dienten damit bis zum Ende der nationalsozialistischen Zeit als Einbruchstellen, durch die nationalsozialistische Rechtsanschauungen in die überkommenen Gesetze einströmten.

3. Teil: Die Bedeutung der Generalklauseln in der Bundesrepublik Deutschland

Als mit dem Ende des Zweiten Weltkrieges am 8. Mai 1945 auch dem nationalsozialistischen Unrechtsregime ein Ende gesetzt wurde, standen Rechtsprechung und Lehre - ähnlich wie im Jahr 1933 - erneut vor der Aufgabe, trotz der grundsätzlichen Weitergeltung maßgeblicher Gesetzeswerke diese nach völlig anderen Wertmaßstäben auszulegen. Die Vorschriften sollten von nun an wieder in einem liberalen und demokratischen Sinn angewandt werden, ebenso, wie es vor 1933 der Fall war. Das Umdenken vollzog sich allerdings nicht im Rahmen einer Offenlegung und Auseinandersetzung mit der während der nationalsozialistischen Zeit geübten Rechtsanwendung. Man beschränkte sich vielmehr weitgehend darauf, lediglich die nationalsozialistische Terminologie aus der Rechtssprache zu verbannen [1)] und vermied es, auf die Auswirkungen hinzuweisen, welche die einseitige Zugrundelegung nationalsozialistischer Weltanschauung bei der Anwendung der Generalklauseln mit sich gebracht hatte [2)]. Demgemäß erklärte

---

1) Mitunter wurde auch lediglich festgestellt, daß zwar die Terminologie einer Gerichtsentscheidung "nationalsozialistisch beeinflußt" sei, "der Sache nach aber dem Gedanken zugestimmt" werden müsse (Palandt, 7. Aufl. 1949, Anm. 1 zu § 242 BGB).

2) Bezug nehmend auf die bis 1933 erhobenen Warnungen vor der Gefährlichkeit der Generalklauseln stellte beispielsweise Wieacker (S. 9) lediglich fest: "In der besonderen Lage des Totalitarismus wurden diese Vorhersagen jedenfalls durch die Neigung des Gesetzgebers bestätigt, sich durch möglichst unbestimmte, tunlichst emotionale Generalklauseln ... möglichst freie Hand zu schaffen".

D a n c k e l m a n n in P a l a n d t s Kommentar zum BGB [1] 1949 beispielsweise den Begriff der "guten Sitten" im Sinne des § 138 Abs. 1 BGB wie folgt:

> "RG 80, 221 umschreibt den Begriff (noch heute richtig) dahin, daß das Rechtsgeschäft dem Rechtsgefühl aller billig und gerecht Denkenden widersprechen müsse; dieselbe Auffassung hat das Reichsgericht auch später vertreten, als es diesen Ausdruck dem gesunden Volksempfinden gleichsetzte. Letzterer wird heute besser vermieden (obwohl in § 330 c StGB noch in Geltung), weil darunter vielfach das von der nationalsozialistischen Weltanschauung (ungesund !) beeinflußte Volksempfinden verstanden wurde (vgl. RGRKom § 138 A 1); da es bei der Beurteilung der Sittenwidrigkeit auf die Auffassung eines bestimmten Standes oder Berufs ankommen kann (RG 48, 124; 83, 114), trifft auch das Volksempfinden nicht das Richtige."

An anderer Stelle desselben Kommentars [2] versäumte man allerdings, den neuerlichen Wandel der Rechtsanschauungen zu verarbeiten, wenn unter Hinweis auf die bereits oben erwähnte [3] Reichsgerichtsentscheidung vom 13. März 1936 [4] festgestellt wurde, das Vorliegen von Sittenwidrigkeit bestimme sich "durch die herrschende Volksanschauung".

Trotz der Erfahrungen der nationalsozialistischen Zeit verzichtet man auch in der Gegenwart nicht auf die Heranziehung von Generalklauseln, um eine "gewisse Elastizität der Rechtsordnung" zu gewährleisten" [5]. Ihre wesentliche Aufgabe liegt nach

---

1) 7. Aufl. 1949, Anm. 1 a zu § 138 BGB.

2) Palandt, 7. Aufl. 1949, Anm. 2 zu § 826 BGB.

3) Vgl. oben, S. 79.

4) RGZ 150, S. 4.

5) Vgl. Werner, S. 5; einen weiteren Grund für das Zurückgreifen des modernen Gesetzgebers auf Generalklauseln sieht Werner (S. 25) darin, daß sie die Verabschiedung von Gesetzesvorhaben erleichtern.

wie vor darin, die Brauchbarkeit der einzelnen Gesetze auch dann zu sichern, wenn Entwicklungen eintreten, die bei der Abfassung der Gesetze noch nicht vorhergesehen wurden [1]. Darüber hinaus werden die Generalklauseln auch heute genutzt, um staatliche Zielvorstellungen in die überkommenen Gesetze einfließen zu lassen: Nach der herrschenden Theorie der "mittelbaren Drittwirkung der Grundrechte" sollen beispielsweise die im Grundgesetz der Bundesrepublik Deutschland verankerten Grundrechte über die Generalklauseln des BGB im Bürgerlichen Recht Beachtung finden [2]. Darin liegt eine Ähnlichkeit zur Anwendung der Generalklauseln in der nationalsozialistischen Zeit. Damals wie heute sollten über die Generalklauseln des BGB Rechtsanschauungen in das System des Bürgerlichen Rechts einfließen, die sich von den bei Erlaß des BGB geltenden Anschauungen unterschieden. Das Bundesverfassungsgericht griff 1958 [3] sogar eine in der nationalsozialistischen Zeit viel gebrauchte Formulierung auf, wenn es die Generalklauseln des Bürgerlichen Rechts als die "Einbruchstellen" der

---

1) Vgl. zu weiteren Gründen für ein ungebrochenes Vordringen der Generalklauseln auch Werner, S. 23 ff.

2) Vgl. Palandt-Heinrichs, 46. Aufl., § 242 BGB, Anm. 1 d)aa), ebenso Dürig, Festschrift für Nawiasky 1956, S. 157 ff., 176; dem steht die sogenannte Theorie der unmittelbaren Drittwirkung der Grundrechte im Bürgerlichen Recht gegenüber (so Ennercerus-Nipperdey, Bd. I, 1, 14. Aufl., S. 57; BAG 1, S. 193; 4, S. 243, 276; 13, S. 174).

3) BVerfGE 7, S. 206.

Grundrechte in das Bürgerliche Recht bezeichnete[1].

Trotz dieser Gemeinsamkeiten unterscheidet sich die vom Bundesverfassungsgericht vorgeschlagene Anwendung der Generalklauseln ganz erheblich von der Auslegungspraxis in der nationalsozialistischen Zeit: Die Generalklauseln dienten damals der Anpassung der überkommenen Rechtsordnung an Rechtsanschauungen, die in krassem Gegensatz zu dem meist liberalen Charakter der betroffenen Gesetze standen. Die nationalsozialistische Weltanschauung war in erster Linie vom Rassenhaß geprägt und konnte letztlich von einer einzigen Person, dem "Führer Adolf Hitler", beliebig verändert werden [2]. Um die erlangte Position zu festigen, wurde die nationalsozialistische Weltanschauung für alle Zukunft zum allein gültigen Maßstab für die Anwendung der Generalklauseln erklärt [3].

Die vom Bundesverfassungsgericht anerkannte Drittwirkung der Grundrechte im Bürgerlichen Recht führt demgegenüber nicht zu ähnlich schwerwiegenden Verstößen gegen die Grundgedanken des BGB. Anders als die nationalsozialistische Weltanschauung sind die Grundrechte nicht der alleinige Maßstab, an dem sich die Inhaltsbestimmung der Generalklauseln zu

---

1) Stolleis, JuS 1982, S. 646; ders., "Nationalsozialistisches Recht", in: HRG Bd. III, Sp. 875.

Das Bundesverfassungsgericht übernahm diese Formulierung allerdings nicht direkt aus Quellen der nationalsozialistischen Zeit, sondern stützte sich auf Dürig in: Neumann/Nipperdey/Scheuner, Die Grundrechte, Bd. II, S. 525.

2) Vgl. oben, S. 33.

3) Vgl. oben, S. 34.

orientieren hat. Sie bilden lediglich den äußeren Rahmen, innerhalb dessen die unterschiedlichen politischen Anschauungen Berücksichtigung finden können. Damit soll die einseitige Bevorzugung einer bestimmten politischen Auffassung ausgeschlossen werden.
Darüber hinaus können die Grundrechte nicht durch die Anordnung einer einzigen Person, sondern nur in einem demokratischen Gesetzgebungsverfahren und mit qualifizierten Mehrheiten abgeändert werden [1].
Ein weiterer wesentlicher Unterschied liegt schließlich in der Tatsache, daß die Beachtung der Grundrechte im Bürgerlichen Recht allen Privatrechtssubjekten in gleichem Umfang zugute kommt. Eine gezielte Diskriminierung mißliebiger Personenkreise ist daher ausgeschlossen.

Damit sind einige der zahlreichen Unterschiede angedeutet, die zwischen der Anwendung der Generalklauseln im Nationalsozialismus und in der heutigen Zeit bestehen. Dennoch sollten die Erfahrungen der nationalsozialistischen Zeit auch heute noch Anlaß geben, die Generalklauseln nur vorsichtig und in eng begrenzten Ausnahmefällen anzuwenden. Diese selbst auferlegte Zurückhaltung würde verdeutlichen, daß die deutsche Justiz aus den Fehlern der Vergangenheit gelernt hat und sich nicht nur inhaltlich, sondern auch methodisch von der nationalsozialistischen Zeit distanziert.

---

1) Vgl. Art. 79 GG. Nach Art. 79 Abs. 3 GG ist eine Änderung des in Art. 1 Abs. 1 GG garantierten Schutzes der Menschenwürde auch dem Gesetzgeber nicht gestattet.

Hans Popp

Die nationalsozialistische Sicht einiger Institute des Zivilprozeß- und Gerichtsverfassungsrechts
Dargestellt am Beispiel des Gesetzes über die Mitwirkung des Staatsanwalts in Bürgerlichen Rechtssachen vom 15.7.1941 (RGBl. I, S. 383)

Frankfurt/M., Bern, New York, 1985. 433 S.
Rechtshistorische Reihe. Bd. 47
ISBN 3-8204-8771-9 br. sFr. 75,--

Der Zivilprozeß im Dritten Reich befindet sich als Gegenstand heutiger rechtshistorischer Forschung in einer gewissen Schattenlage. In merkwürdigem Gegensatz dazu steht die Erkenntnis, daß die nationalsozialistische Gesetzgebung auch auf zivilprozessualem Gebiet den vorherrschenden ideologischen Maximen Ausdruck zu geben wußte.

Cosima König

Die Frau im Recht des Nationalsozialismus
Eine Analyse ihrer familien-, erb- und arbeitsrechtlichen Stellung

Frankfurt/M., Bern, New York, Paris, 1988. 304 S.
Europäische Hochschulschriften: Reihe 2, Rechtswissenschaft. Bd. 699
ISBN 3-8204-1018-X br./lam. sFr. 65,--

Im Zuge der sozialgeschichtlichen Aufarbeitung des «Dritten Reiches» hat die Geschichte der Frauen unter der Herrschaft des Nationalsozialismus in den letzten Jahren zunehmende Aufmerksamkeit gefunden. Anhand der umfangreichen Rechtsprechung und Gesetzgebung von 1933 bis 1945 wird untersucht, wie sich die nationalsozialistische Rechtspolitik auf die Stellung der Frau ausgewirkt hat. Die für den Lebensalltag der Frauen besonders relevanten Rechtsgebiete des Familien-, Erb- und Arbeitsrechts stehen im Vordergrund der geschlechterspezifischen Analyse.

Verlag Peter Lang Frankfurt a.M. · Bern · New York · Paris
Auslieferung: Verlag Peter Lang AG, Jupiterstr. 15, CH-3000 Bern 15
Telefon (004131) 321122, Telex pela ch 912 651, Telefax (004131) 321131

Printed by
CPI books GmbH, Leck

FSC
www.fsc.org
MIX
Papier | Fördert
gute Waldnutzung
FSC® C083411

Kolibri 360 GmbH
Ferdinand-Jühlke-Straße 7
99095 Erfurt, Deutschland
produktsicherheit@kolibri360.de